2014

工业企业科技活动统计年鉴

STATISTICS YEARBOOK ON SCIENCE AND TECHNOLOGY ACTIVITIES OF INDUSTRIAL ENTERPRISES

国　家　统　计　局
国家发展和改革委员会　编

Compiled By
National Bureau of Statistics
National Development and Reform Commission

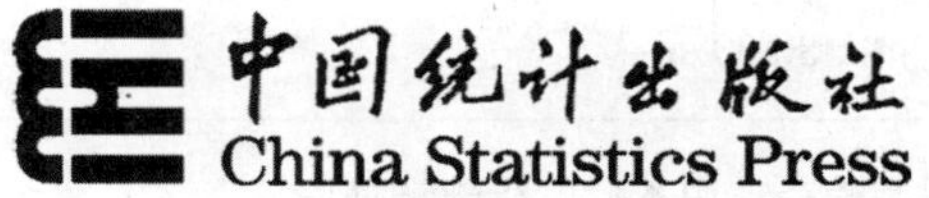

图书在版编目（CIP）数据

工业企业科技活动统计年鉴. 2014 / 国家统计局，国家发展与改革委员会编. -- 北京 : 中国统计出版社，2014.10
ISBN 978-7-5037-7161-3

Ⅰ. ①工… Ⅱ. ①国… ②国… Ⅲ. ①工业企业－科技统计－统计资料－中国－2014－年鉴 Ⅳ. ①F425.3-66

中国版本图书馆 CIP 数据核字(2014)第 171923 号

工业企业科技活动统计年鉴—2014

作　　者/国家统计局，国家发展和改革委员会编
责任编辑/徐　涛　张　鹏
装帧设计/李雪燕
出版发行/中国统计出版社
通信地址/北京市丰台区西三环南路甲 6 号　邮政编码/100073
电　　话/邮购（010）63376909　书店（010）68783171
网　　址/http://csp. stats. gov. cn
印　　刷/河北天普润印刷厂
经　　销/新华书店
开　　本/880×1230mm　1/16
印　　张/16.5
字　　数/528 千字
版　　别/2014 年 10 月第 1 版
版　　次/2014 年 10 月第 1 次印刷
定　　价/180.00 元

如有印装差错，由本社发行部调换。

《工业企业科技活动统计年鉴——2014》编委会、编辑工作人员

编者说明

《工业企业科技活动统计年鉴—2014》收录了全国及31个省、自治区、直辖市2013年规模以上工业企业科技活动主要统计数据，是一部较为全面反映我国工业企业科技活动开展情况的统计资料书。

本书分为十个部分，包括工业企业R&D及相关活动主要指标、企业基本情况、R&D人员情况、R&D经费情况、R&D项目情况、企业办研发机构情况、新产品开发及生产情况、自主知识产权及相关情况、政府相关政策落实情况、技术获取和技术改造情况等。书后附有主要统计指标解释。

本书数据的年份为2013年；数据口径为规模以上工业企业，即年主营业务收入在2000万元及以上的工业企业；其中大型企业指同时满足年末从业人员人数在1000人及以上、年主营业务收入在4亿元及以上的工业企业，中型企业指年末从业人员人数介于300人（含）至1000人（不含）并且年主营业务收入介于2000万元（含）至4亿元（不含）的工业企业。按地区分组中，东部地区包括北京、天津、河北、上海、江苏、浙江、福建、山东、广东和海南10个省市；中部地区包括山西、安徽、江西、河南、湖北和湖南6个省；西部地区包括内蒙古、广西、重庆、四川、贵州、云南、西藏、陕西、甘肃、青海、宁夏和新疆12个省区市；东北地区包括辽宁、吉林和黑龙江3个省。

书中因小数取舍而产生的误差均未作配平调整；各表中的“空格”表示该项统计指标数据不足本表最小单位数、数据不详或无该项数据；“#”表示其中的主要项。

目　　录

一、工业企业 R&D 及相关活动主要指标（2013）

二、工业企业基本情况（2013）

三、工业企业 R&D 人员情况（2013）

四、工业企业 R&D 经费支出情况（2013）

五、工业企业 R&D 项目情况（2013）

六、工业企业办研发机构情况（2013）

七、工业企业新产品开发、生产及销售情况（2013）

八、工业企业自主知识产权及相关情况（2013）

九、工业企业政府相关政策落实情况（2013）

十、工业企业技术获取和技术改造情况（2013）

一、工业企业 R&D 及相关活动主要指标

（2013）

1-1　企业R&D及相关活动主要指标

指　　标	单位	合计	#大型	#中型
企业基本情况				
企业数	个	369741	9740	55656
#有R&D活动的企业	个	54832	5259	15149
#有研发机构的企业	个	43055	4482	12727
#有新产品销售的企业	个	47945	4381	12979
主营业务收入	万元	10372893469	4167968028	2460002983
利润总额	万元	683216581	266248825	173992686
资产总计	万元	8670625513	4148152689	2060737490
出口交货值	万元	1124551890	641396197	273364692
R&D人员情况				
R&D人员合计	人	3375912	1749056	884860
#女性	人	698435	370322	190319
#研究人员	人	1095573	641802	243410
#全时人员	人	2233774	1189469	585970
R&D人员折合全时当量	人年	2493958	1337653	639083
R&D经费情况				
R&D经费内部支出	万元	83184005	49299948	18140698
按支出用途分				
1.日常性支出	万元	73619821	44388743	15821687
#人员劳务费	万元	22712753	13818479	4983751
2.资产性支出	万元	9564184	4911204	2319011
#仪器和设备	万元	9265693	4730879	2262571
按资金来源分				
政府资金	万元	3597485	2209869	774340
企业资金	万元	78217423	46425948	17015652
国外资金	万元	475736	292494	114634
其他资金	万元	893361	371637	236072
R&D经费外部支出	万元	4231573	3162877	675836
#对境内研究机构支出	万元	1705690	1149602	374609
对境内高等学校支出	万元	869812	617800	129580
对境外支出	万元	740102	644608	69610
R&D项目情况				
项目数	项	322567	116916	88230
参加项目人员	人	3071873	1590388	803205
项目人员折合全时当量	人年	2270204	1215555	580779
项目经费内部支出	万元	72944902	43220921	15924393

1-1 续表

指标	单位	合计	#大型	#中型
企业办研发机构情况				
机构数	个	51625	7843	15504
机构人员数	人	2387943	1205490	668411
#博士	人	41065	17240	11064
硕士	人	254600	158961	53225
本科	人	1255409	664449	334468
机构经费支出	万元	59415190	36532988	13302919
仪器和设备原价	万元	41320723	23681251	10267812
#进口	万元	7454923	5061625	1603481
新产品开发及生产情况				
新产品开发项目数	项	358287	118122	104386
新产品开发经费支出	万元	92467436	53177631	21228768
新产品销售收入	万元	1284606903	875686017	249933046
#新产品出口	万元	228534683	179893408	33038857
自主知识产权及相关情况				
专利申请数	件	560918	217256	142535
#发明专利	件	205146	94807	44916
有效发明专利数	件	335401	166295	77880
#境外授权	件	24129	19808	2196
专利所有权转让及许可数	件	10807	3022	3400
专利所有权转让及许可收入	万元	477413	259468	90390
拥有注册商标数	件	341621	170483	95566
#境外注册	件	55848	40805	10319
形成国家或行业标准数	项	23348	9171	7345
政府相关政策落实情况				
使用来自政府部门的科技活动资金	万元	4589829	2617256	1077107
研究开发费用加计扣除减免税	万元	3336954	2102509	728276
高新技术企业减免税	万元	5855110	3315006	1624770
技术获取和技术改造情况				
引进技术经费支出	万元	3939455	3214770	521574
消化吸收经费支出	万元	1505777	1224181	156980
购买国内技术经费支出	万元	2143810	1487905	407154
技术改造经费支出	万元	40721168	28001511	6948082

1-2　分登记注册类型企业R&D及相关活动主要指标

指　　标	单位	国有及国有控股企业	内资企业				
				国有企业	集体企业	股份合作企业	联营企业
企业基本情况							
企业数	个	18613	312378	3957	3777	1424	233
#有R&D活动的企业	个	5057	43564	660	171	173	16
#有研发机构的企业	个	3449	34165	433	133	98	10
#有新产品销售的企业	个	3931	38632	456	149	164	13
主营业务收入	万元	2569646390	7942669838	527429456	77172005	16626647	5263922
利润总额	万元	159273767	525186546	29272118	5796725	1359797	292437
资产总计	万元	3407845124	6785955306	691330561	42139415	12693816	4016363
出口交货值	万元	84101417	365290538	5561480	2937898	933298	257223
R&D人员情况							
R&D人员合计	人	1043443	2564162	120504	11899	4080	2030
#女性	人	217838	526153	26329	2611	792	425
#研究人员	人	479947	916430	62164	4248	1086	1403
#全时人员	人	665010	1671775	72260	8801	2619	1242
R&D人员折合全时当量	人年	771286	1865328	85572	7402	2899	1590
R&D经费情况							
R&D经费内部支出	万元	27909038	63032811	3084397	586977	87854	70305
按支出用途分							
1.日常性支出	万元	25249839	55720519	2820686	542142	64777	69308
#人员劳务费	万元	7241381	16603626	700807	144430	19236	17855
2.资产性支出	万元	2659199	7312292	263711	44835	23076	997
#仪器和设备	万元	2552615	7070186	254099	41089	22926	845
按资金来源分							
政府资金	万元	2088214	3202889	276473	10055	1576	79
企业资金	万元	25449270	59049113	2743364	573217	82637	70226
国外资金	万元	125927	111163	1113	142		
其他资金	万元	245626	669646	63447	3564	3641	
R&D经费外部支出	万元	2044255	3205600	378945	61784	4721	11035
#对境内研究机构支出	万元	829682	1312029	179708	4157	2266	4754
对境内高等学校支出	万元	419544	762599	98864	3933	2194	5922
对境外支出	万元	359588	391590	33384	14184		
R&D项目情况							
项目数	项	86756	250823	10634	1986	625	114
参加项目人员	人	933562	2326740	104619	11186	3722	1863
项目人员折合全时当量	人年	689250	1693440	73380	6926	2645	1459
项目经费内部支出	万元	23491292	54631334	2276456	533267	64843	68531

1-2 续表 1

指　　标	单位	国有及国有控股企业	内资企业				
				国有企业	集体企业	股份合作企业	联营企业
企业办研发机构情况							
机构数	个	5483	41257	730	169	106	14
机构人员数	人	614086	1790066	74332	6250	2330	2420
#博士	人	9297	33453	1519	227	45	20
硕士	人	89585	200647	12994	1090	81	288
本科	人	352207	961330	41749	3047	1129	1947
机构经费支出	万元	16821025	43254514	1618153	215254	40837	92016
仪器和设备原价	万元	14355243	28711977	1596942	119914	37897	19111
#进口	万元	2691204	4616319	295943	29879	5954	390
新产品开发及生产情况							
新产品开发项目数	项	86050	274397	10696	2170	593	108
新产品开发经费支出	万元	28417755	68562481	2854120	583732	86268	67878
新产品销售收入	万元	401096690	837421640	30625353	8416162	974706	882324
#新产品出口	万元	35925057	95969592	1202290	1453842	66032	23903
自主知识产权及相关情况							
专利申请数	件	128099	437396	23124	2471	738	358
#发明专利	件	53455	158978	9319	1134	215	209
有效发明专利数	件	83443	260828	10508	1157	327	119
#境外授权	件	1904	16365	114	46	2	6
专利所有权转让及许可数	件	1812	8498	299	180	5	
专利所有权转让及许可收入	万元	104619	399390	15019	5499		
拥有注册商标数	件	82530	269840	10321	580	566	172
#境外注册	件	20234	43342	2646	62	4	14
形成国家或行业标准数	项	6473	19849	1191	369	61	
政府相关政策落实情况							
使用来自政府部门的科技活动资金	万元	2522201	4098793	353394	11670	2093	201
研究开发费用加计扣除减免税	万元	1328855	2577838	337527	2751	797	1836
高新技术企业减免税	万元	1523928	3907442	110340	30419	2246	180
技术获取和技术改造情况							
引进技术经费支出	万元	1981298	1651068	59438	8137	354	2135
消化吸收经费支出	万元	817230	1012135	33362	1752	935	3367
购买国内技术经费支出	万元	1034818	1774241	85381	2400	2252	7050
技术改造经费支出	万元	22907474	35267164	2723227	129719	37489	36686

1-2 续表 2

指　标	单位					港澳台商	外　商
		有限责任公司	股份有限公司	私营企业	其他企业	投资企业	投资企业
企业基本情况							
企业数	个	82245	10307	208400	2035	26451	30912
#有R&D活动的企业	个	12662	3724	26036	122	5115	6153
#有研发机构的企业	个	9052	3024	21319	96	3910	4980
#有新产品销售的企业	个	10631	3238	23850	131	4206	5107
主营业务收入	万元	2840337044	1017883890	3420467721	37489153	887740564	1542483066
利润总额	万元	171884179	80265464	233296624	3019203	54569021	103461014
资产总计	万元	2988323438	1145914998	1876886339	24650376	728910829	1155759379
出口交货值	万元	119376588	64226738	170845194	1152119	291214068	468047284
R&D人员情况							
R&D人员合计	人	1107130	569540	742847	6132	352698	459052
#女性	人	224042	125168	145396	1390	78973	93309
#研究人员	人	455116	196875	192105	3433	76234	102909
#全时人员	人	709155	401727	473513	2458	244680	317319
R&D人员折合全时当量	人年	807435	432027	523551	4853	274173	354457
R&D经费情况							
R&D经费内部支出	万元	28309099	13855023	16901374	137783	7722329	12428864
按支出用途分							
1.日常性支出	万元	25195944	12527287	14389290	111085	6951181	10948121
#人员劳务费	万元	7724488	3894584	4051443	50784	2259454	3849673
2.资产性支出	万元	3113155	1327736	2512084	26698	771148	1480743
#仪器和设备	万元	2999424	1276987	2450692	24125	753258	1442250
按资金来源分							
政府资金	万元	1757815	636974	511007	8909	190891	203705
企业资金	万元	26239005	13080263	16132663	127739	7409649	11758661
国外资金	万元	64981	13882	30671	374	61149	303425
其他资金	万元	247297	123904	227033	761	60640	163075
R&D经费外部支出	万元	1488570	819097	427138	14310	265461	760512
#对境内研究机构支出	万元	615029	301552	196606	7957	117075	276587
对境内高等学校支出	万元	321484	171528	155961	2714	48236	58977
对境外支出	万元	184098	140620	18600	705	44168	304344
R&D项目情况							
项目数	项	102726	44525	89657	556	28859	42885
参加项目人员	人	1002811	516880	680567	5092	323814	421319
项目人员折合全时当量	人年	732366	392491	480247	3926	251805	324959
项目经费内部支出	万元	24509878	12155831	14906188	116339	7017451	11296117

1-2 续表 3

指　　标	单位	有限责任公司	股份有限公司	私营企业	其他企业	港澳台商投资企业	外　商投资企业
企业办研发机构情况							
机构数	个	11490	4741	23892	115	4627	5741
机构人员数	人	693710	431781	575188	4055	252441	345436
#博士	人	11924	7344	12283	91	2946	4666
硕士	人	95897	50869	39039	389	19313	34640
本科	人	384004	245397	282073	1984	120123	173956
机构经费支出	万元	18650505	10410722	12143200	83826	5996929	10163747
仪器和设备原价	万元	12103584	6755543	8027311	51674	3628493	8980253
#进口	万元	1978609	1377739	924647	3159	834310	2004295
新产品开发及生产情况							
新产品开发项目数	项	108132	49300	103038	360	34247	49643
新产品开发经费支出	万元	29403878	15703824	19762562	100219	9010132	14894823
新产品销售收入	万元	358674343	208367328	228237348	1244076	140216756	306968508
#新产品出口	万元	39504118	27346984	26321314	51107	47650020	84915072
自主知识产权及相关情况							
专利申请数	件	147026	88111	174650	918	57155	66367
#发明专利	件	59995	36973	50653	480	18124	28044
有效发明专利数	件	108529	64653	74757	778	31086	43487
#境外授权	件	12971	2016	1205	5	2226	5538
专利所有权转让及许可数	件	2375	1718	3908	13	1036	1273
专利所有权转让及许可收入	万元	115534	164555	98783		31124	46899
拥有注册商标数	件	81570	87991	88325	315	33553	38228
#境外注册	件	11941	19835	8798	42	6228	6278
形成国家或行业标准数	项	6915	5344	5956	13	1703	1796
政府相关政策落实情况							
使用来自政府部门的科技活动资金	万元	2143554	842359	735229	10293	233860	257177
研究开发费用加计扣除减免税	万元	1053706	626340	547903	6979	301735	457381
高新技术企业减免税	万元	1319899	1514836	924743	4779	860596	1087072
技术获取和技术改造情况							
引进技术经费支出	万元	838749	517470	223108	1677	391464	1896923
消化吸收经费支出	万元	415222	399307	157658	533	63219	430423
购买国内技术经费支出	万元	789427	612374	273988	1369	203305	166264
技术改造经费支出	万元	15287428	10090770	6913607	48239	2005972	3448032

1-3 制造业企业R&D及相关活动主要指标

指标	单位	制造业合计	农副食品加工业	食品制造业	酒、饮料和精制茶制造业	烟草制品业	纺织业
企业基本情况							
企业数	个	343515	23963	7870	5895	130	21170
#有R&D活动的企业	个	53835	1800	983	647	57	2062
#有研发机构的企业	个	42433	1538	749	524	35	2038
#有新产品销售的企业	个	47666	1489	782	543	35	2280
主营业务收入	万元	9080881401	601250680	185363389	153476345	83080779	361837349
利润总额	万元	553726530	34738811	16463043	17180649	12226104	21559532
资产总计	万元	6639349323	277174544	115835300	131466193	79795898	223506437
出口交货值	万元	1120650062	30912066	10426621	2469203	359754	39228429
R&D人员情况							
R&D人员合计	人	3185949	57646	41366	31301	6805	79009
#女性	人	671366	13795	12705	7863	1337	28219
#研究人员	人	995992	16909	11747	10770	3937	19518
#全时人员	人	2150228	33457	24442	19717	3045	48272
R&D人员折合全时当量	人年	2371061	38162	27389	21113	4246	53289
R&D经费情况							
R&D经费内部支出	万元	79598052	1729827	985302	827430	221056	1584878
按支出用途分							
1.日常性支出	万元	70393739	1487182	843205	719244	180006	1328867
#人员劳务费	万元	21561798	312535	240670	194621	68216	389710
2.资产性支出	万元	9204313	242645	142097	108186	41050	256011
#仪器和设备	万元	8925379	235286	136915	99609	38650	251881
按资金来源分							
政府资金	万元	3472250	58010	30999	28259	438	36192
企业资金	万元	74782241	1645980	916722	788620	207216	1524587
国外资金	万元	475527	1260	2115	4575		2144
其他资金	万元	868033	24577	35466	5976	13402	21954
R&D经费外部支出	万元	3796487	76189	48272	28344	60911	25301
#对境内研究机构支出	万元	1492996	30075	12296	13240	29786	7003
对境内高等学校支出	万元	734050	40229	15760	12553	11386	11603
对境外支出	万元	732604	1826	7171	951		1686
R&D项目情况							
项目数	项	309406	5987	4530	2738	1285	7441
参加项目人员	人	2898277	52489	36992	28172	5852	72563
项目人员折合全时当量	人年	2158113	34628	24462	19130	3669	49077
项目经费内部支出	万元	70054995	1516197	860938	708017	127318	1371814

1-3 续表 1

指　　标	单位	制造业合　计	农副食品加工业	食　品制造业	酒、饮料和精制茶制造业	烟　草制品业	纺织业
企业办研发机构情况							
机构数	个	50714	1803	909	654	36	2240
机构人员数	人	2299409	45095	28670	30344	2719	59434
#博士	人	38726	1918	1030	589	159	912
硕士	人	239499	5197	3487	2421	731	2915
本科	人	1211192	23052	15309	15282	1185	27365
机构经费支出	万元	57470392	1101313	711377	803087	243409	1290344
仪器和设备原价	万元	39745673	795867	455648	776370	245004	1038785
#进口	万元	7258740	104017	55254	133115	169575	299337
新产品开发及生产情况							
新产品开发项目数	项	352023	6816	4982	2969	948	8614
新产品开发经费支出	万元	90648983	2140687	1049122	941907	195984	1905566
新产品销售收入	万元	1266637274	21216453	10968404	11337692	15913130	40512571
#新产品出口	万元	227984919	1338446	1280354	433773	61447	5578100
自主知识产权及相关情况							
专利申请数	件	535365	7344	5421	3863	2634	11457
#发明专利	件	195803	3090	2147	937	965	2220
有效发明专利数	件	328266	3221	3105	1538	1168	2587
#境外授权	件	24083	30	68	8	5	61
专利所有权转让及许可数	件	10484	227	276	76	29	51
专利所有权转让及许可收入	万元	473037	10101	1116	5248	3	4910
拥有注册商标数	件	340177	8861	20795	19730	10385	6147
#境外注册	件	55778	311	2332	2293	2738	1179
形成国家或行业标准数	项	22502	479	371	237	153	431
政府相关政策落实情况							
使用来自政府部门的科技活动资金	万元	4422608	93572	46750	49007	512	48487
研究开发费用加计扣除减免税	万元	3209035	20842	24202	24108	2808	47287
高新技术企业减免税	万元	5767073	21300	46934	22570	13457	52295
技术获取和技术改造情况							
引进技术经费支出	万元	3861547	9203	35871	7620	35539	32689
消化吸收经费支出	万元	1400355	30213	24350	8275	1218	24435
购买国内技术经费支出	万元	2053070	41381	14674	18233	51426	26345
技术改造经费支出	万元	35908966	863295	458947	1013111	1165940	641345

1-3 续表 2

指　　标	单位	纺　织服装、服饰业	皮革、毛皮、羽毛及其制品和制鞋业	木材加工和木、竹、藤、棕、草制品业	家　具制造业	造纸及纸制品业	印刷和记录媒介复制业
企业基本情况							
企业数	个	15710	8467	8878	5089	7082	5050
#有R&D活动的企业	个	1047	470	491	342	593	459
#有研发机构的企业	个	1078	486	506	253	426	385
#有新产品销售的企业	个	1144	820	483	420	538	421
主营业务收入	万元	194630372	126438494	120050683	66496392	129462769	59651978
利润总额	万元	12735209	8900413	8685546	4325003	7778698	4862953
资产总计	万元	111819416	68528598	52462419	41830167	128639954	45891067
出口交货值	万元	47373949	31291952	7896589	14524669	5700758	3946966
R&D人员情况							
R&D人员合计	人	44534	19365	12473	13071	31420	16853
#女性	人	14572	6309	1987	2411	6500	3693
#研究人员	人	9359	3831	2950	2107	6753	4050
#全时人员	人	23116	13474	6771	7516	17969	9294
R&D人员折合全时当量	人年	34322	13532	8208	9383	20557	11362
R&D经费情况							
R&D经费内部支出	万元	692870	338923	271582	224650	877917	303888
按支出用途分							
1.日常性支出	万元	614866	310324	228116	200014	738947	249369
#人员劳务费	万元	233070	111065	58944	72930	154878	91673
2.资产性支出	万元	78005	28599	43466	24636	138970	54519
#仪器和设备	万元	74218	27875	42695	24329	136289	53477
按资金来源分							
政府资金	万元	8902	3566	9563	1421	10163	2844
企业资金	万元	673683	324797	256991	219859	865040	296500
国外资金	万元	901	1260	280	864		116
其他资金	万元	9385	9300	4748	2506	2714	4429
R&D经费外部支出	万元	20636	5623	7365	6647	13404	6798
#对境内研究机构支出	万元	7392	3189	5490	3355	7497	1680
对境内高等学校支出	万元	7670	1494	1797	1110	3447	1174
对境外支出	万元	2495	383	19	1093	1231	425
R&D项目情况							
项目数	项	3666	1472	1162	1413	2087	1745
参加项目人员	人	41473	17724	11279	12215	29158	15540
项目人员折合全时当量	人年	32062	12408	7382	8814	19028	10480
项目经费内部支出	万元	626936	310043	246450	196792	797094	254753

1-3 续表 3

指　　标	单位	纺　织服装、服饰业	皮革、毛皮、羽毛及其制品和制鞋业	木材加工和木、竹、藤、棕、草制品业	家　具制造业	造纸及纸制 品 业	印 刷 和记录媒介复 制 业
企业办研发机构情况							
机构数	个	1162	525	548	288	470	419
机构人员数	人	33207	16355	8882	9335	19375	11484
#博士	人	391	191	251	70	322	168
硕士	人	1397	558	661	328	950	742
本科	人	15483	5664	3932	4417	10180	5316
机构经费支出	万元	590382	260461	176973	164913	641632	217095
仪器和设备原价	万元	338234	132132	100440	85952	503799	279740
#进口	万元	99761	13978	4261	19404	58733	45488
新产品开发及生产情况							
新产品开发项目数	项	4308	1886	1335	2059	2112	1913
新产品开发经费支出	万元	860353	414210	300401	283318	795368	328121
新产品销售收入	万元	14766136	7389407	3355674	3910685	13822520	4360006
#新产品出口	万元	3360009	1818049	523592	1524343	866566	318940
自主知识产权及相关情况							
专利申请数	件	6347	3538	2603	4826	3278	2867
#发明专利	件	946	604	687	593	1122	882
有效发明专利数	件	1977	712	1011	880	1282	1404
#境外授权	件	49	15	16	86	4	7
专利所有权转让及许可数	件	40	24	22	75	46	60
专利所有权转让及许可收入	万元	1088	63	846	1014	1161	6686
拥有注册商标数	件	9764	3930	1507	2709	3116	978
#境外注册	件	1074	866	113	306	301	67
形成国家或行业标准数	项	172	118	153	104	148	76
政府相关政策落实情况							
使用来自政府部门的科技活动资金	万元	12343	5514	12242	2297	17179	5660
研究开发费用加计扣除减免税	万元	10891	4029	9723	26103	24740	10962
高新技术企业减免税	万元	37118	11428	12600	27580	41862	50174
技术获取和技术改造情况							
引进技术经费支出	万元	22784	1145	9582	1831	44843	2187
消化吸收经费支出	万元	8861	2635	2626	881	17138	1372
购买国内技术经费支出	万元	6351	3506	15987	974	9147	8375
技术改造经费支出	万元	134790	96446	169867	29382	571723	157826

1-3 续表 4

指　　标	单位	文教、工美、体育和娱乐用品制造业	石油加工、炼焦和核燃料加工业	化学原料和化学制品制造业	医　药制造业	化学纤维制造业	橡胶和塑料制品业
企业基本情况							
企业数	个	8122	2078	25035	6839	2002	17659
#有R&D活动的企业	个	898	252	4958	2586	398	2114
#有研发机构的企业	个	754	179	3844	1935	382	1618
#有新产品销售的企业	个	914	155	3827	1716	371	1958
主营业务收入	万元	129179665	409098760	766075620	205263426	70551974	278534419
利润总额	万元	7423159	6302646	45182635	21397671	2742449	19013910
资产总计	万元	64018047	230317993	612674699	184783717	62053680	186413955
出口交货值	万元	39118456	5534174	39837320	11981420	4792412	37132659
R&D人员情况							
R&D人员合计	人	29538	19651	231345	163248	23524	87205
#女性	人	7149	4044	48811	62397	5458	17811
#研究人员	人	6519	9286	70275	50496	5649	20522
#全时人员	人	19078	10941	149903	114571	14338	54367
R&D人员折合全时当量	人年	20909	13993	170087	123200	16563	64068
R&D经费情况							
R&D经费内部支出	万元	495880	893194	6603728	3476553	667897	1994578
按支出用途分							
1.日常性支出	万元	432626	794154	5774537	3036711	571552	1716449
#人员劳务费	万元	146856	127621	1451688	926401	124732	449079
2.资产性支出	万元	63254	99040	829191	439842	96345	278129
#仪器和设备	万元	61276	94159	804760	425837	94787	269999
按资金来源分							
政府资金	万元	12030	20356	175158	204243	10362	38167
企业资金	万元	478568	862975	6302923	3223942	651238	1924219
国外资金	万元	1332	5457	51351	11818	495	3189
其他资金	万元	3950	4407	74296	36550	5802	29002
R&D经费外部支出	万元	8464	60949	204125	408188	11256	53892
#对境内研究机构支出	万元	4120	32166	109080	291219	4103	15611
对境内高等学校支出	万元	3348	11725	67550	70632	4043	21697
对境外支出	万元	247	3800	13002	17845	3	12812
R&D项目情况							
项目数	项	3163	1913	24585	25419	1652	9806
参加项目人员	人	27261	17976	210219	147959	22279	79145
项目人员折合全时当量	人年	19319	12800	154752	111535	15762	58174
项目经费内部支出	万元	435452	715280	5886014	3106870	624620	1760395

1-3 续表 5

指　标	单位	文教、工美、体育和娱乐用品制造业	石油加工、炼焦和核燃料加工业	化学原料和化学制品制造业	医　药制造业	化学纤维制造业	橡胶和塑料制品业
企业办研发机构情况							
机构数	个	842	235	4870	2529	455	1827
机构人员数	人	23888	12167	169864	115460	18506	62967
#博士	人	255	320	4420	4368	269	857
硕士	人	1018	1511	16781	19299	1105	3459
本科	人	10889	6169	89196	63390	8723	30040
机构经费支出	万元	415515	623770	5033284	2636900	689276	1607696
仪器和设备原价	万元	464399	422772	2979921	1813530	625705	1165922
#进口	万元	35928	66555	330369	326538	118086	343965
新产品开发及生产情况							
新产品开发项目数	项	4022	1707	23590	26523	1980	12281
新产品开发经费支出	万元	665984	1131379	6292466	3645006	939358	2415348
新产品销售收入	万元	8721707	26469416	91376298	36061674	15093388	29316616
#新产品出口	万元	2263593	57766	8136824	3168255	1191033	5675936
自主知识产权及相关情况							
专利申请数	件	10885	1600	27165	17124	3177	15427
#发明专利	件	1331	814	14883	10475	1090	4168
有效发明专利数	件	3355	1710	22005	19558	1288	6086
#境外授权	件	81	33	581	1216	12	221
专利所有权转让及许可数	件	81	60	643	484	36	402
专利所有权转让及许可收入	万元	3851	6570	43862	25453	2	12040
拥有注册商标数	件	9324	1498	34522	51588	1207	7162
#境外注册	件	1703	14	2485	2757	118	1499
形成国家或行业标准数	项	252	145	2224	3145	118	632
政府相关政策落实情况							
使用来自政府部门的科技活动资金	万元	15108	26977	238566	259343	13268	51576
研究开发费用加计扣除减免税	万元	13349	17776	184508	183299	17866	57342
高新技术企业减免税	万元	17719	23576	409176	658448	41980	141777
技术获取和技术改造情况							
引进技术经费支出	万元	4444	47417	329861	58131	31837	27448
消化吸收经费支出	万元	3180	81951	74200	63096	6097	60326
购买国内技术经费支出	万元	5126	83238	209437	210435	40098	21520
技术改造经费支出	万元	96013	1941612	4283922	1279734	399316	964375

1-3 续表 6

指　　标	单位	非金属矿物制品业	黑色金属冶炼和压延加工业	有色金属冶炼和压延加工业	金　属制品业	通用设备制造业	专用设备制造业
企业基本情况							
企业数	个	32174	11010	7340	20111	23984	16713
#有R&D活动的企业	个	2601	1174	1258	2589	5470	4503
#有研发机构的企业	个	1915	1025	975	1966	4211	3397
#有新产品销售的企业	个	2107	975	992	2283	5054	3902
主营业务收入	万元	519977527	761978519	470101875	331686845	435031342	327012137
利润总额	万元	40430074	20644736	17793061	20955793	30696375	23348071
资产总计	万元	414851598	647004646	321935071	220668390	358922416	306557381
出口交货值	万元	17864788	23088437	12259499	35857375	49672442	29937414
R&D人员情况							
R&D人员合计	人	108859	148418	82691	112816	267000	239842
#女性	人	18812	22519	12593	20353	46536	40700
#研究人员	人	29314	68170	28705	34961	82470	79543
#全时人员	人	64183	72738	46929	71780	181048	170616
R&D人员折合全时当量	人年	73646	107190	57560	79315	191916	178461
R&D经费情况							
R&D经费内部支出	万元	2150329	6330374	3011081	2300165	5478932	5123164
按支出用途分							
1.日常性支出	万元	1834504	5703471	2610597	1977081	4745764	4591039
#人员劳务费	万元	505110	960671	465578	581743	1540279	1506019
2.资产性支出	万元	315825	626903	400484	323084	733168	532124
#仪器和设备	万元	306746	596616	390834	314314	716923	515758
按资金来源分							
政府资金	万元	72631	43287	96386	104177	279486	254489
企业资金	万元	2048797	6270718	2850507	2161644	5084825	4795848
国外资金	万元	3321	3242	5178	3298	33781	17858
其他资金	万元	25580	13127	59010	31047	80840	54969
R&D经费外部支出	万元	41131	160999	134510	45887	192821	108973
#对境内研究机构支出	万元	21196	57482	68991	19614	72427	36547
对境内高等学校支出	万元	11941	55362	33317	16351	45336	31949
对境外支出	万元	4155	8010	13001	3647	57670	17392
R&D项目情况							
项目数	项	9690	9767	6966	11229	28306	26763
参加项目人员	人	99009	132351	75929	101988	243393	219377
项目人员折合全时当量	人年	67235	95694	52723	71350	175093	163649
项目经费内部支出	万元	1910033	5363743	2619801	2012806	4861454	4486219

1-3 续表 7

指 标	单位	非金属矿物制品业	黑色金属冶炼和压延加工业	有色金属冶炼和压延加工业	金 属制品业	通用设备制 造 业	专用设备制 造 业
企业办研发机构情况							
机构数	个	2198	1191	1199	2279	4964	4021
机构人员数	人	66994	75247	54380	79557	194350	167585
#博士	人	1413	1322	1056	1053	2497	2952
硕士	人	5171	5760	4445	4431	14735	19330
本科	人	33156	35110	27753	38749	106570	90758
机构经费支出	万元	1302060	2932029	1913554	1503625	3906915	3183235
仪器和设备原价	万元	1182136	1719456	1417474	1280531	2914258	2394725
#进口	万元	189183	364758	235846	183107	471306	347089
新产品开发及生产情况							
新产品开发项目数	项	9936	8971	6131	12353	34325	31313
新产品开发经费支出	万元	2193521	6060242	2629012	2473429	6555971	5887267
新产品销售收入	万元	24108128	79719166	51915643	27219666	72693613	58947065
#新产品出口	万元	2778273	7545887	3578179	4471631	8871992	8280087
自主知识产权及相关情况							
专利申请数	件	15369	13874	9022	18318	49305	53037
#发明专利	件	4932	5767	3464	5152	14292	17528
有效发明专利数	件	8941	7018	6753	9656	23994	28145
#境外授权	件	132	132	116	205	512	1217
专利所有权转让及许可数	件	353	444	164	465	1176	796
专利所有权转让及许可收入	万元	31854	1179	3609	20339	40434	34718
拥有注册商标数	件	7868	3907	4387	7153	15687	15018
#境外注册	件	1116	609	702	812	2514	2425
形成国家或行业标准数	项	799	403	735	1022	2075	1766
政府相关政策落实情况							
使用来自政府部门的科技活动资金	万元	98367	68992	129424	133917	344501	321336
研究开发费用加计扣除减免税	万元	57085	232546	46930	88964	247066	238227
高新技术企业减免税	万元	131626	53111	82880	173171	576471	563989
技术获取和技术改造情况							
引进技术经费支出	万元	39017	347126	101227	53786	255016	148634
消化吸收经费支出	万元	28666	169462	116518	16479	142839	28796
购买国内技术经费支出	万元	35896	499501	99904	38068	81066	50757
技术改造经费支出	万元	1042016	5566461	2199164	594191	1726285	1608786

1-3 续表 8

指　　标	单位	汽　车 制造业	铁路、船舶、航空航天和其他运输设备制造业	电气机械和器材制造业	计算机、通信和其他电子设备制造业	仪器仪表制造业	其　他 制造业	金属制品、机械和设备修理业
企业基本情况								
企业数	个	12522	4917	22586	13544	4079	1695	429
#有R&D活动的企业	个	2710	1043	6061	4284	1632	180	68
#有研发机构的企业	个	2032	872	4656	3215	1187	124	47
#有新产品销售的企业	个	2628	925	5427	3692	1465	171	51
主营业务收入	万元	595404428	154439134	615858702	788301188	75122812	21822423	9172219
利润总额	万元	52257689	9061928	38259403	38365136	6600122	1500873	492981
资产总计	万元	466166583	179030692	474445558	522117324	63427769	17725879	12175842
出口交货值	万元	27469034	30814383	93767122	449142774	11497278	4768207	1933019
R&D人员情况								
R&D人员合计	人	251289	139382	340031	476612	90992	8764	6873
#女性	人	44971	32202	67074	96438	19769	2187	1437
#研究人员	人	66331	58520	89798	168143	28560	3346	2113
#全时人员	人	179016	96284	240302	376491	67350	6165	4948
R&D人员折合全时当量	人年	195682	105869	255835	390976	69174	7082	5115
R&D经费情况								
R&D经费内部支出	万元	6802237	3720932	8153895	12525008	1492889	145262	77867
按支出用途分								
1.日常性支出	万元	6035935	3406266	7283989	11334105	1356485	132969	72294
#人员劳务费	万元	2004387	801068	2212394	5175809	558217	42032	31946
2.资产性支出	万元	766302	314666	869906	1190903	136404	12293	5573
#仪器和设备	万元	738339	296230	842522	1172204	133337	12035	5228
按资金来源分								
政府资金	万元	212692	818017	241941	568565	102897	15750	2287
企业资金	万元	6453359	2800024	7793616	11721311	1356354	121570	75099
国外资金	万元	99642	26013	62398	116351	17288		
其他资金	万元	36544	76879	55941	118781	16351	7942	481
R&D经费外部支出	万元	730991	427142	264257	568346	63164	3746	3155
#对境内研究机构支出	万元	257336	149526	70684	133496	22659	1447	382
对境内高等学校支出	万元	79814	55343	53470	50202	11368	1198	122
对境外支出	万元	222069	151604	81449	81963	24606	416	1634
R&D项目情况								
项目数	项	20311	10557	37415	36382	10210	1073	348
参加项目人员	人	223786	124565	308833	439557	83380	7818	6422
项目人员折合全时当量	人年	173840	94584	232520	360800	63547	6326	4778
项目经费内部支出	万元	6078010	2904467	7171794	11503071	1319487	124457	68804

1-3 续表 9

指　　标	单位	汽　车 制造业	铁路、船舶、航空航天和其他运输设备制造业	电气机械和器材制造业	计算机、通信和其他电子设备制造业	仪器仪表制造业	其　他 制造业	金属制品、机械和设备修理业
企业办研发机构情况								
机构数	个	2429	1047	5799	3991	1494	141	56
机构人员数	人	191934	91473	271088	362497	65265	5939	2596
#博士	人	1881	681	3575	4645	1015	71	19
硕士	人	18830	9738	22286	63952	7365	402	232
本科	人	108647	54706	147184	188556	37577	3280	1895
机构经费支出	万元	5671150	1989268	6215183	10307272	1123158	103401	42537
仪器和设备原价	万元	5555422	1622164	4263924	4383851	635238	84336	26413
#进口	万元	967744	233996	666629	1288557	72697	7334	5721
新产品开发及生产情况								
新产品开发项目数	项	25374	11895	43991	45390	12330	1104	524
新产品开发经费支出	万元	7979138	4399013	10453249	15558039	1778592	181309	108165
新产品销售收入	万元	150840960	47561595	138605058	241635186	14898717	1778923	939178
#新产品出口	万元	6453027	9880953	22512999	113450701	2009427	425644	121181
自主知识产权及相关情况								
专利申请数	件	38237	19140	78154	88960	19507	1751	697
#发明专利	件	9041	5897	25283	50516	5950	630	192
有效发明专利数	件	14106	9461	38601	97994	9236	933	264
#境外授权	件	176	142	1361	17183	391	22	1
专利所有权转让及许可数	件	530	362	1372	1713	463	10	
专利所有权转让及许可收入	万元	18382	1452	14489	52927	129610	12	
拥有注册商标数	件	21370	6992	33863	23552	6071	898	52
#境外注册	件	8625	1475	9196	7024	942	167	15
形成国家或行业标准数	项	743	1079	2789	1165	854	91	12
政府相关政策落实情况								
使用来自政府部门的科技活动资金	万元	285381	958202	327647	696128	126262	22017	2493
研究开发费用加计扣除减免税	万元	499390	200338	352024	438346	117097	7889	2178
高新技术企业减免税	万元	506156	263747	835765	748631	185347	11898	3792
技术获取和技术改造情况								
引进技术经费支出	万元	1445774	93400	247883	372054	43208	2472	9516
消化吸收经费支出	万元	276122	31290	111008	55871	10135	826	1451
购买国内技术经费支出	万元	164382	95806	92077	112302	14616	1368	648
技术改造经费支出	万元	2857836	1131632	2609753	1793072	367257	73142	15749

1-4 分地区企业R&D及相关活动主要指标

指　　标	单位	东部地区	中部地区	西部地区	东北地区	北　京	天　津	河　北
企业基本情况								
企业数	个	219383	77111	46176	27071	3641	5499	13968
#有R&D活动的企业	个	40199	8983	3967	1683	1059	1732	853
#有研发机构的企业	个	33036	6201	2851	967	498	775	777
#有新产品销售的企业	个	35560	7757	3299	1329	1059	1682	737
主营业务收入	万元	5940443458	2091410226	1467070043	873969741	186886314	268033200	463456529
利润总额	万元	381401847	135847490	111562505	54404740	12828840	22473795	27347038
资产总计	万元	4654818155	1618920203	1711642076	685245079	308007299	217614928	375971159
出口交货值	万元	925554334	91069443	69052893	38875221	15067218	27429154	15234650
R&D人员情况								
R&D人员合计	人	2223842	616936	355183	179951	79368	93313	94021
#女性	人	463045	118529	75775	41086	21304	20165	23446
#研究人员	人	629654	232911	145503	87505	25229	28545	41213
#全时人员	人	1519249	391435	216105	106985	66790	55185	57922
R&D人员折合全时当量	人年	1697659	434017	242188	120095	58036	68175	65049
R&D经费情况								
R&D经费内部支出	万元	56533941	13596770	8073520	4979774	2130618	3000377	2327418
按支出用途分								
1.日常性支出	万元	49960559	12029858	6980499	4648906	2032446	2509339	2018862
#人员劳务费	万元	16653656	3250544	1895788	912765	808964	625045	528329
2.资产性支出	万元	6573382	1566912	1093021	330868	98172	491038	308556
#仪器和设备	万元	6377839	1512603	1056538	318714	95693	478794	297645
按资金来源分								
政府资金	万元	1744539	698834	676337	477774	227527	73027	66853
企业资金	万元	53776271	12719786	7276231	4445135	1819635	2803452	2240333
国外资金	万元	404284	28785	13574	29094	16765	97489	1181
其他资金	万元	608847	149366	107378	27771	66691	26409	19051
R&D经费外部支出	万元	2707957	669121	498848	355647	140795	93931	108182
#对境内研究机构支出	万元	928966	326267	290655	159802	62989	40407	50758
对境内高等学校支出	万元	475721	170721	116711	106660	11767	21100	46284
对境外支出	万元	642746	35942	37561	23854	26686	18222	4606
R&D项目情况								
项目数	项	218548	50771	34707	18541	10037	12904	7618
参加项目人员	人	2036281	559548	318371	157673	68766	83191	83171
项目人员折合全时当量	人年	1554977	393499	216411	105316	50208	60733	57889
项目经费内部支出	万元	50415071	11694334	6638109	4197389	1647824	2484962	2050210

1-4 续表 1

指　　标	单位	东部地区	中部地区	西部地区	东北地区	北　京	天　津	河　北
企业办研发机构情况								
机构数	个	38711	7805	3885	1224	632	905	929
机构人员数	人	1688056	365232	240864	93791	51877	45199	72960
#博士	人	27363	7985	4042	1675	1302	798	970
硕士	人	174583	42719	25803	11495	10918	4814	6545
本科	人	864316	201171	136336	53586	27866	24907	37815
机构经费支出	万元	44314156	7965010	5247126	1888898	1455255	1233616	1301963
仪器和设备原价	万元	28567834	6347472	4576387	1829031	557522	1090126	1087286
#进口	万元	5385260	879096	870534	320033	124836	273275	159453
新产品开发及生产情况								
新产品开发项目数	项	245632	55600	38533	18522	13310	11977	7194
新产品开发经费支出	万元	64651932	14151621	8779643	4884241	2931908	2459585	2025041
新产品销售收入	万元	903413129	222598436	104806663	53788675	36727656	55696886	29160256
#新产品出口	万元	188371707	29556575	6095808	4510594	5396851	11917154	2931865
自主知识产权及相关情况								
专利申请数	件	397326	91030	54132	18430	19210	16302	9171
#发明专利	件	146574	31523	19169	7880	9240	6446	3054
有效发明专利数	件	249272	44650	29229	12250	16402	10191	4049
#境外授权	件	22473	662	800	194	1187	442	76
专利所有权转让及许可数	件	7650	1542	1376	239	243	93	198
专利所有权转让及许可收入	万元	394097	30320	45363	7633	8207	1396	24555
拥有注册商标数	件	239338	41778	46336	14169	20162	7378	9751
#境外注册	件	42485	5068	7064	1231	4584	1069	2082
形成国家或行业标准数	项	15033	3907	3079	1329	395	571	560
政府相关政策落实情况								
使用来自政府部门的科技活动资金	万元	2192979	913813	937768	545270	330577	92910	87693
研究开发费用加计扣除减免税	万元	2060027	579653	382463	314811	89199	69599	82504
高新技术企业减免税	万元	4399932	1041783	219367	194027	367185	121450	228365
技术获取和技术改造情况								
引进技术经费支出	万元	2872625	404725	577303	84803	378534	90122	37942
消化吸收经费支出	万元	940922	261961	228629	74265	56993	54967	23244
购买国内技术经费支出	万元	1513665	322886	219591	87669	31005	19139	27413
技术改造经费支出	万元	20371955	10138792	7622111	2588309	563558	699838	1506605

1-4　续表 2

指　　标	单位	山　西	内蒙古	辽　宁	吉　林	黑龙江	上　海	江　苏
企业基本情况								
企业数	个	3979	4404	17297	5376	4398	9796	48771
#有R&D活动的企业	个	327	258	1100	252	331	1661	12283
#有研发机构的企业	个	232	168	562	177	228	725	15775
#有新产品销售的企业	个	223	126	900	232	197	1322	9535
主营业务收入	万元	183933277	201890205	515109153	221849941	137010647	342736021	1334713239
利润总额	万元	6145866	19852726	29765954	12783917	11854868	23844144	83725491
资产总计	万元	283398979	243763957	386307734	156779607	142157738	328743065	940728799
出口交货值	万元	6205864	1942839	33719272	3609748	1546201	76728497	228274431
R&D人员情况								
R&D人员合计	人	46544	32210	95912	32841	51198	116806	510930
#女性	人	8958	8299	19909	9185	11992	25798	103785
#研究人员	人	24387	16264	42248	15416	29841	35019	128010
#全时人员	人	27736	18479	57939	15729	33317	82873	339701
R&D人员折合全时当量	人年	34024	26990	59090	23709	37296	92136	393942
R&D经费情况								
R&D经费内部支出	万元	1237698	1004406	3331303	698136	950335	4047800	12395745
按支出用途分								
1.日常性支出	万元	1087278	896354	3129591	617052	902263	3651430	10731253
#人员劳务费	万元	224223	212010	503561	160186	249017	1393412	3396949
2.资产性支出	万元	150420	108051	201711	81084	48073	396370	1664492
#仪器和设备	万元	142521	102921	195313	77927	45474	381496	1620847
按资金来源分								
政府资金	万元	38231	37707	261140	31035	185599	207581	240670
企业资金	万元	1185577	925574	3033659	662707	748768	3750275	11923253
国外资金	万元		41	14161	1829	13104	77568	63968
其他资金	万元	13890	41084	22342	2565	2863	12376	167854
R&D经费外部支出	万元	77681	33735	125831	176660	53157	492074	394035
#对境内研究机构支出	万元	37425	17811	45172	91399	23231	93824	154312
对境内高等学校支出	万元	22122	8761	27765	61380	17516	26708	84824
对境外支出	万元	931	6292	12462	5104	6288	263551	76499
R&D项目情况								
项目数	项	2885	2133	7813	6421	4307	13441	48530
参加项目人员	人	41908	27963	84788	26812	46073	107107	473447
项目人员折合全时当量	人年	30557	23434	52432	19277	33607	84290	365364
项目经费内部支出	万元	1094029	844594	2711630	650311	835447	3672035	11009479

1-4 续表 3

指 标	单位	山 西	内蒙古	辽 宁	吉 林	黑龙江	上 海	江 苏
企业办研发机构情况								
机构数	个	240	240	758	208	258	890	17996
机构人员数	人	21132	17663	47536	22112	24143	80636	532194
#博士	人	348	328	798	433	444	1810	9400
硕士	人	2511	1913	5461	2658	3376	15588	42141
本科	人	11410	10533	27601	13160	12825	40087	271116
机构经费支出	万元	418494	347143	1108563	450987	329347	3236662	13098299
仪器和设备原价	万元	371842	302809	957315	473808	397907	2527266	10052872
#进口	万元	71512	28616	133207	118211	68615	980925	1318060
新产品开发及生产情况								
新产品开发项目数	项	2938	1581	8568	6516	3438	17295	58353
新产品开发经费支出	万元	991958	619217	3360539	740849	782854	5282586	16693195
新产品销售收入	万元	10272735	6285040	40931774	7031878	5825023	76883835	197142112
#新产品出口	万元	1266926	330766	3727414	388829	394351	7747274	43198702
自主知识产权及相关情况								
专利申请数	件	5083	2062	11628	2520	4282	25738	93518
#发明专利	件	1807	981	5226	971	1683	11377	33090
有效发明专利数	件	3008	1444	6923	2985	2342	20140	52718
#境外授权	件	63	7	117	25	52	995	1527
专利所有权转让及许可数	件	28	6	158	30	51	782	2162
专利所有权转让及许可收入	万元	1540	20	2069	289	5275	35482	39480
拥有注册商标数	件	2513	6915	3708	3677	6784	12788	36200
#境外注册	件	105	1072	385	761	85	1602	3730
形成国家或行业标准数	项	317	131	631	621	77	706	3389
政府相关政策落实情况								
使用来自政府部门的科技活动资金	万元	58407	40800	305329	46675	193266	251133	321387
研究开发费用加计扣除减免税	万元	55050	21932	105542	188041	21229	298805	416901
高新技术企业减免税	万元	59146	11662	93184	50503	50341	406948	952164
技术获取和技术改造情况								
引进技术经费支出	万元	52934	175464	56958	8154	19691	715265	524639
消化吸收经费支出	万元	26172	60796	59725	9141	5400	221155	204395
购买国内技术经费支出	万元	33536	50884	68067	6058	13545	375849	413175
技术改造经费支出	万元	1373318	569529	1572619	491323	524368	1225008	6421401

1-4 续表 4

指　标	单位	浙　江	安　徽	福　建	江　西	山　东	河　南	湖　北
企业基本情况								
企业数	个	39552	16184	16120	8126	40467	20573	14650
#有R&D活动的企业	个	10824	2369	2286	954	3747	1705	1714
#有研发机构的企业	个	7737	2076	1270	606	2757	1201	903
#有新产品销售的企业	个	12861	2407	1576	674	2723	1195	1625
主营业务收入	万元	613212009	338140768	331263095	270351063	1321303408	598139280	382300345
利润总额	万元	35640667	21118120	22274465	18022359	87153560	45283284	24800247
资产总计	万元	604514867	258092954	249784873	140578737	815347755	429993831	306350359
出口交货值	万元	112217530	16278693	64482948	15823773	82831071	26006759	14236808
R&D人员情况								
R&D人员合计	人	337155	127627	130227	46599	326793	168212	128952
#女性	人	70337	22017	30679	9468	73472	31757	28257
#研究人员	人	71441	38477	31396	17735	109583	61833	48938
#全时人员	人	219898	78412	87313	27378	229530	104983	86389
R&D人员折合全时当量	人年	263507	86000	100200	29519	227403	125091	85826
R&D经费情况								
R&D经费内部支出	万元	6843562	2477246	2791966	1106443	10528097	2953410	3117987
按支出用途分								
1.日常性支出	万元	6135391	2170722	2373813	965213	9271980	2570501	2792843
#人员劳务费	万元	2069119	641704	761851	238188	2239949	735215	744464
2.资产性支出	万元	708171	306524	418153	141230	1256117	382909	325143
#仪器和设备	万元	696543	297138	410709	135955	1204592	374290	314240
按资金来源分								
政府资金	万元	139658	176199	78595	45668	316005	98234	169848
企业资金	万元	6613936	2279807	2656171	1009134	10075481	2833972	2909788
国外资金	万元	20380	5432	5186	2467	36468	8065	3903
其他资金	万元	69588	15808	52015	49173	100143	13139	34449
R&D经费外部支出	万元	258481	172207	140618	105765	526462	102756	90811
#对境内研究机构支出	万元	122500	58652	60531	52744	231774	60644	42830
对境内高等学校支出	万元	47475	34198	16621	12903	169999	33795	30773
对境外支出	万元	37796	4965	48474	20501	51803	2141	2740
R&D项目情况								
项目数	项	42158	14394	10426	4288	31906	11257	9522
参加项目人员	人	318503	118129	118286	40832	299528	153435	117159
项目人员折合全时当量	人年	248825	79724	90997	26014	207980	113908	77931
项目经费内部支出	万元	6421123	2161182	2453011	986917	9281216	2710856	2388780

1-4 续表 5

指标	单位	浙江	安徽	福建	江西	山东	河南	湖北
企业办研发机构情况								
机构数	个	8278	2737	1448	710	3897	1577	1096
机构人员数	人	282873	93033	76490	28722	232358	97416	67314
#博士	人	3103	1976	1171	536	5016	1963	1709
硕士	人	15904	8068	5283	2518	26169	8838	10932
本科	人	128877	50512	39304	16445	133419	51693	38449
机构经费支出	万元	6505642	2233003	1542227	642525	7592392	1911740	1688661
仪器和设备原价	万元	4047255	1587378	1277523	330808	4792818	1186196	1487953
#进口	万元	534396	212783	292322	45341	1003302	164054	228504
新产品开发及生产情况								
新产品开发项目数	项	47778	17320	10534	4381	31100	11150	10722
新产品开发经费支出	万元	8216556	3244687	2656091	977849	10206343	2660106	3317175
新产品销售收入	万元	148820993	43790809	34400997	16829309	142841782	47914474	46544784
#新产品出口	万元	29813756	2774115	9442428	1575374	17337126	19677786	2021102
自主知识产权及相关情况								
专利申请数	件	77067	32909	18896	4893	40030	14400	16321
#发明专利	件	15036	10866	5475	1669	15254	4182	6119
有效发明专利数	件	22578	13582	7119	2333	18340	6470	8745
#境外授权	件	696	46	350	45	474	32	244
专利所有权转让及许可数	件	1228	734	312	96	972	76	416
专利所有权转让及许可收入	万元	21291	12164	10329	1439	57015	5428	2102
拥有注册商标数	件	46904	9335	16901	4979	24870	7905	8258
#境外注册	件	6726	1161	2390	615	4144	957	764
形成国家或行业标准数	项	3375	1190	696	218	3047	510	877
政府相关政策落实情况								
使用来自政府部门的科技活动资金	万元	170650	242707	90783	54098	370660	116548	209688
研究开发费用加计扣除减免税	万元	421148	92260	77799	37292	155040	93774	152853
高新技术企业减免税	万元	656617	211580	191006	72432	414512	196088	117214
技术获取和技术改造情况								
引进技术经费支出	万元	110385	94508	228367	21542	237143	73915	132124
消化吸收经费支出	万元	52623	62378	35244	28800	215035	37338	47855
购买国内技术经费支出	万元	170628	59579	188096	33158	199070	56089	76637
技术改造经费支出	万元	2575455	1567789	1279726	801555	3383764	1484443	955260

1-4 续表 6

指　　标	单位	湖　南	广　东	广　西	海　南	重　庆	四　川	贵　州
企业基本情况								
企业数	个	13599	41181	5488	388	5559	13001	3590
#有R&D活动的企业	个	1914	5691	456	63	668	819	179
#有研发机构的企业	个	1183	2692	331	30	417	700	124
#有新产品销售的企业	个	1633	4036	442	29	659	873	140
主营业务收入	万元	318545492	1063195177	170886134	15644468	153051478	357677780	72914026
利润总额	万元	20477613	64882204	10136040	1231642	9056146	23489033	6373862
资产总计	万元	200505344	791225106	132957970	22880306	129280218	362984989	102023001
出口交货值	万元	12517546	301665842	6682100	1622992	22636539	29962894	973212
R&D人员情况								
R&D人员合计	人	99002	530551	30205	4678	53781	92424	20026
#女性	人	18072	92562	5757	1497	11309	16291	5249
#研究人员	人	41541	158230	9725	988	19217	34438	7579
#全时人员	人	66537	376921	17134	3116	37936	56924	12095
R&D人员折合全时当量	人年	73558	426330	20700	2882	36605	58147	16049
R&D经费情况								
R&D经费内部支出	万元	2703987	12374791	817063	93567	1388199	1688902	342541
按支出用途分								
1.日常性支出	万元	2443301	11151021	660528	85024	1173951	1494197	309056
#人员劳务费	万元	666749	4812032	202106	18004	388412	473161	71593
2.资产性支出	万元	260686	1223770	156535	8543	214248	194706	33485
#仪器和设备	万元	248458	1182999	154732	8521	208136	188006	30952
按资金来源分								
政府资金	万元	170654	389275	36970	5348	57189	104742	47086
企业资金	万元	2501509	11805829	777281	87906	1316325	1566384	286509
国外资金	万元	8918	85209	66	70	2968	8394	125
其他资金	万元	22907	94479	2746	243	11717	9382	8820
R&D经费外部支出	万元	119901	538662	37190	14717	71948	116589	14210
#对境内研究机构支出	万元	73974	97938	24351	13933	48803	67206	6298
对境内高等学校支出	万元	36930	50320	9098	624	8393	34288	3501
对境外支出	万元	4664	114962	3416	148	6950	5253	706
R&D项目情况								
项目数	项	8425	40759	2890	769	5794	10298	1717
参加项目人员	人	88085	480277	27801	4005	46951	85758	17640
项目人员折合全时当量	人年	65367	386121	19072	2571	31744	54144	14006
项目经费内部支出	万元	2352569	11318818	741096	76394	1176841	1373596	318579

1-4 续表 7

指　　标	单位	湖　南	广　东	广　西	海　南	重　庆	四　川	贵　州
企业办研发机构情况								
机构数	个	1445	3700	447	36	546	999	165
机构人员数	人	57615	311362	21243	2107	33606	66548	14530
#博士	人	1453	3731	328	62	494	1095	155
硕士	人	9852	46711	1819	510	3310	7088	1243
本科	人	32662	159847	12710	1078	20267	33985	8449
机构经费支出	万元	1070587	8304164	520693	43935	891236	1443317	357118
仪器和设备原价	万元	1383295	3097864	411711	37302	589676	1357346	345935
#进口	万元	156902	693535	65367	5155	173333	170145	83242
新产品开发及生产情况								
新产品开发项目数	项	9089	47387	3332	704	6820	12681	1908
新产品开发经费支出	万元	2959845	14065712	849395	114916	1438649	2135771	403004
新产品销售收入	万元	57246324	180137410	15866038	1601202	26961130	24758761	3683200
#新产品出口	万元	2241272	60393855	507265	192696	1344651	2035726	365375
自主知识产权及相关情况								
专利申请数	件	17424	96646	4468	748	12221	15713	3446
#发明专利	件	6880	47213	2234	389	2509	5666	1516
有效发明专利数	件	10512	97052	1889	683	4792	9043	1985
#境外授权	件	232	16716	21	10	106	522	10
专利所有权转让及许可数	件	192	1623	71	37	142	513	26
专利所有权转让及许可收入	万元	7648	196342	2302		3222	34159	
拥有注册商标数	件	8788	62296	2987	2088	8392	11721	1627
#境外注册	件	1466	16153	497	5	1511	1172	374
形成国家或行业标准数	项	795	2117	190	177	443	778	165
政府相关政策落实情况								
使用来自政府部门的科技活动资金	万元	232366	469870	56895	7316	66980	185981	69069
研究开发费用加计扣除减免税	万元	148426	443497	32167	5536	38214	96055	8124
高新技术企业减免税	万元	385324	1052581	28968	9106	28586	75049	23536
技术获取和技术改造情况								
引进技术经费支出	万元	29703	548865	3599	1362	257159	33892	1857
消化吸收经费支出	万元	59418	76239	3605	1026	35997	23292	4729
购买国内技术经费支出	万元	63888	64585	12881	24705	32485	40736	7545
技术改造经费支出	万元	3956427	2557263	1223981	159339	1011701	1668756	972508

1-4 续表 8

指　标	单位	云　南	西　藏	陕　西	甘　肃	青　海	宁　夏	新　疆
企业基本情况								
企业数	个	3537	76	4751	1981	521	1044	2224
#有R&D活动的企业	个	394	9	574	291	40	127	152
#有研发机构的企业	个	279	6	382	182	25	113	124
#有新产品销售的企业	个	277	1	430	153	15	94	89
主营业务收入	万元	99809345	981000	181519094	85801528	20893558	34457847	87188048
利润总额	万元	6274024	73423	21513719	2954405	1488135	1799690	8551303
资产总计	万元	157444815	5545520	228071490	101794859	47916737	56545981	143312542
出口交货值	万元	1285670	1499	3417193	676824	80637	713406	680082
R&D人员情况								
R&D人员合计	人	20323	228	67210	17565	2940	8638	9633
#女性	人	3602	45	17037	3270	530	2006	2380
#研究人员	人	7745	68	31811	9739	1257	2749	4911
#全时人员	人	9751	74	41025	11470	1100	4180	5937
R&D人员折合全时当量	人年	11811	81	45809	12472	2039	4817	6668
R&D经费情况								
R&D经费内部支出	万元	454278	4617	1401480	400743	89540	167494	314257
按支出用途分								
1.日常性支出	万元	408834	4288	1216752	354067	55430	136717	270326
#人员劳务费	万元	87975	888	260372	100606	4688	37749	56228
2.资产性支出	万元	45444	329	184728	46676	34110	30776	43931
#仪器和设备	万元	43748	321	176008	43830	33961	30362	43563
按资金来源分								
政府资金	万元	36592	283	300548	24300	5978	14174	10769
企业资金	万元	401129	4334	1089202	373631	79800	152895	303167
国外资金	万元			762	912		208	99
其他资金	万元	16557		10968	1900	3762	218	223
R&D经费外部支出	万元	44574	1106	78143	68522	5205	9505	18119
#对境内研究机构支出	万元	34598	626	35461	37029	3879	4610	9983
对境内高等学校支出	万元	6584	36	17590	18944	855	4057	4604
对境外支出	万元	592	345	1704	11565	309	422	7
R&D项目情况								
项目数	项	1729	20	6099	1731	145	1073	1078
参加项目人员	人	18413	205	58822	16026	2613	7815	8364
项目人员折合全时当量	人年	10622	73	40088	11337	1807	4273	5811
项目经费内部支出	万元	364648	3993	1090159	302944	73275	135860	212524

1-4 续表 9

指标	单位	云南	西藏	陕西	甘肃	青海	宁夏	新疆
企业办研发机构情况								
机构数	个	339	6	558	243	33	159	150
机构人员数	人	13163	110	39763	14559	2204	7901	9574
#博士	人	285	9	625	286	34	175	228
硕士	人	1342	18	5869	1263	212	533	1193
本科	人	6539	66	23615	9590	1014	4820	4748
机构经费支出	万元	388795	1599	630959	291521	38064	115558	221123
仪器和设备原价	万元	253489	235	773794	187152	53039	114257	186945
#进口	万元	76913		126834	55193	21315	18366	51211
新产品开发及生产情况								
新产品开发项目数	项	1903	8	6491	1629	111	966	1103
新产品开发经费支出	万元	496845	1177	1799803	403460	87949	149924	394450
新产品销售收入	万元	4433810	23454	10154791	6185275	125430	2796416	3533318
#新产品出口	万元	208578	141	306558	437917		362083	196748
自主知识产权及相关情况								
专利申请数	件	2793	9	7258	2440	334	1132	2256
#发明专利	件	1167	8	3161	638	132	607	550
有效发明专利数	件	2280	32	5449	1028	205	387	695
#境外授权	件	43		48	6		19	18
专利所有权转让及许可数	件	152	1	236	150		21	58
专利所有权转让及许可收入	万元	2291		2703	132		188	345
拥有注册商标数	件	5642	2	4772	914	224	1876	1264
#境外注册	件	1398		429	42	1	332	236
形成国家或行业标准数	项	208	6	692	199	6	102	159
政府相关政策落实情况								
使用来自政府部门的科技活动资金	万元	60839	857	368658	31733	10279	18901	26777
研究开发费用加计扣除减免税	万元	13750	100	127783	15366	1203	6395	21376
高新技术企业减免税	万元	13324		28861	3367	186	3602	2227
技术获取和技术改造情况								
引进技术经费支出	万元	14043		22045	39569	437	3160	26080
消化吸收经费支出	万元	9933		18969	60150	35	2199	8924
购买国内技术经费支出	万元	9608		9245	29258	327	10432	16189
技术改造经费支出	万元	406320		575814	854909	14953	233120	90522

二、工业企业基本情况

（2013）

2-1 分登记注册类型企业基本情况

登记注册类型	企业数（个）	#有R&D活动	#有研发机构	#有新产品销售
合　计	**369741**	**54832**	**43055**	**47945**
国有及国有控股	**18613**	**5057**	**3449**	**3931**
内资企业	**312378**	**43564**	**34165**	**38632**
国有企业	3957	660	433	456
集体企业	3777	171	133	149
股份合作企业	1424	173	98	164
联营企业	233	16	10	13
国有联营企业	29	7	5	4
集体联营企业	88	3	1	3
国有与集体联营企业	45	6	3	4
其他联营企业	71		1	2
有限责任公司	82245	12662	9052	10631
国有独资公司	2805	805	585	595
其他有限责任公司	79440	11857	8467	10036
股份有限公司	10307	3724	3024	3238
私营企业	208400	26036	21319	23850
私营独资企业	18649	872	730	800
私营合伙企业	3411	149	108	138
私营有限责任公司	177452	23411	19195	21516
私营股份有限公司	8888	1604	1286	1396
其他企业	2035	122	96	131
港、澳、台商投资企业	**26451**	**5115**	**3910**	**4206**
合资经营企业	8382	2333	1851	2073
合作经营企业	784	113	75	94
港、澳、台商独资经营企业	16759	2497	1853	1902
港、澳、台商投资股份有限公司	491	163	125	129
其他港澳台投资企业	35	9	6	8
外商投资企业	**30912**	**6153**	**4980**	**5107**
中外合资经营企业	11247	3041	2275	2699
中外合作经营企业	789	129	98	105
外资企业	18308	2841	2485	2181
外商投资股份有限公司	496	130	114	111
其他外商投资企业	72	12	8	11

2-1　续表

登记注册类型	主营业务收入（万元）	利润总额（万元）	资产总计（万元）	出口交货值（万元）
合　计	**10372893469**	**683216581**	**8670625513**	**1124551890**
国有及国有控股	**2569646390**	**159273767**	**3407845124**	**84101417**
内资企业	**7942669838**	**525186546**	**6785955306**	**365290538**
国有企业	527429456	29272118	691330561	5561480
集体企业	77172005	5796725	42139415	2937898
股份合作企业	16626647	1359797	12693816	933298
联营企业	5263922	292437	4016363	257223
国有联营企业	2155796	74332	2698833	127945
集体联营企业	1189779	65797	475201	49024
国有与集体联营企业	506677	26799	296973	8176
其他联营企业	1411670	125509	545356	72078
有限责任公司	2840337044	171884179	2988323438	119376588
国有独资公司	465735740	19227741	684304630	11743697
其他有限责任公司	2374601304	152656438	2304018808	107632891
股份有限公司	1017883890	80265464	1145914998	64226738
私营企业	3420467721	233296624	1876886339	170845194
私营独资企业	238426524	19883236	84767898	6285791
私营合伙企业	39349099	3412254	16818962	1132540
私营有限责任公司	2907914060	192022596	1608342330	149382854
私营股份有限公司	234778037	17978539	166957150	14044010
其他企业	37489153	3019203	24650376	1152119
港、澳、台商投资企业	**887740564**	**54569021**	**728910829**	**291214068**
合资经营企业	304383780	19769492	276591103	57664228
合作经营企业	21677786	1968986	16688436	5342193
港、澳、台商独资经营企业	523053543	30371595	393126934	222167758
港、澳、台商投资股份有限公司	37461789	2414193	41692427	5768561
其他港澳台投资企业	1163667	44754	811928	271328
外商投资企业	**1542483066**	**103461014**	**1155759379**	**468047284**
中外合资经营企业	705217500	55632694	539432821	112790619
中外合作经营企业	31514215	2426848	25094502	6664787
外资企业	746529969	40686788	527709348	331083264
外商投资股份有限公司	54489919	4372833	60727403	17311167
其他外商投资企业	4731464	341851	2795306	197447

2-2 分登记注册类型大型企业基本情况

登记注册类型	企业数（个）	#有R&D活动	#有研发机构	#有新产品销售
合　计	**9740**	**5259**	**4482**	**4381**
国有及国有控股	**2559**	**1641**	**1319**	**1251**
内资企业	**6412**	**3635**	**3134**	**3035**
国有企业	417	192	143	121
集体企业	55	12	11	9
股份合作企业	2	1	1	
联营企业	5	1	1	1
国有联营企业	1	1	1	1
集体联营企业	2			
国有与集体联营企业				
其他联营企业	2			
有限责任公司	2774	1595	1313	1285
国有独资公司	499	343	273	250
其他有限责任公司	2275	1252	1040	1035
股份有限公司	1325	1009	886	871
私营企业	1814	817	774	742
私营独资企业	47	6	6	6
私营合伙企业	5	1	1	1
私营有限责任公司	1536	669	645	609
私营股份有限公司	226	141	122	126
其他企业	20	8	5	6
港、澳、台商投资企业	**1411**	**696**	**535**	**555**
合资经营企业	426	250	203	215
合作经营企业	20	5	4	3
港、澳、台商独资经营企业	904	398	289	299
港、澳、台商投资股份有限公司	59	42	38	37
其他港澳台投资企业	2	1	1	1
外商投资企业	**1917**	**928**	**813**	**791**
中外合资经营企业	700	414	339	385
中外合作经营企业	37	17	12	13
外资企业	1088	440	413	343
外商投资股份有限公司	83	55	47	48
其他外商投资企业	9	2	2	2

2-2 续表

登记注册类型	主营业务收入(万元)	利润总额(万元)	资产总计(万元)	出口交货值(万元)
合　计	**4167968028**	**266248825**	**4148152689**	**641396197**
国有及国有控股	**1915230082**	**122747177**	**2441697777**	**69362691**
内资企业	**2924242602**	**184581032**	**3261015961**	**160268355**
国有企业	391586196	23384363	522874269	4837643
集体企业	21924487	1417673	18637715	1859450
股份合作企业	193160	18933	207926	8586
联营企业	1588910	14013	1439394	89069
国有联营企业	1081882	-40730	1341474	89069
集体联营企业	127962	7696	25894	
国有与集体联营企业				
其他联营企业	379066	47047	72026	
有限责任公司	1319896692	73325430	1553718765	70262582
国有独资公司	373326475	14480551	520840718	10409534
其他有限责任公司	946570217	58844879	1032878047	59853047
股份有限公司	742572039	58211931	835342541	51591239
私营企业	438303443	27179349	319495262	31380033
私营独资企业	6573858	501660	2665105	191425
私营合伙企业	376187	21839	158327	
私营有限责任公司	366205670	21890192	256645551	24871198
私营股份有限公司	65147728	4765659	60026279	6317409
其他企业	8177675	1029340	9300089	239753
港、澳、台商投资企业	**407132239**	**26148844**	**310673297**	**174850260**
合资经营企业	105972814	7117090	99260619	28661419
合作经营企业	6289788	717828	4927203	2101502
港、澳、台商独资经营企业	269394375	16694948	181930336	140366878
港、澳、台商投资股份有限公司	24979537	1608925	24368798	3627365
其他港澳台投资企业	495724	10054	186342	93096
外商投资企业	**836593187**	**55518949**	**576463431**	**306277582**
中外合资经营企业	407453674	33142093	296899724	63452807
中外合作经营企业	9366440	714251	6675405	3059677
外资企业	377314222	18801326	227356113	224975499
外商投资股份有限公司	39841612	2709492	44463941	14788223
其他外商投资企业	2617240	151787	1068247	1377

2-3 分登记注册类型中型企业基本情况

登记注册类型	企业数（个）	#有R&D活动	#有研发机构	#有新产品销售
合　计	**55656**	**15149**	**12727**	**12979**
国有及国有控股	**6100**	**1807**	**1282**	**1415**
内资企业	**40533**	**10965**	**9127**	**9560**
国有企业	1554	277	195	200
集体企业	544	45	43	39
股份合作企业	140	40	28	34
联营企业	38	4	2	3
国有联营企业	10	3	1	1
集体联营企业	12			
国有与集体联营企业	4	1	1	1
其他联营企业	12			1
有限责任公司	13600	3682	2853	3111
国有独资公司	911	275	207	215
其他有限责任公司	12689	3407	2646	2896
股份有限公司	2845	1465	1196	1286
私营企业	21608	5421	4786	4863
私营独资企业	1301	112	98	98
私营合伙企业	401	24	18	17
私营有限责任公司	18445	4760	4263	4283
私营股份有限公司	1461	525	407	465
其他企业	204	31	24	24
港、澳、台商投资企业	**7599**	**1943**	**1580**	**1609**
合资经营企业	2163	874	716	783
合作经营企业	212	41	31	43
港、澳、台商独资经营企业	5057	951	776	719
港、澳、台商投资股份有限公司	157	73	54	61
其他港澳台投资企业	10	4	3	3
外商投资企业	**7524**	**2241**	**2020**	**1810**
中外合资经营企业	2641	1079	858	922
中外合作经营企业	209	48	42	33
外资企业	4504	1071	1078	821
外商投资股份有限公司	147	40	39	31
其他外商投资企业	23	3	3	3

2-3 续表

登记注册类型	主营业务收入（万元）	利润总额（万元）	资产总计（万元）	出口交货值（万元）
合　计	**2460002983**	**173992686**	**2060737490**	**273364692**
国有及国有控股	**395083134**	**20949644**	**543498563**	**10998963**
内资企业	**1798106821**	**129078022**	**1511139734**	**96506754**
国有企业	81902873	3696056	97933008	602855
集体企业	16559854	1386470	7946284	710421
股份合作企业	5475081	634564	3219071	258015
联营企业	1694348	140971	1538638	153116
国有联营企业	839925	86250	1172849	35239
集体联营企业	225771	13823	91428	46474
国有与集体联营企业	115471	4802	54142	
其他联营企业	513182	36096	220220	71403
有限责任公司	645464720	42364701	675541955	26069807
国有独资公司	49258941	2243897	86439562	931099
其他有限责任公司	596205779	40120804	589102394	25138709
股份有限公司	169376457	14061826	199863046	9745580
私营企业	869709073	66290590	519029097	58585124
私营独资企业	42793718	4662375	19000497	1828419
私营合伙企业	9274452	959991	4248766	385619
私营有限责任公司	746601640	54610990	442357684	51292341
私营股份有限公司	71039264	6057235	53422151	5078745
其他企业	7924415	502845	6068635	381837
港、澳、台商投资企业	**273410429**	**17172708**	**234793905**	**77408653**
合资经营企业	112508082	7798333	96764095	18785268
合作经营企业	7190307	513466	5666977	1986318
港、澳、台商独资经营企业	144483327	8304904	118350350	54761046
港、澳、台商投资股份有限公司	8816225	527551	13537085	1723263
其他港澳台投资企业	412487	28453	475398	152757
外商投资企业	**388485733**	**27741957**	**314803851**	**99449284**
中外合资经营企业	168120882	12851568	135013744	31346212
中外合作经营企业	14593113	1072653	11970376	2244611
外资企业	194730335	12536423	156189648	64008675
外商投资股份有限公司	9321093	1114275	10436053	1715084
其他外商投资企业	1720309	167038	1194031	134703

2-4 分行业企业基本情况

行 业	企业数（个）	#有R&D活动	#有研发机构	#有新产品销售
合 计	**369741**	**54832**	**43055**	**47945**
采矿业	**17708**	**546**	**372**	**197**
煤炭开采和洗选业	7929	196	136	58
石油和天然气开采业	144	30	26	8
黑色金属矿采选业	3614	72	49	21
有色金属矿采选业	2106	107	51	28
非金属矿采选业	3717	114	91	74
开采辅助活动	179	26	18	8
制造业	**343515**	**53835**	**42433**	**47666**
农副食品加工业	23963	1800	1538	1489
食品制造业	7870	983	749	782
酒、饮料和精制茶制造业	5895	647	524	543
烟草制品业	130	57	35	35
纺织业	21170	2062	2038	2280
纺织服装、服饰业	15710	1047	1078	1144
皮革、毛皮、羽毛及其制品和制鞋业	8467	470	486	820
木材加工和木、竹、藤、棕、草制品业	8878	491	506	483
家具制造业	5089	342	253	420
造纸和纸制品业	7082	593	426	538
印刷和记录媒介复制业	5050	459	385	421
文教、工美、体育和娱乐用品制造业	8122	898	754	914
石油加工、炼焦和核燃料加工业	2078	252	179	155
化学原料和化学制品制造业	25035	4958	3844	3827
医药制造业	6839	2586	1935	1716
化学纤维制造业	2002	398	382	371
橡胶和塑料制品业	17659	2114	1618	1958
非金属矿物制品业	32174	2601	1915	2107
黑色金属冶炼和压延加工业	11010	1174	1025	975
有色金属冶炼和压延加工业	7340	1258	975	992
金属制品业	20111	2589	1966	2283
通用设备制造业	23984	5470	4211	5054
专用设备制造业	16713	4503	3397	3902
汽车制造业	12522	2710	2032	2628
铁路、船舶、航空航天和其他运输设备制造业	4917	1043	872	925
电气机械和器材制造业	22586	6061	4656	5427
计算机、通信和其他电子设备制造业	13544	4284	3215	3692
仪器仪表制造业	4079	1632	1187	1465
其他制造业	1695	180	124	171
废弃资源综合利用业	1372	105	81	98
金属制品、机械和设备修理业	429	68	47	51
电力、热力、燃气及水生产和供应业	**8518**	**451**	**250**	**82**
电力、热力生产和供应业	6010	330	173	54
燃气生产和供应业	1132	34	19	8
水的生产和供应业	1376	87	58	20

2-4 续表

行　业	主营业务收入（万元）	利润总额（万元）	资产总计（万元）	出口交货值（万元）
合　计	**10372893469**	**683216581**	**8670625513**	**1124551890**
采矿业	**675579570**	**85253487**	**881308063**	**1928703**
煤炭开采和洗选业	329481006	26514085	490594746	1125552
石油和天然气开采业	115900755	36442812	189719409	173509
黑色金属矿采选业	98517920	11366438	93826042	895
有色金属矿采选业	61925494	6658754	47172629	168140
非金属矿采选业	49150405	4258081	31630731	300412
开采辅助活动	20383282	-1073	28217401	160194
制造业	**9080881401**	**553726530**	**6639349323**	**1120650062**
农副食品加工业	601250680	34738811	277174544	30912066
食品制造业	185363389	16463043	115835300	10426621
酒、饮料和精制茶制造业	153476345	17180649	131466193	2469203
烟草制品业	83080779	12226104	79795898	359754
纺织业	361837349	21559532	223506437	39228429
纺织服装、服饰业	194630372	12735209	111819416	47373949
皮革、毛皮、羽毛及其制品和制鞋业	126438494	8900413	68528598	31291952
木材加工和木、竹、藤、棕、草制品业	120050683	8685546	52462419	7896589
家具制造业	66496392	4325003	41830167	14524669
造纸和纸制品业	129462769	7778698	128639954	5700758
印刷和记录媒介复制业	59651978	4862953	45891067	3946966
文教、工美、体育和娱乐用品制造业	129179665	7423159	64018047	39118456
石油加工、炼焦和核燃料加工业	409098760	6302646	230317993	5534174
化学原料和化学制品制造业	766075620	45182635	612674699	39837320
医药制造业	205263426	21397671	184783717	11981420
化学纤维制造业	70551974	2742449	62053680	4792412
橡胶和塑料制品业	278534419	19013910	186413955	37132659
非金属矿物制品业	519977527	40430074	414851598	17864788
黑色金属冶炼和压延加工业	761978519	20644736	647004646	23088437
有色金属冶炼和压延加工业	470101875	17793061	321935071	12259499
金属制品业	331686845	20955793	220668390	35857375
通用设备制造业	435031342	30696375	358922416	49672442
专用设备制造业	327012137	23348071	306557381	29937414
汽车制造业	595404428	52257689	466166583	27469034
铁路、船舶、航空航天和其他运输设备制造业	154439134	9061928	179030692	30814383
电气机械和器材制造业	615858702	38259403	474445558	93767122
计算机、通信和其他电子设备制造业	788301188	38365136	522117324	449142774
仪器仪表制造业	75122812	6600122	63427769	11497278
其他制造业	21822423	1500873	17725879	4768207
废弃资源综合利用业	34529156	1801860	17108093	50893
金属制品、机械和设备修理业	9172219	492981	12175842	1933019
电力、热力、燃气及水生产和供应业	**616432498**	**44236564**	**1149968127**	**1973126**
电力、热力生产和供应业	560807595	39437792	1024683936	1353225
燃气生产和供应业	40593171	3757469	50080581	280830
水的生产和供应业	15031732	1041302	75203610	339071

2-5 分行业大型企业基本情况

行　业	企业数（个）	#有R&D活动	#有研发机构	#有新产品销售
合　计	**9740**	**5259**	**4482**	**4381**
采矿业	**606**	**223**	**150**	**74**
煤炭开采和洗选业	403	134	85	46
石油和天然气开采业	34	26	24	7
黑色金属矿采选业	72	19	11	3
有色金属矿采选业	42	22	13	6
非金属矿采选业	29	13	12	9
开采辅助活动	26	9	5	3
制造业	**8712**	**4914**	**4269**	**4297**
农副食品加工业	387	118	120	106
食品制造业	230	89	79	71
酒、饮料和精制茶制造业	201	87	86	77
烟草制品业	33	23	18	19
纺织业	436	195	199	192
纺织服装、服饰业	287	95	102	82
皮革、毛皮、羽毛及其制品和制鞋业	241	61	56	57
木材加工和木、竹、藤、棕、草制品业	37	15	13	11
家具制造业	106	38	33	44
造纸和纸制品业	113	61	56	47
印刷和记录媒介复制业	40	24	20	16
文教、工美、体育和娱乐用品制造业	133	53	45	51
石油加工、炼焦和核燃料加工业	186	87	65	47
化学原料和化学制品制造业	573	373	341	286
医药制造业	264	212	187	178
化学纤维制造业	83	56	60	63
橡胶和塑料制品业	263	148	123	140
非金属矿物制品业	358	184	147	152
黑色金属冶炼和压延加工业	459	225	197	191
有色金属冶炼和压延加工业	279	180	143	114
金属制品业	293	176	139	157
通用设备制造业	417	295	270	282
专用设备制造业	320	235	198	223
汽车制造业	565	341	289	323
铁路、船舶、航空航天和其他运输设备制造业	291	225	198	207
电气机械和器材制造业	775	562	465	513
计算机、通信和其他电子设备制造业	1163	650	526	548
仪器仪表制造业	99	73	64	71
其他制造业	39	15	15	14
废弃资源综合利用业	16	5	5	5
金属制品、机械和设备修理业	25	13	10	10
电力、热力、燃气及水生产和供应业	**422**	**122**	**63**	**10**
电力、热力生产和供应业	350	96	52	9
燃气生产和供应业	39	9	3	
水的生产和供应业	33	17	8	1

2-5 续表

行　业	主营业务收入（万元）	利润总额（万元）	资产总计（万元）	出口交货值（万元）
合　计	**4167968028**	**266248825**	**4148152689**	**641396197**
采矿业	**362661747**	**53370460**	**605278224**	**1297875**
煤炭开采和洗选业	204008310	15328290	339722675	937835
石油和天然气开采业	107246030	35139847	179913818	173509
黑色金属矿采选业	18789891	1948690	44861875	
有色金属矿采选业	12536460	1121334	11429385	
非金属矿采选业	3497031	283059	5910022	26398
开采辅助活动	16584025	-450760	23440450	160132
制造业	**3492145242**	**194433261**	**3002901938**	**639225177**
农副食品加工业	108086672	5748888	65224180	6808328
食品制造业	59766761	6401440	38094051	1526848
酒、饮料和精制茶制造业	59610366	9211147	61843510	661848
烟草制品业	74676580	11090437	71020872	332576
纺织业	97596149	6061281	64372869	12822423
纺织服装、服饰业	41368258	3796518	32463328	9614412
皮革、毛皮、羽毛及其制品和制鞋业	31588181	2698183	17780746	8795231
木材加工和木、竹、藤、棕、草制品业	5546841	347253	3821642	903686
家具制造业	12017056	870950	9240025	3814612
造纸和纸制品业	31497471	1673435	53152586	2512822
印刷和记录媒介复制业	4887701	575812	4829736	1129342
文教、工美、体育和娱乐用品制造业	23670509	1290725	13429622	7141987
石油加工、炼焦和核燃料加工业	278015048	2282349	146770784	2663682
化学原料和化学制品制造业	224790418	9164456	232656694	12427532
医药制造业	69121536	7401204	71879581	4584583
化学纤维制造业	33057501	727200	30643893	2983088
橡胶和塑料制品业	60998715	4524305	49185026	15319781
非金属矿物制品业	57079465	5031205	71385191	4359326
黑色金属冶炼和压延加工业	477322725	7126337	486220997	15969760
有色金属冶炼和压延加工业	204458490	6039108	187835707	4849240
金属制品业	54180572	3533688	49570394	10065562
通用设备制造业	113504587	8233902	130000439	22983309
专用设备制造业	90501082	5649087	123208043	12544227
汽车制造业	375823182	36197713	303030720	15532425
铁路、船舶、航空航天和其他运输设备制造业	79171253	4509152	113439930	21561810
电气机械和器材制造业	231209536	15341399	196248273	51505926
计算机、通信和其他电子设备制造业	565117391	26832945	347065841	380326553
仪器仪表制造业	16746683	1531743	16922722	3536154
其他制造业	4147001	266038	5889136	1037832
废弃资源综合利用业	3368207	143423	1247072	
金属制品、机械和设备修理业	3219304	131940	4428331	910272
电力、热力、燃气及水生产和供应业	**313161039**	**18445104**	**539972526**	**873146**
电力、热力生产和供应业	301697095	17627907	502629539	855572
燃气生产和供应业	8376427	767795	14491535	
水的生产和供应业	3087517	49402	22851453	17573

2-6　分行业中型企业基本情况

行　业	企业数（个）	#有R&D活动	#有研发机构	#有新产品销售
合　计	**55656**	**15149**	**12727**	**12979**
采矿业	**2909**	**149**	**90**	**33**
煤炭开采和洗选业	1782	39	21	2
石油和天然气开采业	17	3	1	
黑色金属矿采选业	384	18	13	5
有色金属矿采选业	398	51	24	6
非金属矿采选业	293	31	27	18
开采辅助活动	33	7	4	2
制造业	**50683**	**14859**	**12548**	**12927**
农副食品加工业	2625	404	352	334
食品制造业	1337	270	229	223
酒、饮料和精制茶制造业	902	180	145	158
烟草制品业	54	22	11	11
纺织业	3344	702	743	681
纺织服装、服饰业	3660	497	526	420
皮革、毛皮、羽毛及其制品和制鞋业	2129	215	234	256
木材加工和木、竹、藤、棕、草制品业	881	126	102	98
家具制造业	861	121	96	131
造纸和纸制品业	908	199	145	148
印刷和记录媒介复制业	613	138	112	124
文教、工美、体育和娱乐用品制造业	1634	303	275	269
石油加工、炼焦和核燃料加工业	400	51	29	18
化学原料和化学制品制造业	2821	1069	904	812
医药制造业	1261	817	641	576
化学纤维制造业	217	91	96	97
橡胶和塑料制品业	2062	498	448	456
非金属矿物制品业	3972	811	550	588
黑色金属冶炼和压延加工业	1305	263	233	205
有色金属冶炼和压延加工业	974	298	228	247
金属制品业	2295	666	556	574
通用设备制造业	2846	1340	1126	1268
专用设备制造业	2089	1028	856	932
汽车制造业	2176	843	706	814
铁路、船舶、航空航天和其他运输设备制造业	822	309	267	263
电气机械和器材制造业	3627	1647	1335	1509
计算机、通信和其他电子设备制造业	3659	1453	1198	1260
仪器仪表制造业	736	418	343	377
其他制造业	280	49	40	52
废弃资源综合利用业	88	16	13	13
金属制品、机械和设备修理业	105	15	9	13
电力、热力、燃气及水生产和供应业	**2064**	**141**	**89**	**19**
电力、热力生产和供应业	1613	102	52	13
燃气生产和供应业	145	9	8	1
水的生产和供应业	306	30	29	5

2-6 续表

行　业	主营业务收入（万元）	利润总额（万元）	资产总计（万元）	出口交货值（万元）
合　计	**2460002983**	**173992686**	**2060737490**	**273364692**
采矿业	**101826656**	**13399475**	**139100166**	**219126**
煤炭开采和洗选业	41278640	4479689	85420183	115830
石油和天然气开采业	6226947	970125	5245297	
黑色金属矿采选业	24593895	4348570	21362978	844
有色金属矿采选业	18246859	2405507	17051891	37640
非金属矿采选业	9190140	961988	6979549	64749
开采辅助活动	2230447	228070	3015338	62
制造业	**2200414014**	**147280330**	**1665494727**	**272285090**
农副食品加工业	160787883	9483835	86142693	11842980
食品制造业	54196214	4792312	36549769	4421532
酒、饮料和精制茶制造业	37759301	3400078	30986423	702448
烟草制品业	4753728	561962	4670545	23678
纺织业	103734433	6220545	71729344	12502235
纺织服装、服饰业	69164814	4387162	39062569	20147787
皮革、毛皮、羽毛及其制品和制鞋业	45920745	3113011	23465261	14276038
木材加工和木、竹、藤、棕、草制品业	28636862	2155549	14834565	3088497
家具制造业	20452335	1282642	14505679	5362385
造纸和纸制品业	36213596	2485901	37033507	1592874
印刷和记录媒介复制业	16972938	1550334	15800114	1688186
文教、工美、体育和娱乐用品制造业	43448168	2380336	21362059	15793941
石油加工、炼焦和核燃料加工业	81552556	1377329	57380696	2500717
化学原料和化学制品制造业	197360865	13246685	173294168	12744652
医药制造业	61099508	7468937	58766820	4588493
化学纤维制造业	18067376	1177734	16219732	1099226
橡胶和塑料制品业	68189152	5073603	47265078	11314504
非金属矿物制品业	147897765	12752254	142376172	6917857
黑色金属冶炼和压延加工业	124641284	5949383	71960406	3609833
有色金属冶炼和压延加工业	107808276	5268785	65445341	3283518
金属制品业	89385446	6332554	63533466	12678744
通用设备制造业	112756646	8422097	97178210	13500036
专用设备制造业	85173804	7057467	79819313	9427614
汽车制造业	104937969	7693400	86184250	7221077
铁路、船舶、航空航天和其他运输设备制造业	36048969	2250617	34025733	6352269
电气机械和器材制造业	166981598	10769580	132148137	26011416
计算机、通信和其他电子设备制造业	134226998	6975220	107743090	51663940
仪器仪表制造业	25572284	2469947	22713250	4994851
其他制造业	6928028	495183	4974758	2420527
废弃资源综合利用业	6949492	547344	3216851	
金属制品、机械和设备修理业	2794983	138548	5106729	513233
电力、热力、燃气及水生产和供应业	**157762313**	**13312882**	**256142597**	**860476**
电力、热力生产和供应业	142980320	11785569	215421402	455037
燃气生产和供应业	9660702	1160670	13604608	106357
水的生产和供应业	5121292	366643	27116587	299082

2-7 分行业国有及国有控股企业基本情况

行业	企业数(个)	#有R&D活动	#有研发机构	#有新产品销售
合　计	**18613**	**5057**	**3449**	**3931**
采矿业	**1799**	**311**	**185**	**85**
煤炭开采和洗选业	1033	150	88	46
石油和天然气开采业	76	27	24	8
黑色金属矿采选业	164	30	12	3
有色金属矿采选业	276	63	31	7
非金属矿采选业	199	29	25	19
开采辅助活动	50	12	5	2
制造业	**11737**	**4403**	**3088**	**3807**
农副食品加工业	649	59	53	54
食品制造业	291	65	40	54
酒、饮料和精制茶制造业	283	66	62	63
烟草制品业	105	50	29	28
纺织业	247	73	66	71
纺织服装、服饰业	177	27	30	22
皮革、毛皮、羽毛及其制品和制鞋业	34	10	7	11
木材加工和木、竹、藤、棕、草制品业	113	10	7	11
家具制造业	20	7	5	6
造纸和纸制品业	122	36	33	32
印刷和记录媒介复制业	313	36	24	38
文教、工美、体育和娱乐用品制造业	81	17	10	19
石油加工、炼焦和核燃料加工业	223	78	46	40
化学原料和化学制品制造业	1189	475	346	354
医药制造业	418	258	196	176
化学纤维制造业	49	30	26	26
橡胶和塑料制品业	284	80	59	83
非金属矿物制品业	1482	225	164	168
黑色金属冶炼和压延加工业	398	145	103	124
有色金属冶炼和压延加工业	508	198	132	132
金属制品业	460	167	117	155
通用设备制造业	755	371	275	355
专用设备制造业	727	391	250	336
汽车制造业	683	319	250	341
铁路、船舶、航空航天和其他运输设备制造业	490	273	206	251
电气机械和器材制造业	592	313	192	276
计算机、通信和其他电子设备制造业	604	406	242	387
仪器仪表制造业	235	157	83	141
其他制造业	67	28	15	29
废弃资源综合利用业	56	10	7	9
金属制品、机械和设备修理业	82	23	13	15
电力、热力、燃气及水生产和供应业	**5077**	**343**	**176**	**39**
电力、热力生产和供应业	3915	274	132	32
燃气生产和供应业	323	15	5	
水的生产和供应业	839	54	39	7

2-7 续表

行　业	主营业务收入（万元）	利润总额（万元）	资产总计（万元）	出口交货值（万元）
合　计	**2569646390**	**159273767**	**3407845124**	**84101417**
采矿业	**351298999**	**49577839**	**622260370**	**825659**
煤炭开采和洗选业	191931309	13069095	344252099	599719
石油和天然气开采业	101573382	33225914	178914209	5352
黑色金属矿采选业	16933781	1217519	44184384	
有色金属矿采选业	18475800	1943154	20379173	32370
非金属矿采选业	5201937	481979	9852378	31211
开采辅助活动	17172639	-362275	24658625	157008
制造业	**1666827446**	**72968002**	**1774701588**	**81820034**
农副食品加工业	34585756	1084516	22771899	595644
食品制造业	10707372	644445	11253734	412971
酒、饮料和精制茶制造业	27986014	5422371	35466201	564207
烟草制品业	82450129	12066792	79033953	359580
纺织业	9087412	131394	10688495	1153206
纺织服装、服饰业	2165164	131264	2580069	226270
皮革、毛皮、羽毛及其制品和制鞋业	1079194	53762	544932	26722
木材加工和木、竹、藤、棕、草制品业	1911316	56201	2165012	138342
家具制造业	884887	186386	859201	164233
造纸和纸制品业	7323306	142108	16435989	407074
印刷和记录媒介复制业	5200831	626699	6874660	125881
文教、工美、体育和娱乐用品制造业	5223420	242550	2270036	175831
石油加工、炼焦和核燃料加工业	278034612	922301	126341126	4058777
化学原料和化学制品制造业	130932430	1791753	174519232	5499341
医药制造业	23212544	2346810	32430962	1776735
化学纤维制造业	4822648	341826	6694604	440471
橡胶和塑料制品业	12726198	537460	14701551	2217930
非金属矿物制品业	48733866	3727268	78808877	943139
黑色金属冶炼和压延加工业	247853008	341874	324805449	11219090
有色金属冶炼和压延加工业	158560260	2157309	132558190	2962135
金属制品业	21962774	848790	27646546	1563425
通用设备制造业	50006195	3152959	80542063	3502048
专用设备制造业	55639203	1960989	88987920	5481558
汽车制造业	256345368	24589829	221740734	6167678
铁路、船舶、航空航天和其他运输设备制造业	55398372	2422573	92304518	9593849
电气机械和器材制造业	52376685	2255399	70072310	4432968
计算机、通信和其他电子设备制造业	66134284	3938736	86983339	16832701
仪器仪表制造业	7298438	572828	10253488	169622
其他制造业	2633464	139817	5944799	67569
废弃资源综合利用业	2464391	66338	1432494	4726
金属制品、机械和设备修理业	3087908	64655	6989208	536313
电力、热力、燃气及水生产和供应业	**551519945**	**36727926**	**1010883165**	**1455724**
电力、热力生产和供应业	521909379	34811920	923192059	1348355
燃气生产和供应业	19268840	1567996	26326712	85608
水的生产和供应业	10341726	348011	61364394	21761

2-8 分行业内资企业基本情况

行　业	企业数(个)	#有R&D活动	#有研发机构	#有新产品销售
合　计	**312378**	**43564**	**34165**	**38632**
采矿业	**17469**	**529**	**361**	**195**
煤炭开采和洗选业	7886	195	136	58
石油和天然气开采业	132	28	24	8
黑色金属矿采选业	3576	71	47	21
有色金属矿采选业	2048	102	49	28
非金属矿采选业	3638	108	88	72
开采辅助活动	170	24	16	8
制造业	**287358**	**42645**	**33598**	**38368**
农副食品加工业	22010	1588	1374	1340
食品制造业	6650	806	603	664
酒、饮料和精制茶制造业	5105	570	457	464
烟草制品业	129	56	34	34
纺织业	18107	1618	1620	1853
纺织服装、服饰业	11270	700	713	791
皮革、毛皮、羽毛及其制品和制鞋业	6209	321	338	633
木材加工和木、竹、藤、棕、草制品业	8345	426	453	428
家具制造业	4091	256	176	302
造纸和纸制品业	6059	457	330	429
印刷和记录媒介复制业	4360	354	302	333
文教、工美、体育和娱乐用品制造业	5779	630	514	673
石油加工、炼焦和核燃料加工业	1902	225	159	140
化学原料和化学制品制造业	21447	4074	3154	3167
医药制造业	5886	2080	1563	1422
化学纤维制造业	1702	305	303	279
橡胶和塑料制品业	14187	1585	1224	1538
非金属矿物制品业	29847	2238	1662	1813
黑色金属冶炼和压延加工业	10218	1043	900	868
有色金属冶炼和压延加工业	6599	1088	836	850
金属制品业	17058	2077	1591	1871
通用设备制造业	20205	4434	3447	4148
专用设备制造业	13991	3701	2806	3249
汽车制造业	9800	2035	1520	1992
铁路、船舶、航空航天和其他运输设备制造业	4187	872	708	794
电气机械和器材制造业	18314	4801	3724	4407
计算机、通信和其他电子设备制造业	7942	2696	1914	2417
仪器仪表制造业	3112	1321	965	1204
其他制造业	1286	144	96	139
废弃资源综合利用业	1203	90	73	86
金属制品、机械和设备修理业	358	54	39	40
电力、热力、燃气及水生产和供应业	**7551**	**390**	**206**	**69**
电力、热力生产和供应业	5504	302	153	49
燃气生产和供应业	820	19	6	4
水的生产和供应业	1227	69	47	16

2-8 续表

行　业	主营业务收入（万元）	利润总额（万元）	资产总计（万元）	出口交货值（万元）
合　计	**7942669838**	**525186546**	**6785955306**	**365290538**
采矿业	**643247925**	**79850704**	**845952174**	**1528196**
煤炭开采和洗选业	311070052	24198589	469926051	948048
石油和天然气开采业	108771450	34193011	181884653	5352
黑色金属矿采选业	95828512	11080736	91540913	895
有色金属矿采选业	60351869	6348136	45025453	161122
非金属矿采选业	47938359	4171800	30545377	252585
开采辅助活动	19066974	-155959	26882622	160194
制造业	**6733663412**	**409006381**	**4890956249**	**362746513**
农副食品加工业	494626277	29298526	218387888	18670280
食品制造业	127976459	10978418	74964120	6400191
酒、饮料和精制茶制造业	113977934	13638067	97615984	1472409
烟草制品业	83058267	12217582	79777085	359754
纺织业	301365763	18007324	175744959	22441332
纺织服装、服饰业	133574119	8996249	72144192	21027553
皮革、毛皮、羽毛及其制品和制鞋业	80649403	5905796	41897372	12441230
木材加工和木、竹、藤、棕、草制品业	109930576	8064228	45783278	5157741
家具制造业	49241597	3349936	28557477	6708332
造纸和纸制品业	95545743	5560163	75731273	2001785
印刷和记录媒介复制业	47468382	3727764	34041724	1197541
文教、工美、体育和娱乐用品制造业	85571035	5333505	41199929	18069690
石油加工、炼焦和核燃料加工业	363265975	5211796	203812464	2960529
化学原料和化学制品制造业	589305468	34290308	461178847	22137256
医药制造业	159684539	16306199	139787147	6825984
化学纤维制造业	49108155	1661337	41815128	2938492
橡胶和塑料制品业	208507818	14681216	124831622	15864404
非金属矿物制品业	466202588	36177670	352086078	9941408
黑色金属冶炼和压延加工业	679571754	18607235	580929834	16517143
有色金属冶炼和压延加工业	417495078	15908991	275379575	7556524
金属制品业	268784261	17232683	172258094	15931703
通用设备制造业	325568890	22602790	258894280	16516098
专用设备制造业	263406985	18548780	236019121	12081978
汽车制造业	312319660	23662713	272215663	12531892
铁路、船舶、航空航天和其他运输设备制造业	123696277	6783298	142242808	17026577
电气机械和器材制造业	452627975	28906339	350083345	35338226
计算机、通信和其他电子设备制造业	226988119	15416698	213155410	47036093
仪器仪表制造业	51803992	4594075	44685613	3005801
其他制造业	16547418	1221918	13530127	2369300
废弃资源综合利用业	29231285	1695083	13588182	27346
金属制品、机械和设备修理业	6561622	419695	8617627	191922
电力、热力、燃气及水生产和供应业	**565758501**	**36329461**	**1049046883**	**1015829**
电力、热力生产和供应业	529183020	33968183	957148371	975702
燃气生产和供应业	23999129	1777216	28029684	139
水的生产和供应业	12576352	584062	63868828	39988

2-9 分行业港澳台商投资企业基本情况

行　业	企业数（个）	#有R&D活动	#有研发机构	#有新产品销售
合　计	**26451**	**5115**	**3910**	**4206**
采矿业	**113**	**6**	**5**	**1**
煤炭开采和洗选业	18			
石油和天然气开采业	5	2	2	
黑色金属矿采选业	22		1	
有色金属矿采选业	19			
非金属矿采选业	46	3	2	1
开采辅助活动	3	1		
制造业	**25840**	**5078**	**3887**	**4199**
农副食品加工业	664	96	70	65
食品制造业	467	72	61	45
酒、饮料和精制茶制造业	270	36	21	26
烟草制品业	1	1	1	1
纺织业	1843	302	260	259
纺织服装、服饰业	2535	157	164	168
皮革、毛皮、羽毛及其制品和制鞋业	1337	72	73	89
木材加工和木、竹、藤、棕、草制品业	271	32	24	26
家具制造业	513	46	44	61
造纸和纸制品业	613	70	50	65
印刷和记录媒介复制业	434	75	59	60
文教、工美、体育和娱乐用品制造业	1275	121	92	106
石油加工、炼焦和核燃料加工业	68	17	15	9
化学原料和化学制品制造业	1458	395	302	303
医药制造业	396	225	163	129
化学纤维制造业	173	47	44	58
橡胶和塑料制品业	1776	263	184	199
非金属矿物制品业	1129	178	119	138
黑色金属冶炼和压延加工业	352	61	63	52
有色金属冶炼和压延加工业	364	79	61	67
金属制品业	1474	252	173	195
通用设备制造业	1241	373	285	334
专用设备制造业	997	320	238	276
汽车制造业	630	200	153	184
铁路、船舶、航空航天和其他运输设备制造业	266	61	59	42
电气机械和器材制造业	2048	614	425	486
计算机、通信和其他电子设备制造业	2524	765	586	629
仪器仪表制造业	385	120	80	103
其他制造业	244	19	13	17
废弃资源综合利用业	70	7	3	5
金属制品、机械和设备修理业	22	2	2	2
电力、热力、燃气及水生产和供应业	**498**	**31**	**18**	**6**
电力、热力生产和供应业	261	16	7	4
燃气生产和供应业	171	6	6	
水的生产和供应业	66	9	5	2

2-9 续表

行 业	主营业务收入（万元）	利润总额（万元）	资产总计（万元）	出口交货值（万元）
合 计	**887740564**	**54569021**	**728910829**	**291214068**
采矿业	**24908343**	**3984670**	**22141504**	**372713**
煤炭开采和洗选业	13897275	1370346	11491648	177504
石油和天然气开采业	6846012	2165283	7051547	168157
黑色金属矿采选业	1870359	214397	1430729	
有色金属矿采选业	528308	83517	572346	6345
非金属矿采选业	642607	49820	410039	20707
开采辅助活动	1123782	101308	1185195	
制造业	**838203838**	**46845716**	**660172277**	**290463833**
农副食品加工业	36126732	2076044	19662754	3775140
食品制造业	16629398	1526696	11696507	1613156
酒、饮料和精制茶制造业	10969022	658537	9383196	223531
烟草制品业	22512	8522	18812	
纺织业	34401401	1967127	28806706	8804597
纺织服装、服饰业	37863294	2639945	26638734	15623617
皮革、毛皮、羽毛及其制品和制鞋业	28418717	1981728	17071772	10785925
木材加工和木、竹、藤、棕、草制品业	4900646	321947	3546770	1332637
家具制造业	8198921	488716	6486024	3836559
造纸和纸制品业	16155989	889639	22486656	1867027
印刷和记录媒介复制业	8063277	754104	8023593	1777538
文教、工美、体育和娱乐用品制造业	27422646	1192659	13956973	12942832
石油加工、炼焦和核燃料加工业	18771792	592235	9565603	5749
化学原料和化学制品制造业	60291215	3935840	54818914	5145561
医药制造业	15538817	1966010	16795597	1850404
化学纤维制造业	13158403	472666	13233175	1190364
橡胶和塑料制品业	30643899	1721901	26798938	9738202
非金属矿物制品业	27482524	2379672	31219649	3803937
黑色金属冶炼和压延加工业	34834632	809171	30067613	2798371
有色金属冶炼和压延加工业	23936003	908914	19736742	2350964
金属制品业	29442768	1640518	22079857	8916907
通用设备制造业	28827706	2242115	24100678	8688977
专用设备制造业	17794717	1539211	20464032	4384015
汽车制造业	20883509	1478481	21654272	3504842
铁路、船舶、航空航天和其他运输设备制造业	7923240	419599	10711727	3601545
电气机械和器材制造业	65033170	3415681	50201284	25453368
计算机、通信和其他电子设备制造业	199135156	8084514	127910579	141349557
仪器仪表制造业	7728631	589823	6494187	2918097
其他制造业	2734739	131910	2146283	1256076
废弃资源综合利用业	3788310	21937	2588411	8421
金属制品、机械和设备修理业	1082051	-10146	1806241	915917
电力、热力、燃气及水生产和供应业	**24628384**	**3738636**	**46597048**	**377523**
电力、热力生产和供应业	16815980	2816434	33551140	377523
燃气生产和供应业	6969359	768415	9284494	
水的生产和供应业	843045	153787	3761414	

2-10　分行业外商投资企业基本情况

行　业	企业数（个）	#有R&D活动	#有研发机构	#有新产品销售
合　计	**30912**	**6153**	**4980**	**5107**
采矿业	**126**	**11**	**6**	**1**
煤炭开采和洗选业	25	1		
石油和天然气开采业	7			
黑色金属矿采选业	16	1	1	
有色金属矿采选业	39	5	2	
非金属矿采选业	33	3	1	1
开采辅助活动	6	1	2	
制造业	**30317**	**6112**	**4948**	**5099**
农副食品加工业	1289	116	94	84
食品制造业	753	105	85	73
酒、饮料和精制茶制造业	520	41	46	53
烟草制品业				
纺织业	1220	142	158	168
纺织服装、服饰业	1905	190	201	185
皮革、毛皮、羽毛及其制品和制鞋业	921	77	75	98
木材加工和木、竹、藤、棕、草制品业	262	33	29	29
家具制造业	485	40	33	57
造纸和纸制品业	410	66	46	44
印刷和记录媒介复制业	256	30	24	28
文教、工美、体育和娱乐用品制造业	1068	147	148	135
石油加工、炼焦和核燃料加工业	108	10	5	6
化学原料和化学制品制造业	2130	489	388	357
医药制造业	557	281	209	165
化学纤维制造业	127	46	35	34
橡胶和塑料制品业	1696	266	210	221
非金属矿物制品业	1198	185	134	156
黑色金属冶炼和压延加工业	440	70	62	55
有色金属冶炼和压延加工业	377	91	78	75
金属制品业	1579	260	202	217
通用设备制造业	2538	663	479	572
专用设备制造业	1725	482	353	377
汽车制造业	2092	475	359	452
铁路、船舶、航空航天和其他运输设备制造业	464	110	105	89
电气机械和器材制造业	2224	646	507	534
计算机、通信和其他电子设备制造业	3078	823	715	646
仪器仪表制造业	582	191	142	158
其他制造业	165	17	15	15
废弃资源综合利用业	99	8	5	7
金属制品、机械和设备修理业	49	12	6	9
电力、热力、燃气及水生产和供应业	**469**	**30**	**26**	**7**
电力、热力生产和供应业	245	12	13	1
燃气生产和供应业	141	9	7	4
水的生产和供应业	83	9	6	2

2-10 续表

行　业	主营业务收入（万元）	利润总额（万元）	资产总计（万元）	出口交货值（万元）
合　计	**1542483066**	**103461014**	**1155759379**	**468047284**
采矿业	**7423302**	**1418113**	**13214385**	**27795**
煤炭开采和洗选业	4513680	945150	9177047	
石油和天然气开采业	283292	84518	783209	
黑色金属矿采选业	819049	71305	854400	
有色金属矿采选业	1045317	227101	1574830	674
非金属矿采选业	569438	36461	675315	27121
开采辅助活动	192526	53579	149584	
制造业	**1509014150**	**97874434**	**1088220798**	**467439716**
农副食品加工业	70497670	3364241	39123903	8466646
食品制造业	40757532	3957928	29174673	2413273
酒、饮料和精制茶制造业	28529389	2884045	24467013	773264
烟草制品业				
纺织业	26070185	1585081	18954772	7982500
纺织服装、服饰业	23192959	1099015	13036490	10722779
皮革、毛皮、羽毛及其制品和制鞋业	17370375	1012889	9559454	8064797
木材加工和木、竹、藤、棕、草制品业	5219461	299371	3132372	1406211
家具制造业	9055875	486351	6786667	3979778
造纸和纸制品业	17761037	1328896	30422025	1831946
印刷和记录媒介复制业	4120319	381085	3825750	971887
文教、工美、体育和娱乐用品制造业	16185985	896995	8861145	8105933
石油加工、炼焦和核燃料加工业	27060993	498616	16939926	2567896
化学原料和化学制品制造业	116478938	6956487	96676938	12554503
医药制造业	30040070	3125462	28200973	3305033
化学纤维制造业	8285416	608446	7005376	663556
橡胶和塑料制品业	39382702	2610793	34783395	11530052
非金属矿物制品业	26292415	1872732	31545870	4119443
黑色金属冶炼和压延加工业	47572133	1228330	36007200	3772923
有色金属冶炼和压延加工业	28670795	975157	26818754	2352010
金属制品业	33459815	2082592	26330438	11008765
通用设备制造业	80634746	5851470	75927458	24467368
专用设备制造业	45810435	3260080	50074227	13471422
汽车制造业	262201259	27116495	172296648	11432300
铁路、船舶、航空航天和其他运输设备制造业	22819617	1859031	26076157	10186262
电气机械和器材制造业	98197558	5937382	74160928	32975528
计算机、通信和其他电子设备制造业	362177912	14863924	181051335	260757125
仪器仪表制造业	15590188	1416224	12247969	5573379
其他制造业	2540267	147046	2049469	1142832
废弃资源综合利用业	1509561	84840	931500	15126
金属制品、机械和设备修理业	1528546	83432	1751974	825181
电力、热力、燃气及水生产和供应业	**26045613**	**4168467**	**54324196**	**579773**
电力、热力生产和供应业	14808595	2653175	33984424	
燃气生产和供应业	9624683	1211838	12766403	280691
水的生产和供应业	1612335	303453	7573369	299082

2-11 各地区企业基本情况

地 区	企业数（个）	#有R&D活动	#有研发机构	#有新产品销售
全 国	**369741**	**54832**	**43055**	**47945**
东部地区	219383	40199	33036	35560
中部地区	77111	8983	6201	7757
西部地区	46176	3967	2851	3299
东北地区	27071	1683	967	1329
北 京	3641	1059	498	1059
天 津	5499	1732	775	1682
河 北	13968	853	777	737
山 西	3979	327	232	223
内蒙古	4404	258	168	126
辽 宁	17297	1100	562	900
吉 林	5376	252	177	232
黑龙江	4398	331	228	197
上 海	9796	1661	725	1322
江 苏	48771	12283	15775	9535
浙 江	39552	10824	7737	12861
安 徽	16184	2369	2076	2407
福 建	16120	2286	1270	1576
江 西	8126	954	606	674
山 东	40467	3747	2757	2723
河 南	20573	1705	1201	1195
湖 北	14650	1714	903	1625
湖 南	13599	1914	1183	1633
广 东	41181	5691	2692	4036
广 西	5488	456	331	442
海 南	388	63	30	29
重 庆	5559	668	417	659
四 川	13001	819	700	873
贵 州	3590	179	124	140
云 南	3537	394	279	277
西 藏	76	9	6	1
陕 西	4751	574	382	430
甘 肃	1981	291	182	153
青 海	521	40	25	15
宁 夏	1044	127	113	94
新 疆	2224	152	124	89

2-11 续表

地 区	主营业务收入（万元）	利润总额（万元）	资产总计（万元）	出口交货值（万元）
全 国	**10372893469**	**683216581**	**8670625513**	**1124551890**
东部地区	5940443458	381401847	4654818155	925554334
中部地区	2091410226	135847490	1618920203	91069443
西部地区	1467070043	111562505	1711642076	69052893
东北地区	873969741	54404740	685245079	38875221
北 京	186886314	12828840	308007299	15067218
天 津	268033200	22473795	217614928	27429154
河 北	463456529	27347038	375971159	15234650
山 西	183933277	6145866	283398979	6205864
内蒙古	201890205	19852726	243763957	1942839
辽 宁	515109153	29765954	386307734	33719272
吉 林	221849941	12783917	156779607	3609748
黑龙江	137010647	11854868	142157738	1546201
上 海	342736021	23844144	328743065	76728497
江 苏	1334713239	83725491	940728799	228274431
浙 江	613212009	35640667	604514867	112217530
安 徽	338140768	21118120	258092954	16278693
福 建	331263095	22274465	249784873	64482948
江 西	270351063	18022359	140578737	15823773
山 东	1321303408	87153560	815347755	82831071
河 南	598139280	45283284	429993831	26006759
湖 北	382300345	24800247	306350359	14236808
湖 南	318545492	20477613	200505344	12517546
广 东	1063195177	64882204	791225106	301665842
广 西	170886134	10136040	132957970	6682100
海 南	15644468	1231642	22880306	1622992
重 庆	153051478	9056146	129280218	22636539
四 川	357677780	23489033	362984989	29962894
贵 州	72914026	6373862	102023001	973212
云 南	99809345	6274024	157444815	1285670
西 藏	981000	73423	5545520	1499
陕 西	181519094	21513719	228071490	3417193
甘 肃	85801528	2954405	101794859	676824
青 海	20893558	1488135	47916737	80637
宁 夏	34457847	1799690	56545981	713406
新 疆	87188048	8551303	143312542	680082

2-12 各地区大型企业基本情况

地 区	企业数（个）	#有R&D活动	#有研发机构	#有新产品销售
全 国	**9740**	**5259**	**4482**	**4381**
东部地区	5799	3397	2996	2895
中部地区	1886	945	775	776
西部地区	1510	708	555	538
东北地区	545	209	156	172
北 京	163	105	75	89
天 津	213	118	75	111
河 北	387	154	152	128
山 西	286	80	60	48
内蒙古	153	63	49	27
辽 宁	298	111	79	95
吉 林	114	42	27	37
黑龙江	133	56	50	40
上 海	313	170	135	154
江 苏	1244	940	1088	775
浙 江	601	440	429	480
安 徽	254	170	150	146
福 建	442	216	154	168
江 西	175	89	64	75
山 东	952	524	468	424
河 南	620	301	273	235
湖 北	347	177	126	161
湖 南	204	128	102	111
广 东	1471	723	420	561
广 西	185	62	58	56
海 南	13	7		5
重 庆	211	130	96	117
四 川	375	145	124	129
贵 州	61	30	24	26
云 南	108	55	39	33
西 藏	2	1		
陕 西	199	109	79	83
甘 肃	63	43	30	29
青 海	23	8	5	5
宁 夏	46	28	22	18
新 疆	84	34	29	15

地 区	主营业务收入（万元）	利润总额（万元）	资产总计（万元）	出口交货值（万元）
全 国	**4167968028**	**266248825**	**4148152689**	**641396197**
东部地区	2424848683	154707209	2161005732	514847564
中部地区	780256931	38934731	789036156	55926933
西部地区	654039479	53736041	849337799	53070598
东北地区	308822936	18870844	348773002	17551103
北 京	117693109	8421843	218287348	11120467
天 津	146413806	14771537	117736857	17725632
河 北	194497040	6063637	206815651	7065516
山 西	107481417	3727510	159365042	5604406
内蒙古	71034154	8268934	111770261	1380426
辽 宁	143722196	5051329	180013576	15285393
吉 林	99052781	6302578	82440701	1277106
黑龙江	66047959	7516938	86318725	988605
上 海	188751088	14792414	173877546	51565164
江 苏	527137109	29890970	411739388	148562595
浙 江	165057389	11619167	158373268	31233462
安 徽	125073732	6086368	126010354	7289166
福 建	95987892	6240011	82058589	28321833
江 西	79162698	3750672	58217845	5802230
山 东	500576155	31041299	410481242	40432685
河 南	222904184	11175836	186129485	22268503
湖 北	155945523	9195327	166963097	8027015
湖 南	89689375	4999017	92350334	6935612
广 东	485190898	31515008	374653452	178542292
广 西	58075831	3262035	51830738	3585111
海 南	3544198	351322	6982391	277918
重 庆	72827167	3662769	65636380	19919695
四 川	142514886	9715240	176395581	23892244
贵 州	20488018	2927428	32997005	790536
云 南	47136437	2897069	70648374	395368
西 藏	188258	-95494	2458046	
陕 西	99493874	13244621	147141283	2075508
甘 肃	62013767	2004795	62588723	482902
青 海	7401735	823986	17415492	24735
宁 夏	20120940	999078	32850311	392942
新 疆	52744412	6025581	77605606	131131

2-13 各地区中型企业基本情况

地　区	企业数（个）	#有R&D活动	#有研发机构	#有新产品销售
全　国	**55656**	**15149**	**12727**	**12979**
东部地区	32376	11014	9839	9548
中部地区	12123	2535	1736	2099
西部地区	8139	1205	898	999
东北地区	3018	395	254	333
北　京	612	276	172	272
天　津	770	350	184	330
河　北	1814	267	265	230
山　西	906	100	78	72
内蒙古	699	71	36	35
辽　宁	1969	258	153	222
吉　林	534	75	54	80
黑龙江	515	62	47	31
上　海	1450	480	246	409
江　苏	6072	3630	4669	2869
浙　江	4608	2229	1985	2653
安　徽	1405	465	425	487
福　建	3003	721	446	540
江　西	1686	352	215	241
山　东	4566	1062	804	792
河　南	4053	697	467	473
湖　北	1934	412	230	405
湖　南	2139	509	321	421
广　东	9367	1974	1052	1439
广　西	1253	163	128	135
海　南	114	25	16	14
重　庆	1046	225	155	216
四　川	2262	258	238	280
贵　州	571	56	41	44
云　南	690	115	80	73
西　藏	10	3	2	
陕　西	788	161	114	116
甘　肃	255	51	35	39
青　海	99	15	6	4
宁　夏	143	40	32	31
新　疆	323	47	31	26

2-13 续表

地 区	主营业务收入（万元）	利润总额（万元）	资产总计（万元）	出口交货值（万元）
全 国	**2460002983**	**173992686**	**2060737490**	**273364692**
东部地区	1431161210	97010361	1139923012	230389820
中部地区	516330261	38660856	393038330	20059339
西部地区	355580678	27200785	395936053	10714187
东北地区	156930833	11120684	131840095	12201346
北 京	31792966	2420685	45936040	2317001
天 津	56156209	4196496	46433904	5083271
河 北	101199763	8690278	75303819	4316712
山 西	40137670	929683	76876756	308394
内蒙古	50777862	5266241	58073299	298216
辽 宁	108573654	7984783	83720623	10922090
吉 林	27651109	1706474	26156683	1117497
黑龙江	20706070	1429428	21962789	161760
上 海	72733134	4678679	72041935	13971176
江 苏	315775025	23509508	227187949	45662491
浙 江	182912985	10066229	177719883	36652111
安 徽	66899399	5300377	53123233	4881829
福 建	111615429	8404446	88116275	21647846
江 西	81829535	6654884	40695721	6074808
山 东	268982965	16516381	172198568	20342208
河 南	172889599	14783562	118688228	2102670
湖 北	84075359	6000513	61731513	3559429
湖 南	70498700	4991837	41922878	3132209
广 东	281780490	18049864	225416231	79112154
广 西	58025136	3548746	45527301	2161346
海 南	8212245	477796	9568409	1284850
重 庆	39357946	2509262	32250560	1731763
四 川	93361340	6160949	84628359	4726385
贵 州	18273832	1549952	29091189	57100
云 南	22793151	1567349	36164431	386296
西 藏	308364	72716	1251285	
陕 西	37782108	4549718	45234301	702961
甘 肃	8937032	263031	12810290	111777
青 海	4821695	307478	11622500	11030
宁 夏	7384474	456302	12101577	210083
新 疆	13757739	949042	27180962	317231

2-14 各地区国有及国有控股企业基本情况

地区	企业数（个）	#有R&D活动	#有研发机构	#有新产品销售
全国	**18613**	**5057**	**3449**	**3931**
东部地区	7311	2541	1771	2032
中部地区	4224	1069	725	843
西部地区	5598	1169	770	843
东北地区	1480	278	183	213
北京	775	344	169	336
天津	553	265	144	240
河北	764	170	133	131
山西	765	98	64	65
内蒙古	631	86	49	33
辽宁	654	136	86	104
吉林	366	50	32	50
黑龙江	460	92	65	59
上海	747	340	180	304
江苏	948	477	527	335
浙江	701	199	136	157
安徽	670	200	151	174
福建	460	111	68	74
江西	489	101	59	73
山东	1245	320	226	230
河南	813	230	165	159
湖北	728	227	132	195
湖南	759	213	154	177
广东	1038	307	185	222
广西	541	82	63	82
海南	80	8	3	3
重庆	482	170	107	146
四川	922	181	128	165
贵州	512	90	70	75
云南	558	120	65	65
西藏	25	4	2	
陕西	721	234	149	167
甘肃	382	90	50	52
青海	118	18	8	6
宁夏	107	24	14	11
新疆	599	70	65	41

2-14 续表

地 区	主营业务收入（万元）	利润总额（万元）	资产总计（万元）	出口交货值（万元）
全 国	**2569646390**	**159273767**	**3407845124**	**84101417**
东部地区	1122789178	71546767	1370965059	47033361
中部地区	565921754	24726786	705875891	13001517
西部地区	605952355	47501072	985354784	10497171
东北地区	274983103	15499142	345649390	13569367
北 京	106441958	7142424	227855562	2370352
天 津	90003213	7392922	99276972	1812135
河 北	113081873	3115859	157030594	3659305
山 西	102858082	3571042	177049804	1738637
内蒙古	65589410	7216622	128547824	813245
辽 宁	122552420	2410277	172222040	11774134
吉 林	85348733	5514794	82470411	829887
黑龙江	67081951	7574071	90956939	965347
上 海	134560597	12689049	146155556	5890966
江 苏	146317710	8706695	167428435	7618527
浙 江	90343409	5771369	90455913	2952753
安 徽	102093321	4521051	120486837	3596351
福 建	41668228	2093209	59091788	1501958
江 西	60349423	2383264	52060953	1466237
山 东	226642206	13117404	239668320	6338643
河 南	110584874	3202169	123823474	1525754
湖 北	118583947	7065678	148567090	2934574
湖 南	71452107	3983582	83887733	1739964
广 东	170212873	10984681	177180860	14870692
广 西	52480790	1730067	58436239	851680
海 南	3517112	533155	6821062	18031
重 庆	41698785	1901293	58171811	1553738
四 川	96359377	5267260	174145705	3511289
贵 州	33918042	3022183	63887614	801211
云 南	53423319	3277314	101175469	349225
西 藏	463334	-50642	3942975	
陕 西	107884541	14381822	168138610	2003314
甘 肃	68543433	2175153	78130364	356226
青 海	10955276	1072424	31798235	2367
宁 夏	16404291	1054161	28116988	92232
新 疆	58231756	6453415	90862952	162644

2-15 各地区内资企业基本情况

地 区	企业数 (个)	#有R&D活动	#有研发机构	#有新产品销售
全 国	**312378**	**43564**	**34165**	**38632**
东部地区	170498	30189	24916	27271
中部地区	73341	8273	5746	7178
西部地区	43906	3659	2642	3027
东北地区	24633	1443	861	1156
北 京	2753	851	390	858
天 津	3840	1434	653	1385
河 北	13055	740	683	646
山 西	3834	307	220	214
内蒙古	4220	239	153	118
辽 宁	15422	932	492	777
吉 林	5043	213	163	198
黑龙江	4168	298	206	181
上 海	5504	1039	427	831
江 苏	37387	8893	11461	7075
浙 江	33011	8716	6211	10421
安 徽	15399	2201	1929	2229
福 建	11856	1556	865	1029
江 西	7282	831	538	598
山 东	36102	3264	2438	2380
河 南	20027	1587	1109	1102
湖 北	13798	1565	849	1501
湖 南	13001	1782	1101	1534
广 东	26672	3648	1763	2623
广 西	4997	407	288	387
海 南	318	48	25	23
重 庆	5214	599	373	592
四 川	12418	747	655	808
贵 州	3519	169	121	134
云 南	3356	363	255	252
西 藏	73	9	6	1
陕 西	4538	541	363	402
甘 肃	1930	284	182	151
青 海	491	37	24	15
宁 夏	1004	115	100	81
新 疆	2146	149	122	86

2-15 续表

地区	主营业务收入(万元)	利润总额(万元)	资产总计(万元)	出口交货值(万元)
全国	**7942669838**	**525186546**	**6785955306**	**365290538**
东部地区	4025571248	258966340	3207750347	278009824
中部地区	1866503702	120943705	1447004220	45007286
西部地区	1302776313	98560688	1557392677	22639973
东北地区	747818575	46715814	573808063	19633455
北京	113579952	7100416	243619044	2748695
天津	160277731	14851540	144733130	4975499
河北	406176235	24890915	324752850	9993147
山西	172173024	5397468	266171688	2253143
内蒙古	183679329	18341183	218924245	1462039
辽宁	428785868	24103813	309173124	16362615
吉林	195071406	11480526	137050336	2023015
黑龙江	123961301	11131475	127584603	1247825
上海	128806633	9362373	166846155	8690570
江苏	859238829	52760683	588691798	46424761
浙江	460573830	25650189	451686088	69411522
安徽	299888260	18511263	233498772	12665654
福建	196328821	13326432	144754212	18221886
江西	231427946	15258999	117655437	7531887
山东	1140521200	75083202	702713976	43251002
河南	545596790	42540767	386957502	6026313
湖北	323287705	20460933	258674773	8635875
湖南	294129977	18774277	184046048	7894414
广东	550661074	35054551	424623398	73813476
广西	140807660	7506644	108308802	3171360
海南	9406945	886039	15329697	479266
重庆	108680125	7088150	96511588	5052456
四川	308950731	18609003	320030904	6293764
贵州	70940759	6149073	98500457	906719
云南	95132064	5879004	150776363	1135915
西藏	907152	57024	5431253	1499
陕西	170107602	20452938	217923077	2654820
甘肃	84613615	2865478	99136816	672864
青海	19936954	1435675	45908297	80616
宁夏	33503096	1761421	55050894	595181
新疆	85517225	8415095	140889983	612742

2-16 各地区港澳台商投资企业基本情况

地区	企业数（个）	#有R&D活动	#有研发机构	#有新产品销售
全国	**26451**	**5115**	**3910**	**4206**
东部地区	23043	4588	3570	3795
中部地区	1856	326	217	256
西部地区	945	116	83	105
东北地区	607	85	40	50
北京	223	60	29	51
天津	333	81	39	85
河北	281	36	30	30
山西	50	9	5	1
内蒙古	77	2	1	
辽宁	464	60	24	36
吉林	73	13	6	9
黑龙江	70	12	10	5
上海	1205	165	83	139
江苏	4107	1285	1649	956
浙江	3295	1110	821	1233
安徽	308	71	57	70
福建	2712	425	237	314
江西	524	68	43	43
山东	1080	158	102	109
河南	264	49	38	40
湖北	374	59	24	46
湖南	336	70	50	56
广东	9783	1262	578	875
广西	279	24	22	29
海南	24	6	2	3
重庆	138	28	21	28
四川	203	23	14	22
贵州	31	4	1	3
云南	85	14	15	16
西藏				
陕西	59	10	5	3
甘肃	20	4		
青海	12			
宁夏	11	4	4	3
新疆	30	3		1

2-16 续表

地 区	主营业务收入（万元）	利润总额（万元）	资产总计（万元）	出口交货值（万元）
全 国	**887740564**	**54569021**	**728910829**	**291214068**
东部地区	690056203	41546291	569804312	226835576
中部地区	106345814	6974374	71618297	34371377
西部地区	58921929	4224864	57013905	26884233
东北地区	32416619	1823493	30474314	3122883
北 京	15080972	502270	14668627	1425419
天 津	30075511	2569799	25409563	3450901
河 北	22703626	998775	20796987	1751931
山 西	6435054	227705	7045039	3654620
内蒙古	3140314	237499	6077561	131889
辽 宁	20410447	1362901	21742681	2625337
吉 林	8879906	230487	4288196	453550
黑龙江	3126266	230104	4443438	43996
上 海	51496428	2277135	37636627	22789476
江 苏	144736555	8769315	117919684	45417940
浙 江	75482790	4750782	79116518	18322810
安 徽	16085358	1100749	9069889	1510629
福 建	73334559	5417570	58222339	23925561
江 西	20946176	1633281	10533306	5070058
山 东	39514840	2878293	28321749	7803178
河 南	33497409	1816338	24673803	18751511
湖 北	17945369	1189246	12508609	3924362
湖 南	11436450	1007055	7787651	1460198
广 东	237235520	13288557	187217198	101909182
广 西	10872709	910200	8025484	2779776
海 南	395402	93795	495021	39178
重 庆	16780150	313882	14832023	9340413
四 川	21590856	2166735	19139188	14334377
贵 州	785231	81721	1265383	14847
云 南	2093792	257482	2816997	66400
西 藏				
陕 西	2127233	217469	1765554	149058
甘 肃	323513	23639	884502	
青 海	491974	-20121	976128	
宁 夏	275765	17173	530926	28292
新 疆	440393	19186	700161	39181

2-17 各地区外商投资企业基本情况

地 区	企业数（个）	#有R&D活动	#有研发机构	#有新产品销售
全 国	**30912**	**6153**	**4980**	**5107**
东部地区	25842	5422	4550	4494
中部地区	1914	384	238	323
西部地区	1325	192	126	167
东北地区	1831	155	66	123
北 京	665	148	79	150
天 津	1326	217	83	212
河 北	632	77	64	61
山 西	95	11	7	8
内蒙古	107	17	14	8
辽 宁	1411	108	46	87
吉 林	260	26	8	25
黑龙江	160	21	12	11
上 海	3087	457	215	352
江 苏	7277	2105	2665	1504
浙 江	3246	998	705	1207
安 徽	477	97	90	108
福 建	1552	305	168	233
江 西	320	55	25	33
山 东	3285	325	217	234
河 南	282	69	54	53
湖 北	478	90	30	78
湖 南	262	62	32	43
广 东	4726	781	351	538
广 西	212	25	21	26
海 南	46	9	3	3
重 庆	207	41	23	39
四 川	380	49	31	43
贵 州	40	6	2	3
云 南	96	17	9	9
西 藏	3			
陕 西	154	23	14	25
甘 肃	31	3		2
青 海	18	3	1	
宁 夏	29	8	9	10
新 疆	48		2	2

2-17 续表

地 区	主营业务收入 (万元)	利润总额 (万元)	资产总计 (万元)	出口交货值 (万元)
全 国	**1542483066**	**103461014**	**1155759379**	**468047284**
东部地区	1224816007	80889216	877263496	420708934
中部地区	118560711	7929411	100297687	11690780
西部地区	105371801	8776954	97235494	19528687
东北地区	93734547	5865433	80962702	16118884
北 京	58225391	5226154	49719627	10893104
天 津	77679958	5052456	47472235	19002754
河 北	34576668	1457348	30421322	3489572
山 西	5325200	520693	10182252	298102
内蒙古	15070562	1274045	18762151	348911
辽 宁	65912838	4299241	55391929	14731320
吉 林	17898629	1072903	15441076	1133184
黑龙江	9923081	493289	10129697	254380
上 海	162432960	12204636	124260283	45248451
江 苏	330737856	22195492	234117318	136431730
浙 江	77155390	5239697	73712262	24483198
安 徽	22167150	1506109	15524294	2102411
福 建	61599714	3530464	46808322	22335502
江 西	17976942	1130080	12389994	3221828
山 东	141267368	9192066	84312031	31776890
河 南	19045082	926180	18362527	1228935
湖 北	41067271	3150068	35166977	1676571
湖 南	12979066	696281	8671645	3162934
广 东	275298583	16539096	179384510	125943185
广 西	19205765	1719196	16623684	730964
海 南	5842121	251808	7055588	1104547
重 庆	27591203	1654114	17936607	8243670
四 川	27136192	2713295	23814898	9334754
贵 州	1188036	143068	2257161	51646
云 南	2583490	137538	3851454	83354
西 藏	73848	16398	114268	
陕 西	9284260	843313	8382859	613315
甘 肃	864400	65288	1773541	3960
青 海	464630	72581	1032312	21
宁 夏	678986	21096	964162	89933
新 疆	1230430	117022	1722398	28160

三、工业企业 R&D 人员情况

（2013）

3-1 分登记注册类型企业R&D人员情况

登记注册类型	R&D人员合计(人)	#女性	#研究人员	#全时人员	R&D人员折合全时当量(人年)
合　计	**3375912**	**698435**	**1095573**	**2233774**	**2493958**
国有及国有控股	**1043443**	**217838**	**479947**	**665010**	**771286**
内资企业	**2564162**	**526153**	**916430**	**1671775**	**1865328**
国有企业	120504	26329	62164	72260	85572
集体企业	11899	2611	4248	8801	7402
股份合作企业	4080	792	1086	2619	2899
联营企业	2030	425	1403	1242	1590
国有联营企业	1904	407	1375	1165	1516
集体联营企业	62	7	5	37	40
国有与集体联营企业	64	11	23	40	34
其他联营企业					
有限责任公司	1107130	224042	455116	709155	807435
国有独资公司	215194	47100	108885	131866	157465
其他有限责任公司	891936	176942	346231	577289	649969
股份有限公司	569540	125168	196875	401727	432027
私营企业	742847	145396	192105	473513	523551
私营独资企业	12698	2149	3929	7489	8711
私营合伙企业	1811	235	494	891	1224
私营有限责任公司	639789	124996	164639	403817	451123
私营股份有限公司	88549	18016	23043	61316	62492
其他企业	6132	1390	3433	2458	4853
港、澳、台商投资企业	**352698**	**78973**	**76234**	**244680**	**274173**
合资经营企业	147939	31763	31847	105541	113624
合作经营企业	4274	1001	805	2534	3290
港、澳、台商独资经营企业	179377	41387	39440	121655	139676
港、澳、台商投资股份有限公司	20628	4761	4070	14636	17329
其他港澳台投资企业	480	61	72	314	254
外商投资企业	**459052**	**93309**	**102909**	**317319**	**354457**
中外合资经营企业	230517	45982	56665	153281	175110
中外合作经营企业	6976	1104	1470	4839	4451
外资企业	197993	40447	38283	141671	156742
外商投资股份有限公司	22796	5530	6261	17110	17588
其他外商投资企业	770	246	230	418	566

3-2 分登记注册类型大型企业R&D人员情况

登记注册类型	R&D人员合计（人）	#女性	#研究人员	#全时人员	R&D人员折合全时当量（人年）
合　计	**1749056**	**370322**	**641802**	**1189469**	**1337653**
国有及国有控股	**839303**	**172812**	**396107**	**531920**	**629173**
内资企业	**1315731**	**275548**	**549934**	**870789**	**989029**
国有企业	88666	18555	45611	50486	63805
集体企业	7663	1827	2967	6439	4725
股份合作企业	10		5	8	10
联营企业	1790	388	1334	1090	1416
国有联营企业	1790	388	1334	1090	1416
集体联营企业					
国有与集体联营企业					
其他联营企业					
有限责任公司	676563	135828	321447	433647	508368
国有独资公司	186017	41260	96659	113918	137173
其他有限责任公司	490546	94568	224788	319729	371195
股份有限公司	403627	87732	145369	288329	311679
私营企业	134652	30397	30917	89586	96501
私营独资企业	403	81	194	306	238
私营合伙企业	83	7	11	1	52
私营有限责任公司	103054	23907	22813	67303	73802
私营股份有限公司	31112	6402	7899	21976	22409
其他企业	2760	821	2284	1204	2525
港、澳、台商投资企业	**180713**	**42753**	**37432**	**131462**	**146810**
合资经营企业	65145	13791	13259	50961	52705
合作经营企业	531	100	45	268	461
港、澳、台商独资经营企业	101324	25713	21900	70529	82264
港、澳、台商投资股份有限公司	13482	3129	2181	9608	11309
其他港澳台投资企业	231	20	47	96	71
外商投资企业	**252612**	**52021**	**54436**	**187218**	**201814**
中外合资经营企业	118503	24934	29263	84816	92243
中外合作经营企业	2743	362	596	2254	1672
外资企业	112832	22201	19202	85765	93338
外商投资股份有限公司	18331	4465	5287	14186	14368
其他外商投资企业	203	59	88	197	193

3-3 分登记注册类型中型企业R&D人员情况

登记注册类型	R&D人员合计(人)	#女性	#研究人员	#全时人员	R&D人员折合全时当量(人年)
合　计	**884860**	**190319**	**243410**	**585970**	**639083**
国有及国有控股	**144423**	**33024**	**60714**	**95761**	**100937**
内资企业	**644336**	**138511**	**189499**	**426099**	**460508**
国有企业	22570	5845	11956	16017	15778
集体企业	2070	309	616	982	1034
股份合作企业	1842	355	409	1299	1353
联营企业	60	7	25	28	57
国有联营企业	45	6	22	15	43
集体联营企业					
国有与集体联营企业	15	1	3	13	14
其他联营企业					
有限责任公司	243194	52157	75058	158495	171789
国有独资公司	20021	4301	9130	13417	13021
其他有限责任公司	223173	47856	65928	145078	158768
股份有限公司	125065	29112	38731	85413	91626
私营企业	248326	50526	62207	163316	178049
私营独资企业	3491	677	1072	2240	2456
私营合伙企业	432	41	100	274	375
私营有限责任公司	209290	42645	52299	135931	150558
私营股份有限公司	35113	7163	8736	24871	24661
其他企业	1209	200	497	549	822
港、澳、台商投资企业	**113123**	**24465**	**24679**	**75126**	**84941**
合资经营企业	53692	11875	11725	36017	39956
合作经营企业	2315	622	362	1360	1835
港、澳、台商独资经营企业	51498	10719	11235	33660	38302
港、澳、台商投资股份有限公司	5467	1222	1342	3957	4744
其他港澳台投资企业	151	27	15	132	103
外商投资企业	**127401**	**27343**	**29232**	**84745**	**93634**
中外合资经营企业	66100	13717	16058	43828	47869
中外合作经营企业	2800	452	537	1719	1698
外资企业	54848	12205	11897	36928	41468
外商投资股份有限公司	3304	823	636	2113	2380
其他外商投资企业	349	146	104	157	219

3-4 分行业企业R&D人员情况

行　业	R&D人员合计（人）	#女性	#研究人员	#全时人员	R&D人员折合全时当量（人年）
合　计	**3375912**	**698435**	**1095573**	**2233774**	**2493958**
采矿业	**144927**	**22217**	**80525**	**69480**	**93560**
煤炭开采和洗选业	84470	7428	42040	33949	53713
石油和天然气开采业	37433	11007	27536	23339	25487
黑色金属矿采选业	3830	520	1405	2029	2725
有色金属矿采选业	6633	899	2429	2763	3955
非金属矿采选业	4687	934	1861	2573	3131
开采辅助活动	7847	1424	5238	4804	4523
制造业	**3185949**	**671366**	**995992**	**2150228**	**2371061**
农副食品加工业	57646	13795	16909	33457	38162
食品制造业	41366	12705	11747	24442	27389
酒、饮料和精制茶制造业	31301	7863	10770	19717	21113
烟草制品业	6805	1337	3937	3045	4246
纺织业	79009	28219	19518	48272	53289
纺织服装、服饰业	44534	14572	9359	23116	34322
皮革、毛皮、羽毛及其制品和制鞋业	19365	6309	3831	13474	13532
木材加工和木、竹、藤、棕、草制品业	12473	1987	2950	6771	8208
家具制造业	13071	2411	2107	7516	9383
造纸和纸制品业	31420	6500	6753	17969	20557
印刷和记录媒介复制业	16853	3693	4050	9294	11362
文教、工美、体育和娱乐用品制造业	29538	7149	6519	19078	20909
石油加工、炼焦和核燃料加工业	19651	4044	9286	10941	13993
化学原料和化学制品制造业	231345	48811	70275	149903	170087
医药制造业	163248	62397	50496	114571	123200
化学纤维制造业	23524	5458	5649	14338	16563
橡胶和塑料制品业	87205	17811	20522	54367	64068
非金属矿物制品业	108859	18812	29314	64183	73646
黑色金属冶炼和压延加工业	148418	22519	68170	72738	107190
有色金属冶炼和压延加工业	82691	12593	28705	46929	57560
金属制品业	112816	20353	34961	71780	79315
通用设备制造业	267000	46536	82470	181048	191916
专用设备制造业	239842	40700	79543	170616	178461
汽车制造业	251289	44971	66331	179016	195682
铁路、船舶、航空航天和其他运输设备制造业	139382	32202	58520	96284	105869
电气机械和器材制造业	340031	67074	89798	240302	255835
计算机、通信和其他电子设备制造业	476612	96438	168143	376491	390976
仪器仪表制造业	90992	19769	28560	67350	69174
其他制造业	8764	2187	3346	6165	7082
废弃资源综合利用业	4026	714	1340	2107	2856
金属制品、机械和设备修理业	6873	1437	2113	4948	5115
电力、热力、燃气及水生产和供应业	**45036**	**4852**	**19056**	**14066**	**29337**
电力、热力生产和供应业	41212	3953	17346	11797	26873
燃气生产和供应业	1117	243	353	789	811
水的生产和供应业	2707	656	1357	1480	1653

3-5 分行业大型企业R&D人员情况

行 业	R&D人员合计(人)	#女性	#研究人员	#全时人员	R&D人员折合全时当量(人年)
合 计	**1749056**	**370322**	**641802**	**1189469**	**1337653**
采矿业	**135881**	**21105**	**77251**	**65214**	**88048**
煤炭开采和洗选业	82373	7334	41486	33203	52445
石油和天然气开采业	37236	10959	27446	23235	25348
黑色金属矿采选业	2651	410	1091	1359	2002
有色金属矿采选业	4290	625	1545	1703	2580
非金属矿采选业	2396	484	904	1198	1680
开采辅助活动	6935	1293	4779	4516	3993
制造业	**1583248**	**346167**	**551847**	**1115845**	**1229874**
农副食品加工业	18187	5237	5558	12265	13411
食品制造业	16161	5130	4671	9302	10241
酒、饮料和精制茶制造业	17425	4538	5759	12170	11933
烟草制品业	5289	1012	3346	2588	3184
纺织业	38375	15768	9718	25230	25236
纺织服装、服饰业	18226	7601	3924	11768	13328
皮革、毛皮、羽毛及其制品和制鞋业	10329	3871	1813	7795	7891
木材加工和木、竹、藤、棕、草制品业	3155	361	584	1384	1559
家具制造业	6374	1142	850	3568	4660
造纸和纸制品业	15122	3491	3034	8468	10005
印刷和记录媒介复制业	4143	1074	1259	1921	2342
文教、工美、体育和娱乐用品制造业	8531	2319	2038	5890	6278
石油加工、炼焦和核燃料加工业	14757	3082	7458	8021	10656
化学原料和化学制品制造业	85460	17961	28564	56038	64356
医药制造业	62284	24825	21631	47300	52022
化学纤维制造业	14805	3811	3338	9563	10787
橡胶和塑料制品业	36636	7957	8390	24031	28066
非金属矿物制品业	37602	5666	8411	21994	25969
黑色金属冶炼和压延加工业	124390	19191	61466	58492	90509
有色金属冶炼和压延加工业	49699	7577	19595	28111	34509
金属制品业	41946	9274	15968	28367	31119
通用设备制造业	96209	19336	30546	70778	71107
专用设备制造业	95272	17517	36131	72355	75012
汽车制造业	159345	29682	43377	118600	131254
铁路、船舶、航空航天和其他运输设备制造业	103146	25447	46971	71623	79251
电气机械和器材制造业	153899	32263	41346	114492	120181
计算机、通信和其他电子设备制造业	308965	61076	122866	256040	265949
仪器仪表制造业	27878	7585	10018	20266	21180
其他制造业	3242	930	1097	2598	2864
废弃资源综合利用业	1292	286	649	900	1073
金属制品、机械和设备修理业	5104	1157	1471	3927	3945
电力、热力、燃气及水生产和供应业	**29927**	**3050**	**12704**	**8410**	**19731**
电力、热力生产和供应业	28287	2645	11730	7459	18480
燃气生产和供应业	677	171	176	487	473
水的生产和供应业	963	234	798	464	778

3-6 分行业中型企业R&D人员情况

行业	R&D人员合计(人)	#女性	#研究人员	#全时人员	R&D人员折合全时当量(人年)
合 计	**884860**	**190319**	**243410**	**585970**	**639083**
采矿业	**6245**	**737**	**2302**	**2769**	**3710**
煤炭开采和洗选业	1540	50	372	419	880
石油和天然气开采业	180	43	73	87	122
黑色金属矿采选业	731	59	176	459	442
有色金属矿采选业	1786	194	719	768	1017
非金属矿采选业	1310	289	579	820	794
开采辅助活动	698	102	383	216	455
制造业	**871886**	**188646**	**238022**	**580301**	**631390**
农副食品加工业	16474	3886	4640	8988	10337
食品制造业	12342	3949	3535	7603	8386
酒、饮料和精制茶制造业	7487	1903	2700	4491	5075
烟草制品业	632	126	242	306	394
纺织业	24035	7848	5786	13544	16668
纺织服装、服饰业	12666	5020	2982	8117	8980
皮革、毛皮、羽毛及其制品和制鞋业	6585	1875	1409	4237	3946
木材加工和木、竹、藤、棕、草制品业	4310	784	996	2591	3245
家具制造业	4263	845	662	2620	2990
造纸和纸制品业	10789	2021	2325	6804	7039
印刷和记录媒介复制业	7161	1561	1395	4359	5420
文教、工美、体育和娱乐用品制造业	12507	2929	2378	7999	8563
石油加工、炼焦和核燃料加工业	2554	441	1075	1440	1818
化学原料和化学制品制造业	68316	15030	18980	45031	50080
医药制造业	59399	23942	16445	40450	42111
化学纤维制造业	4741	938	1302	2659	3102
橡胶和塑料制品业	24044	5129	5209	15111	17767
非金属矿物制品业	40788	7773	11481	24697	27623
黑色金属冶炼和压延加工业	12422	1746	3520	7528	8673
有色金属冶炼和压延加工业	18171	2773	4677	10541	13398
金属制品业	38785	6479	10143	24592	26941
通用设备制造业	90322	15659	28423	60176	65503
专用设备制造业	69150	11691	21130	48830	51150
汽车制造业	57205	9600	14183	37764	41298
铁路、船舶、航空航天和其他运输设备制造业	22016	4366	7224	14756	16349
电气机械和器材制造业	101316	19720	25472	70715	75766
计算机、通信和其他电子设备制造业	106401	22774	28813	76859	80343
仪器仪表制造业	32371	6910	9130	24699	25379
其他制造业	2497	633	1099	1795	1773
废弃资源综合利用业	1173	157	275	433	707
金属制品、机械和设备修理业	964	138	391	566	564
电力、热力、燃气及水生产和供应业	**6729**	**936**	**3086**	**2900**	**3984**
电力、热力生产和供应业	5420	635	2638	2131	3333
燃气生产和供应业	209	18	102	157	177
水的生产和供应业	1100	283	346	612	474

3-7 分行业国有及国有控股企业R&D人员情况

行　业	R&D人员合计(人)	#女性	#研究人员	#全时人员	R&D人员折合全时当量(人年)
合　计	**1043443**	**217838**	**479947**	**665010**	**771286**
采矿业	**135726**	**20952**	**77526**	**64938**	**87198**
煤炭开采和洗选业	82459	7289	41623	33018	51871
石油和天然气开采业	36464	10762	26754	22972	25290
黑色金属矿采选业	2293	352	954	1074	1518
有色金属矿采选业	5318	744	2010	2189	3023
非金属矿采选业	1932	444	1145	1096	1372
开采辅助活动	7260	1361	5040	4589	4124
制造业	**865284**	**192515**	**384261**	**587638**	**656509**
农副食品加工业	3258	719	1496	1382	1995
食品制造业	6000	2127	2360	3404	3167
酒、饮料和精制茶制造业	10905	2778	4267	7848	8008
烟草制品业	6587	1288	3843	2905	4082
纺织业	10796	4098	3896	6220	7903
纺织服装、服饰业	2306	906	564	1657	1474
皮革、毛皮、羽毛及其制品和制鞋业	717	286	260	651	464
木材加工和木、竹、藤、棕、草制品业	360	76	160	259	256
家具制造业	1254	179	164	696	1136
造纸和纸制品业	5662	1408	1868	2206	3429
印刷和记录媒介复制业	2789	653	1213	1109	1387
文教、工美、体育和娱乐用品制造业	799	209	172	310	667
石油加工、炼焦和核燃料加工业	12373	2666	6960	6226	8977
化学原料和化学制品制造业	62236	13253	25861	39998	44503
医药制造业	32073	13893	13982	23002	25256
化学纤维制造业	6383	1535	2468	3966	4600
橡胶和塑料制品业	12296	3170	2990	8499	8998
非金属矿物制品业	17079	3373	6337	10344	11094
黑色金属冶炼和压延加工业	93121	15365	52962	40578	70413
有色金属冶炼和压延加工业	35677	5549	17222	18656	25097
金属制品业	27420	6902	14018	18440	20725
通用设备制造业	64203	14260	26764	46738	46465
专用设备制造业	69354	13934	32623	52073	51422
汽车制造业	102008	19590	32928	72911	82459
铁路、船舶、航空航天和其他运输设备制造业	101960	26243	50314	71864	79574
电气机械和器材制造业	45311	9599	18537	34193	34605
计算机、通信和其他电子设备制造业	101537	20255	45318	87421	84996
仪器仪表制造业	20402	5595	10458	16315	15310
其他制造业	4191	1139	2102	3357	3281
废弃资源综合利用业	1571	364	773	1094	1296
金属制品、机械和设备修理业	4656	1103	1381	3316	3467
电力、热力、燃气及水生产和供应业	**42433**	**4371**	**18160**	**12434**	**27578**
电力、热力生产和供应业	40122	3811	16950	11281	26229
燃气生产和供应业	140	24	65	31	70
水的生产和供应业	2171	536	1145	1122	1279

3-8 分行业内资企业R&D人员情况

行 业	R&D人员合计(人)	#女性	#研究人员	#全时人员	R&D人员折合全时当量(人年)
合 计	**2564162**	**526153**	**916430**	**1671775**	**1865328**
采矿业	**142119**	**21667**	**79439**	**68068**	**91922**
煤炭开采和洗选业	84448	7424	42033	33927	53691
石油和天然气开采业	36474	10764	26755	22977	25300
黑色金属矿采选业	3294	472	1253	1764	2226
有色金属矿采选业	6558	877	2392	2708	3900
非金属矿采选业	3573	702	1773	1940	2320
开采辅助活动	7745	1423	5217	4729	4461
制造业	**2379504**	**500046**	**818789**	**1591066**	**1745910**
农副食品加工业	46256	11232	13348	26694	30358
食品制造业	30598	9204	8976	18437	20395
酒、饮料和精制茶制造业	25066	6124	9160	14861	16653
烟草制品业	6771	1326	3928	3026	4213
纺织业	59795	21004	16015	35283	40586
纺织服装、服饰业	25893	10216	5773	15980	18092
皮革、毛皮、羽毛及其制品和制鞋业	12747	3918	2578	8580	8532
木材加工和木、竹、藤、棕、草制品业	10593	1666	2505	5601	6948
家具制造业	8797	1714	1517	4913	6115
造纸和纸制品业	18700	3956	5395	10593	11815
印刷和记录媒介复制业	11537	2459	3173	5625	7302
文教、工美、体育和娱乐用品制造业	19185	4708	4781	12554	12869
石油加工、炼焦和核燃料加工业	18252	3762	8751	10218	12979
化学原料和化学制品制造业	191766	40370	61242	122552	139430
医药制造业	125511	47749	39870	85806	93172
化学纤维制造业	16463	3762	4167	10072	11321
橡胶和塑料制品业	55120	11834	14002	33433	39738
非金属矿物制品业	84403	14757	24211	50880	57535
黑色金属冶炼和压延加工业	135557	20706	63683	63339	97414
有色金属冶炼和压延加工业	70433	10656	26042	39590	48266
金属制品业	87189	16228	29603	55025	60746
通用设备制造业	208671	36663	68684	140292	147213
专用设备制造业	196754	33534	68291	139980	146324
汽车制造业	168902	30436	47476	117099	127972
铁路、船舶、航空航天和其他运输设备制造业	126825	30518	55837	87250	96619
电气机械和器材制造业	255118	49158	72055	181046	189745
计算机、通信和其他电子设备制造业	275831	53839	127710	227168	227648
仪器仪表制造业	70891	14917	24127	54130	53570
其他制造业	7583	1940	3066	5395	6095
废弃资源综合利用业	3611	663	1286	1959	2487
金属制品、机械和设备修理业	4686	1027	1537	3685	3758
电力、热力、燃气及水生产和供应业	**42539**	**4440**	**18202**	**12641**	**27496**
电力、热力生产和供应业	40094	3867	16871	11226	26009
燃气生产和供应业	270	33	155	144	167
水的生产和供应业	2175	540	1176	1271	1320

3-9 分行业港澳台商投资企业R&D人员情况

行业	R&D人员合计(人)	#女性	#研究人员	#全时人员	R&D人员折合全时当量(人年)
合 计	**352698**	**78973**	**76234**	**244680**	**274173**
采矿业	**1176**	**274**	**825**	**552**	**307**
煤炭开采和洗选业					
石油和天然气开采业	959	243	781	362	188
黑色金属矿采选业					
有色金属矿采选业					
非金属矿采选业	121	31	25	119	62
开采辅助活动	96		19	71	58
制造业	**350193**	**78552**	**74882**	**243401**	**272815**
农副食品加工业	6411	1413	2019	3966	4890
食品制造业	3350	950	973	1830	2162
酒、饮料和精制茶制造业	2008	492	660	1497	1407
烟草制品业	34	11	9	19	33
纺织业	12537	4191	2343	7957	8566
纺织服装、服饰业	6267	2577	1299	4359	5077
皮革、毛皮、羽毛及其制品和制鞋业	4254	1596	701	3198	3333
木材加工和木、竹、藤、棕、草制品业	972	175	264	529	598
家具制造业	2784	437	383	1669	2178
造纸和纸制品业	7532	1622	694	4494	5299
印刷和记录媒介复制业	4120	924	651	2953	3273
文教、工美、体育和娱乐用品制造业	5574	1138	815	3657	4614
石油加工、炼焦和核燃料加工业	948	199	333	459	736
化学原料和化学制品制造业	18053	3884	3516	12419	14327
医药制造业	17497	6802	4305	12869	13782
化学纤维制造业	5408	1368	1038	3448	4391
橡胶和塑料制品业	15909	2998	2813	9931	12103
非金属矿物制品业	11513	1922	2446	6820	8129
黑色金属冶炼和压延加工业	7932	1022	2812	5988	6152
有色金属冶炼和压延加工业	5484	862	1090	2929	4015
金属制品业	12920	2182	2386	8393	9521
通用设备制造业	18241	2826	4339	13131	14304
专用设备制造业	15880	2875	4413	11682	11817
汽车制造业	26034	4607	4321	21095	22411
铁路、船舶、航空航天和其他运输设备制造业	4637	643	870	3571	3685
电气机械和器材制造业	40834	8916	7945	29208	31142
计算机、通信和其他电子设备制造业	82890	19303	19257	59386	67081
仪器仪表制造业	9193	2431	1921	5363	6994
其他制造业	634	124	210	363	534
废弃资源综合利用业	154	30	31	96	110
金属制品、机械和设备修理业	189	32	25	122	149
电力、热力、燃气及水生产和供应业	**1329**	**147**	**527**	**727**	**1051**
电力、热力生产和供应业	957	68	416	514	775
燃气生产和供应业	146	44	35	115	133
水的生产和供应业	226	35	76	98	143

3-10 分行业外商投资企业R&D人员情况

行业	R&D人员合计(人)	#女性	#研究人员	#全时人员	R&D人员折合全时当量(人年)
合计	**459052**	**93309**	**102909**	**317319**	**354457**
采矿业	**1632**	**276**	**261**	**860**	**1331**
煤炭开采和洗选业	22	4	7	22	22
石油和天然气开采业					
黑色金属矿采选业	536	48	152	265	499
有色金属矿采选业	75	22	37	55	55
非金属矿采选业	993	201	63	514	749
开采辅助活动	6	1	2	4	5
制造业	**456252**	**92768**	**102321**	**315761**	**352337**
农副食品加工业	4979	1150	1542	2797	2913
食品制造业	7418	2551	1798	4175	4832
酒、饮料和精制茶制造业	4227	1247	950	3359	3054
烟草制品业					
纺织业	6677	3024	1160	5032	4137
纺织服装、服饰业	12374	1779	2287	2777	11153
皮革、毛皮、羽毛及其制品和制鞋业	2364	795	552	1696	1668
木材加工和木、竹、藤、棕、草制品业	908	146	181	641	662
家具制造业	1490	260	207	934	1090
造纸和纸制品业	5188	922	664	2882	3442
印刷和记录媒介复制业	1196	310	226	716	788
文教、工美、体育和娱乐用品制造业	4779	1303	923	2867	3426
石油加工、炼焦和核燃料加工业	451	83	202	264	278
化学原料和化学制品制造业	21526	4557	5517	14932	16330
医药制造业	20240	7846	6321	15896	16246
化学纤维制造业	1653	328	444	818	850
橡胶和塑料制品业	16176	2979	3707	11003	12227
非金属矿物制品业	12943	2133	2657	6483	7982
黑色金属冶炼和压延加工业	4929	791	1675	3411	3624
有色金属冶炼和压延加工业	6774	1075	1573	4410	5278
金属制品业	12707	1943	2972	8362	9048
通用设备制造业	40088	7047	9447	27625	30399
专用设备制造业	27208	4291	6839	18954	20321
汽车制造业	56353	9928	14534	40822	45299
铁路、船舶、航空航天和其他运输设备制造业	7920	1041	1813	5463	5565
电气机械和器材制造业	44079	9000	9798	30048	34948
计算机、通信和其他电子设备制造业	117891	23296	21176	89937	96247
仪器仪表制造业	10908	2421	2512	7857	8611
其他制造业	547	123	70	407	452
废弃资源综合利用业	261	21	23	52	259
金属制品、机械和设备修理业	1998	378	551	1141	1209
电力、热力、燃气及水生产和供应业	**1168**	**265**	**327**	**698**	**790**
电力、热力生产和供应业	161	18	59	57	89
燃气生产和供应业	701	166	163	530	511
水的生产和供应业	306	81	105	111	189

3-11 各地区企业R&D人员情况

地 区	R&D人员合计(人)	#女性	#研究人员	#全时人员	R&D人员折合全时当量(人年)
全 国	**3375912**	**698435**	**1095573**	**2233774**	**2493958**
东部地区	2223842	463045	629654	1519249	1697659
中部地区	616936	118529	232911	391435	434017
西部地区	355183	75775	145503	216105	242188
东北地区	179951	41086	87505	106985	120095
北 京	79368	21304	25229	66790	58036
天 津	93313	20165	28545	55185	68175
河 北	94021	23446	41213	57922	65049
山 西	46544	8958	24387	27736	34024
内蒙古	32210	8299	16264	18479	26990
辽 宁	95912	19909	42248	57939	59090
吉 林	32841	9185	15416	15729	23709
黑龙江	51198	11992	29841	33317	37296
上 海	116806	25798	35019	82873	92136
江 苏	510930	103785	128010	339701	393942
浙 江	337155	70337	71441	219898	263507
安 徽	127627	22017	38477	78412	86000
福 建	130227	30679	31396	87313	100200
江 西	46599	9468	17735	27378	29519
山 东	326793	73472	109583	229530	227403
河 南	168212	31757	61833	104983	125091
湖 北	128952	28257	48938	86389	85826
湖 南	99002	18072	41541	66537	73558
广 东	530551	92562	158230	376921	426330
广 西	30205	5757	9725	17134	20700
海 南	4678	1497	988	3116	2882
重 庆	53781	11309	19217	37936	36605
四 川	92424	16291	34438	56924	58147
贵 州	20026	5249	7579	12095	16049
云 南	20323	3602	7745	9751	11811
西 藏	228	45	68	74	81
陕 西	67210	17037	31811	41025	45809
甘 肃	17565	3270	9739	11470	12472
青 海	2940	530	1257	1100	2039
宁 夏	8638	2006	2749	4180	4817
新 疆	9633	2380	4911	5937	6668

3-12 各地区大型企业R&D人员情况

地 区	R&D人员合计（人）	#女性	#研究人员	#全时人员	R&D人员折合全时当量（人年）
全 国	**1749056**	**370322**	**641802**	**1189469**	**1337653**
东部地区	1038275	225036	330389	747462	821466
中部地区	361988	68842	146279	232444	272255
西部地区	226400	47880	98997	138105	161454
东北地区	122393	28564	66137	71458	82477
北 京	36741	9365	12300	30772	27653
天 津	40468	8656	12941	22260	29529
河 北	62145	16075	29917	36858	43975
山 西	37278	6730	21008	22101	28144
内蒙古	23366	6457	12423	12948	20300
辽 宁	58438	12143	29096	34361	34941
吉 林	23783	6787	12199	10338	18388
黑龙江	40172	9634	24842	26759	29147
上 海	56665	13431	18431	42560	49466
江 苏	197895	41713	48299	131626	154871
浙 江	88271	20874	18748	64173	71989
安 徽	60605	9505	20772	38129	43470
福 建	58026	15062	13373	42069	48440
江 西	24649	5122	10160	13920	17282
山 东	192470	45448	67133	140879	134763
河 南	109185	19695	43423	68163	83771
湖 北	71649	16949	27732	48575	51603
湖 南	58622	10841	23184	41556	47986
广 东	304116	54147	109080	235192	259830
广 西	16790	3070	5132	8864	12864
海 南	1478	265	167	1073	951
重 庆	32656	6661	12140	23822	23598
四 川	66350	10990	25197	40928	43089
贵 州	8350	2505	3087	5292	6942
云 南	9302	1315	4165	3968	4979
西 藏	51	18	11	8	28
陕 西	46942	12102	23731	28550	34271
甘 肃	11215	2168	7502	7626	7817
青 海	1003	142	370	571	656
宁 夏	4271	939	1457	1500	2397
新 疆	6104	1513	3782	4028	4511

3-13 各地区中型企业R&D人员情况

地 区	R&D人员合计(人)	#女性	#研究人员	#全时人员	R&D人员折合全时当量(人年)
全 国	**884860**	**190319**	**243410**	**585970**	**639083**
东部地区	643532	137855	158293	430411	481364
中部地区	138391	28981	45947	90341	91796
西部地区	74594	16923	27558	46443	47064
东北地区	28343	6560	11612	18775	18858
北 京	24463	7278	7267	20379	17257
天 津	24411	6036	7459	15540	17950
河 北	20724	4921	7129	13583	13754
山 西	6143	1616	2276	3819	3898
内蒙古	5559	1214	2616	3705	4514
辽 宁	17451	4148	6850	11899	11113
吉 林	5278	1239	1689	3132	3116
黑龙江	5614	1173	3073	3744	4630
上 海	33989	7262	8883	23358	25250
江 苏	160977	34286	40635	107372	125021
浙 江	115585	24433	22590	75919	91820
安 徽	31121	6362	7609	19299	19988
福 建	44014	10046	10084	27378	32137
江 西	12368	2713	4060	7978	7224
山 东	77171	16647	24404	52666	53591
河 南	38924	8281	11987	24846	28271
湖 北	31041	6413	11627	21706	19863
湖 南	18794	3596	8388	12693	12552
广 东	140202	26103	29312	92921	103246
广 西	8453	1734	2912	5226	4851
海 南	1996	843	530	1295	1338
重 庆	13337	2885	4501	9051	8161
四 川	15547	3220	5622	9827	9363
贵 州	5190	1412	1955	3015	4149
云 南	6405	1317	2069	3411	4097
西 藏	65	6	10	14	38
陕 西	12119	3186	5187	7548	7048
甘 肃	2277	455	922	1509	1689
青 海	641	227	190	301	513
宁 夏	2962	757	896	1837	1492
新 疆	2039	510	678	999	1149

3-14 各地区国有及国有控股企业R&D人员情况

地区	R&D人员合计(人)	#女性	#研究人员	#全时人员	R&D人员折合全时当量(人年)
全国	**1043443**	**217838**	**479947**	**665010**	**771286**
东部地区	424010	89828	179492	282708	321886
中部地区	276711	52283	126266	175600	206415
西部地区	224943	48728	107728	140484	161952
东北地区	117779	26999	66461	66218	81033
北京	41270	10866	17701	33106	30018
天津	36738	8141	14785	18566	26298
河北	43146	11251	25176	22430	27564
山西	37125	6777	21632	21471	27602
内蒙古	20880	5866	12670	12211	18414
辽宁	55284	11486	29062	30917	34014
吉林	21517	5621	11380	8710	16928
黑龙江	40978	9892	26019	26591	30091
上海	46850	10225	16592	34762	40300
江苏	63402	11273	24635	42454	48151
浙江	17491	4407	7447	10441	13775
安徽	51494	7553	19346	31037	37094
福建	18263	3374	6827	12169	15467
江西	18818	3874	8792	10540	13104
山东	87171	18511	37812	60698	60886
河南	70005	12248	31401	42017	55000
湖北	57204	13458	26164	40283	41200
湖南	42065	8373	18931	30252	32414
广东	69136	11579	28330	47593	58956
广西	14641	2429	5197	7862	10933
海南	543	201	187	489	471
重庆	29869	6612	13083	21293	21869
四川	53817	9037	22809	36521	36605
贵州	16656	4413	6678	10417	13947
云南	10791	1588	5078	4689	5928
西藏	116	24	21	22	66
陕西	54595	13975	28031	33805	38328
甘肃	12242	2408	7968	8443	8749
青海	2168	316	1034	564	1614
宁夏	2798	353	1112	634	1488
新疆	6370	1707	4047	4023	4012

3-15 各地区内资企业R&D人员情况

地区	R&D人员合计(人)	#女性	#研究人员	#全时人员	R&D人员折合全时当量(人年)
全国	**2564162**	**526153**	**916430**	**1671775**	**1865328**
东部地区	1515857	312385	483701	1026340	1140272
中部地区	559850	107129	215198	353496	394584
西部地区	328960	70454	138227	199324	224355
东北地区	159495	36185	79304	92615	106117
北京	61391	16204	21660	51621	45186
天津	73877	15528	23736	42845	53216
河北	82269	20496	36575	49008	56896
山西	45569	8653	24013	27017	33265
内蒙古	30496	7646	15495	17391	25734
辽宁	83726	17463	38324	49665	50755
吉林	29470	8309	13722	13330	21407
黑龙江	46299	10413	27258	29620	33955
上海	61875	13478	20585	41278	46720
江苏	332178	64421	91032	221436	255691
浙江	253523	51644	56740	162815	196818
安徽	116737	19764	36478	70861	79513
福建	64678	14112	17759	39318	46949
江西	40587	8330	16184	24273	26081
山东	279852	61900	97858	194057	193207
河南	152527	28313	56155	94871	113544
湖北	111419	25081	43361	74081	72508
湖南	93011	16988	39007	62393	69673
广东	302653	53440	116976	221725	243566
广西	22113	4458	7709	12936	14432
海南	3561	1162	780	2237	2021
重庆	46148	9937	16942	32075	31909
四川	88046	15425	33402	54036	55451
贵州	19164	4999	7390	11799	15542
云南	19074	3291	7437	8839	11058
西藏	228	45	68	74	81
陕西	66051	16636	31348	40382	45099
甘肃	17227	3249	9689	11155	12199
青海	2894	520	1229	1087	2003
宁夏	7918	1879	2618	3634	4193
新疆	9601	2369	4900	5916	6653

3-16 各地区港澳台商投资企业R&D人员情况

地 区	R&D人员合计(人)	#女性	#研究人员	#全时人员	R&D人员折合全时当量(人年)
全 国	**352698**	**78973**	**76234**	**244680**	**274173**
东部地区	314266	70667	63733	218159	247978
中部地区	25692	5541	8168	17269	18257
西部地区	6319	1372	1784	4631	3705
东北地区	6421	1393	2549	4621	4233
北 京	4149	1316	690	3714	3002
天 津	6017	940	1506	3684	4584
河 北	5965	1673	2764	4387	3972
山 西	637	198	263	542	559
内蒙古	36	13	13	32	28
辽 宁	4313	834	1676	3153	2863
吉 林	1211	351	591	947	681
黑龙江	897	208	282	521	689
上 海	12606	3389	2932	8627	9714
江 苏	66058	15811	14243	45950	51872
浙 江	44891	10410	7445	31127	36460
安 徽	4358	961	791	2931	2516
福 建	35627	9973	7482	24973	28728
江 西	3431	618	777	1607	1835
山 东	12605	3498	3449	9079	9693
河 南	7221	1753	3505	4903	5448
湖 北	7032	1486	1470	4868	5741
湖 南	3013	525	1362	2418	2158
广 东	125983	23460	23161	86349	99696
广 西	1334	367	536	674	819
海 南	365	197	61	269	257
重 庆	2086	387	402	1808	982
四 川	1344	240	489	962	879
贵 州	55	20	16	35	41
云 南	750	181	158	624	477
西 藏					
陕 西	313	82	94	165	140
甘 肃	65	9	18	51	34
青 海					
宁 夏	304	62	47	259	291
新 疆	32	11	11	21	15

3-17 各地区外商投资企业R&D人员情况

地 区	R&D人员合计（人）	#女性	#研究人员	#全时人员	R&D人员折合全时当量（人年）
全 国	**459052**	**93309**	**102909**	**317319**	**354457**
东部地区	393719	79993	82220	274750	309409
中部地区	31394	5859	9545	20670	21175
西部地区	19904	3949	5492	12150	14128
东北地区	14035	3508	5652	9749	9745
北 京	13828	3784	2879	11455	9848
天 津	13419	3697	3303	8656	10374
河 北	5787	1277	1874	4527	4180
山 西	338	107	111	177	199
内蒙古	1678	640	756	1056	1228
辽 宁	7873	1612	2248	5121	5472
吉 林	2160	525	1103	1452	1621
黑龙江	4002	1371	2301	3176	2652
上 海	42325	8931	11502	32968	35702
江 苏	112694	23553	22735	72315	86379
浙 江	38741	8283	7256	25956	30229
安 徽	6532	1292	1208	4620	3970
福 建	29922	6594	6155	23022	24523
江 西	2581	520	774	1498	1604
山 东	34336	8074	8276	26394	24503
河 南	8464	1691	2173	5209	6098
湖 北	10501	1690	4107	7440	7577
湖 南	2978	559	1172	1726	1727
广 东	101915	15662	18093	68847	83068
广 西	6758	932	1480	3524	5449
海 南	752	138	147	610	604
重 庆	5547	985	1873	4053	3714
四 川	3034	626	547	1926	1818
贵 州	807	230	173	261	466
云 南	499	130	150	288	276
西 藏					
陕 西	846	319	369	478	570
甘 肃	273	12	32	264	239
青 海	46	10	28	13	36
宁 夏	416	65	84	287	332
新 疆					

四、工业企业 R&D 经费支出情况

（2013）

4-1-1 分登记注册类型企业R&D经费内部支出情况

单位：万元

登记注册类型	R&D经费内部支出	日常性支出	#人员劳务费	资产性支出	#仪器和设备	#政府资金	#企业资金
合　计	**83184005**	**73619821**	**22712753**	**9564184**	**9265693**	**3597485**	**78217423**
国有及国有控股	**27909038**	**25249839**	**7241381**	**2659199**	**2552615**	**2088214**	**25449270**
内资企业	**63032811**	**55720519**	**16603626**	**7312292**	**7070186**	**3202889**	**59049113**
国有企业	3084397	2820686	700807	263711	254099	276473	2743364
集体企业	586977	542142	144430	44835	41089	10055	573217
股份合作企业	87854	64777	19236	23076	22926	1576	82637
联营企业	70305	69308	17855	997	845	79	70226
国有联营企业	68261	67579	17172	683	548	69	68192
集体联营企业	1526	1293	479	233	218	10	1516
国有与集体联营企业	518	436	204	82	80		518
其他联营企业							
有限责任公司	28309099	25195944	7724488	3113155	2999424	1757815	26239005
国有独资公司	5883235	5241519	1316294	641716	612113	496714	5336021
其他有限责任公司	22425863	19954425	6408193	2471439	2387311	1261101	20902984
股份有限公司	13855023	12527287	3894584	1327736	1276987	636974	13080263
私营企业	16901374	14389290	4051443	2512084	2450692	511007	16132663
私营独资企业	295094	251891	68243	43203	42106	6851	283313
私营合伙企业	38818	32771	9268	6047	5962	1712	36476
私营有限责任公司	14511091	12308816	3487719	2202276	2147803	414084	13865854
私营股份有限公司	2056371	1795813	486213	260558	254821	88361	1947021
其他企业	137783	111085	50784	26698	24125	8909	127739
港、澳、台商投资企业	**7722329**	**6951181**	**2259454**	**771148**	**753258**	**190891**	**7409649**
合资经营企业	3321508	2990048	883021	331460	321837	71678	3206720
合作经营企业	92979	84782	23346	8197	7436	2798	89847
港、澳、台商独资经营企业	3821303	3433376	1191709	387927	381697	98756	3647261
港、澳、台商投资股份有限公司	482588	439718	159740	42870	41593	17515	462041
其他港澳台投资企业	3952	3257	1637	695	695	144	3782
外商投资企业	**12428864**	**10948121**	**3849673**	**1480743**	**1442250**	**203705**	**11758661**
中外合资经营企业	6776642	5909902	1914188	866740	841033	118542	6449522
中外合作经营企业	228881	203192	56390	25689	25386	13975	210631
外资企业	4663841	4205549	1647363	458293	449536	53961	4358029
外商投资股份有限公司	740443	613857	226735	126586	122910	16193	722454
其他外商投资企业	19057	15622	4996	3435	3385	1033	18024

4-1-2 分登记注册类型大型企业R&D经费内部支出情况

单位：万元

登记注册类型	R&D经费内部支出	日常性支出	#人员劳务费	资产性支出	#仪器和设备	#政府资金	#企业资金
合　计	**49299948**	**44388743**	**13818479**	**4911204**	**4730879**	**2209869**	**46425948**
国有及国有控股	**23821481**	**21643948**	**6153338**	**2177533**	**2082037**	**1658268**	**21869446**
内资企业	**37241428**	**33641537**	**10160345**	**3599891**	**3453042**	**1974500**	**34930141**
国有企业	2581748	2370606	568895	211142	203608	222532	2311762
集体企业	513887	482367	127181	31521	27959	8686	504042
股份合作企业	200	200	50				200
联营企业	65029	64613	16467	417	282	55	64974
国有联营企业	65029	64613	16467	417	282	55	64974
集体联营企业							
国有与集体联营企业							
其他联营企业							
有限责任公司	19509678	17629011	5519803	1880668	1795935	1220101	18123768
国有独资公司	5328359	4769585	1179238	558774	531011	445249	4848445
其他有限责任公司	14181319	12859426	4340565	1321894	1264924	774853	13275324
股份有限公司	10604957	9677271	2984225	927686	891213	434148	10077538
私营企业	3896937	3358033	906900	538904	526853	81969	3785873
私营独资企业	12751	12287	2468	464	457	309	12443
私营合伙企业	2736	2380	1310	357	356	70	2666
私营有限责任公司	3011014	2581897	714227	429118	419299	47768	2939188
私营股份有限公司	870435	761469	188895	108966	106741	33822	831576
其他企业	68993	59438	36824	9554	7192	7008	61984
港、澳、台商投资企业	**4163779**	**3797461**	**1247016**	**366318**	**357447**	**117676**	**3990030**
合资经营企业	1536757	1396547	415929	140211	135339	30236	1493680
合作经营企业	17349	16837	3028	512	508	72	17278
港、澳、台商独资经营企业	2293309	2092288	719092	201021	197569	76532	2174602
港、澳、台商投资股份有限公司	314800	290452	108334	24348	23805	10838	302906
其他港澳台投资企业	1564	1337	633	226	226		1564
外商投资企业	**7894740**	**6949745**	**2411118**	**944996**	**920390**	**117693**	**7505777**
中外合资经营企业	4420546	3842894	1224829	577652	561192	63602	4230604
中外合作经营企业	106479	99686	25178	6793	6586	894	105585
外资企业	2725351	2478775	959632	246577	242155	38725	2542750
外商投资股份有限公司	637435	524027	199448	113409	109927	14203	622178
其他外商投资企业	4929	4364	2031	565	530	269	4660

4-1-3　分登记注册类型中型企业R&D经费内部支出情况

单位：万元

登记注册类型	R&D经费内部支出	日常性支出	#人员劳务费	资产性支出	#仪器和设备	#政府资金	#企业资金
合　计	**18140698**	**15821687**	**4983751**	**2319011**	**2262571**	**774340**	**17015652**
国有及国有控股	**2887188**	**2551703**	**770897**	**335486**	**327492**	**318572**	**2504690**
内资企业	**12859690**	**11130911**	**3363795**	**1728779**	**1686292**	**672182**	**12001799**
国有企业	359764	327808	95339	31956	30630	41723	303154
集体企业	29838	25940	7248	3898	3835	750	27750
股份合作企业	50381	31404	8562	18977	18947	650	49382
联营企业	684	599	359	86	85		684
国有联营企业	501	471	296	30	30		501
集体联营企业							
国有与集体联营企业	183	128	63	56	55		183
其他联营企业							
有限责任公司	4779243	4137312	1254034	641931	627468	316950	4396459
国有独资公司	364299	313088	95862	51211	50499	35899	313286
其他有限责任公司	4414944	3824224	1158172	590720	576970	281051	4083172
股份有限公司	2385281	2102110	685261	283171	273426	146523	2204840
私营企业	5227583	4485408	1307297	742175	725393	164638	4994330
私营独资企业	83596	70456	18467	13140	12848	2632	80328
私营合伙企业	10237	9100	1920	1137	1123	780	9059
私营有限责任公司	4429772	3786395	1104594	643377	628836	127397	4242928
私营股份有限公司	703979	619458	182316	84521	82585	33830	662016
其他企业	26916	20331	5695	6585	6508	949	25201
港、澳、台商投资企业	**2322258**	**2071214**	**667023**	**251044**	**245926**	**44451**	**2236683**
合资经营企业	1161640	1046603	304575	115036	112170	26624	1118509
合作经营企业	38758	35995	11158	2763	2634	759	37848
港、澳、台商独资经营企业	988506	871338	311299	117168	115768	12403	953278
港、澳、台商投资股份有限公司	131747	115918	39228	15829	15107	4522	125585
其他港澳台投资企业	1607	1359	763	248	248	144	1463
外商投资企业	**2958750**	**2619562**	**952933**	**339188**	**330353**	**57706**	**2777170**
中外合资经营企业	1530189	1346715	454672	183474	177794	34255	1442814
中外合作经营企业	87651	73271	22082	14379	14300	12494	74294
外资企业	1264780	1133067	454911	131713	128775	9843	1185786
外商投资股份有限公司	69067	60562	19919	8505	8371	968	67358
其他外商投资企业	7064	5947	1350	1117	1113	146	6918

4-1-4 分行业企业R&D经费内部支出情况

单位：万元

行 业	R&D经费内部支出	日常性支出	#人员劳务费	资产性支出	#仪器和设备	#政府资金	#企业资金
合　计	**83184005**	**73619821**	**22712753**	**9564184**	**9265693**	**3597485**	**78217423**
采矿业	**2926383**	**2678122**	**987208**	**248262**	**231090**	**112205**	**2796119**
煤炭开采和洗选业	1565542	1423224	522857	142318	135381	21169	1530073
石油和天然气开采业	806879	764446	334672	42433	37295	67790	738121
黑色金属矿采选业	77399	69664	16555	7735	7553	2580	74802
有色金属矿采选业	217517	182759	32067	34759	30779	8034	207165
非金属矿采选业	71520	61285	15699	10235	9975	2730	68463
开采辅助活动	187339	176569	65271	10770	10095	9903	177308
制造业	**79598052**	**70393739**	**21561798**	**9204313**	**8925379**	**3472250**	**74782241**
农副食品加工业	1729827	1487182	312535	242645	235286	58010	1645980
食品制造业	985302	843205	240670	142097	136915	30999	916722
酒、饮料和精制茶制造业	827430	719244	194621	108186	99609	28259	788620
烟草制品业	221056	180006	68216	41050	38650	438	207216
纺织业	1584878	1328867	389710	256011	251881	36192	1524587
纺织服装、服饰业	692870	614866	233070	78005	74218	8902	673683
皮革、毛皮、羽毛及其制品和制鞋业	338923	310324	111065	28599	27875	3566	324797
木材加工和木、竹、藤、棕、草制品业	271582	228116	58944	43466	42695	9563	256991
家具制造业	224650	200014	72930	24636	24329	1421	219859
造纸和纸制品业	877917	738947	154878	138970	136289	10163	865040
印刷和记录媒介复制业	303888	249369	91673	54519	53477	2844	296500
文教、工美、体育和娱乐用品制造业	495880	432626	146856	63254	61276	12030	478568
石油加工、炼焦和核燃料加工业	893194	794154	127621	99040	94159	20356	862975
化学原料和化学制品制造业	6603728	5774537	1451688	829191	804760	175158	6302923
医药制造业	3476553	3036711	926401	439842	425837	204243	3223942
化学纤维制造业	667897	571552	124732	96345	94787	10362	651238
橡胶和塑料制品业	1994578	1716449	449079	278129	269999	38167	1924219
非金属矿物制品业	2150329	1834504	505110	315825	306746	72631	2048797
黑色金属冶炼和压延加工业	6330374	5703471	960671	626903	596616	43287	6270718
有色金属冶炼和压延加工业	3011081	2610597	465578	400484	390834	96386	2850507
金属制品业	2300165	1977081	581743	323084	314314	104177	2161644
通用设备制造业	5478932	4745764	1540279	733168	716923	279486	5084825
专用设备制造业	5123164	4591039	1506019	532124	515758	254489	4795848
汽车制造业	6802237	6035935	2004387	766302	738339	212692	6453359
铁路、船舶、航空航天和其他运输设备制造业	3720932	3406266	801068	314666	296230	818017	2800024
电气机械和器材制造业	8153895	7283989	2212394	869906	842522	241941	7793616
计算机、通信和其他电子设备制造业	12525008	11334105	5175809	1190903	1172204	568565	11721311
仪器仪表制造业	1492889	1356485	558217	136404	133337	102897	1356354
其他制造业	145262	132969	42032	12293	12035	15750	121570
废弃资源综合利用业	95765	83072	21859	12693	12251	8973	84713
金属制品、机械和设备修理业	77867	72294	31946	5573	5228	2287	75099
电力、热力、燃气及水生产和供应业	**659570**	**547961**	**163747**	**111609**	**109224**	**13030**	**639063**
电力、热力生产和供应业	584488	485328	142028	99160	96991	9153	568773
燃气生产和供应业	35789	32415	8933	3375	3323	633	34667
水的生产和供应业	39293	30218	12786	9075	8911	3244	35622

4-1-5　分行业大型企业R&D经费内部支出情况

单位：万元

行　业	R&D经费内部支出	日常性支出	#人员劳务费	资产性支出	#仪器和设备	#政府资金	#企业资金
合　计	**49299948**	**44388743**	**13818479**	**4911204**	**4730879**	**2209869**	**46425948**
采矿业	**2712136**	**2496598**	**937188**	**215537**	**199079**	**99473**	**2597459**
煤炭开采和洗选业	1528455	1390402	512324	138053	131251	20432	1494519
石油和天然气开采业	793298	751494	333903	41804	36666	61783	730568
黑色金属矿采选业	47796	45755	11793	2041	1982	2214	45582
有色金属矿采选业	164029	139626	21423	24403	20625	6647	156630
非金属矿采选业	24448	23077	7050	1371	1335	1027	23421
开采辅助活动	154111	146245	50695	7866	7220	7371	146740
制造业	**46206426**	**41561708**	**12776387**	**4644718**	**4482436**	**2103301**	**43454815**
农副食品加工业	613466	534921	107488	78545	75643	16644	589181
食品制造业	391317	347869	103629	43449	42363	8866	355169
酒、饮料和精制茶制造业	503249	441470	125393	61779	54648	12326	485452
烟草制品业	198336	163409	60804	34927	33597	408	186092
纺织业	755085	638178	194388	116908	114797	15773	733979
纺织服装、服饰业	336467	300360	119962	36108	33510	3591	327899
皮革、毛皮、羽毛及其制品和制鞋业	200871	187674	71680	13196	12791	1945	193223
木材加工和木、竹、藤、棕、草制品业	71139	65433	14500	5706	5581	4689	66450
家具制造业	112231	101906	39049	10326	10241	145	110077
造纸和纸制品业	514073	446918	84502	67156	66073	3922	509453
印刷和记录媒介复制业	73420	64373	27123	9047	8764	98	72138
文教、工美、体育和娱乐用品制造业	136874	123919	42248	12955	12688	4513	130614
石油加工、炼焦和核燃料加工业	700615	629242	100103	71373	66930	17473	675208
化学原料和化学制品制造业	2654427	2327568	571796	326859	316062	58051	2584855
医药制造业	1441973	1288974	402781	153000	148323	92093	1342747
化学纤维制造业	418306	355205	73533	63100	62332	7613	408318
橡胶和塑料制品业	931513	812188	197975	119325	115365	9353	915259
非金属矿物制品业	717641	635402	190056	82239	79983	15450	693983
黑色金属冶炼和压延加工业	5590612	5079233	827331	511379	484982	32242	5548285
有色金属冶炼和压延加工业	1978689	1747186	302453	231504	224901	54636	1875030
金属制品业	915235	796440	227905	118796	116065	63092	843144
通用设备制造业	2356262	2066770	651574	289492	282243	166285	2142749
专用设备制造业	2389761	2196579	703451	193182	186456	110383	2252973
汽车制造业	4982060	4499913	1495524	482147	460831	164084	4726667
铁路、船舶、航空航天和其他运输设备制造业	2975111	2738818	613347	236293	220675	693419	2203786
电气机械和器材制造业	4286189	3909145	1163458	377044	361236	134417	4106477
计算机、通信和其他电子设备制造业	9432241	8575735	4051640	856506	843921	374290	8898373
仪器仪表制造业	407951	373393	164288	34558	34022	26959	370542
其他制造业	43258	41547	15019	1711	1703	5145	34626
废弃资源综合利用业	32305	29854	10174	2450	2285	4582	27134
金属制品、机械和设备修理业	45747	42087	23216	3660	3430	814	44933
电力、热力、燃气及水生产和供应业	**381386**	**330437**	**104904**	**50950**	**49364**	**7095**	**373673**
电力、热力生产和供应业	358185	309752	96088	48434	46937	5755	351812
燃气生产和供应业	15742	14474	4331	1269	1220	324	15419
水的生产和供应业	7459	6211	4485	1247	1208	1016	6443

4-1-6 分行业中型企业R&D经费内部支出情况

单位：万元

行业	R&D经费内部支出	日常性支出	#人员劳务费	资产性支出	#仪器和设备	#政府资金	#企业资金
合　计	**18140698**	**15821687**	**4983751**	**2319011**	**2262571**	**774340**	**17015652**
采矿业	**134188**	**113359**	**30225**	**20830**	**20415**	**8084**	**124950**
煤炭开采和洗选业	25295	21923	6852	3372	3254	293	24799
石油和天然气开采业	13521	12892	764	629	629	6007	7506
黑色金属矿采选业	18272	15854	3019	2417	2366	152	18120
有色金属矿采选业	36321	28661	7853	7660	7516	755	34668
非金属矿采选业	23055	17905	4621	5149	5066	705	22305
开采辅助活动	17725	16123	7117	1602	1584	173	17552
制造业	**17866989**	**15595994**	**4920440**	**2270995**	**2215628**	**764677**	**16758561**
农副食品加工业	483232	422384	92348	60847	59375	16073	462933
食品制造业	306137	261102	77630	45035	42711	8776	294283
酒、饮料和精制茶制造业	169823	151584	40684	18239	17835	7778	160564
烟草制品业	12354	9879	4404	2475	2453		11258
纺织业	479251	396645	113099	82606	81310	14576	456039
纺织服装、服饰业	241277	215255	77862	26021	25098	3651	233651
皮革、毛皮、羽毛及其制品和制鞋业	91610	83113	26571	8497	8231	1033	85842
木材加工和木、竹、藤、棕、草制品业	99072	81777	20798	17295	17059	2881	94480
家具制造业	65034	57055	19356	7979	7933	927	63363
造纸和纸制品业	252988	201465	46829	51522	50455	4872	246832
印刷和记录媒介复制业	127786	103913	38644	23873	23624	1306	124602
文教、工美、体育和娱乐用品制造业	204725	179001	62023	25724	25339	2595	200125
石油加工、炼焦和核燃料加工业	96650	86988	14135	9662	9504	1379	93859
化学原料和化学制品制造业	1866104	1651172	413225	214932	210426	51357	1765533
医药制造业	1146829	994421	310707	152408	146816	60048	1072238
化学纤维制造业	149210	128826	31007	20384	19869	889	146561
橡胶和塑料制品业	507433	430639	122860	76795	75197	11648	485146
非金属矿物制品业	783799	664511	175183	119288	115206	31704	746345
黑色金属冶炼和压延加工业	414733	358606	74705	56127	54157	4194	406233
有色金属冶炼和压延加工业	571543	473948	88642	97595	95924	25055	539337
金属制品业	682608	595438	190448	87170	84002	18145	653252
通用设备制造业	1570776	1358173	465566	212603	207809	64429	1477787
专用设备制造业	1278178	1130600	405145	147578	143716	60842	1200209
汽车制造业	1129077	968490	338482	160588	157867	26748	1075186
铁路、船舶、航空航天和其他运输设备制造业	491481	448259	116889	43222	42403	104668	368983
电气机械和器材制造业	2083937	1837213	591760	246723	239950	51844	1993478
计算机、通信和其他电子设备制造业	1927793	1725597	735307	202196	199191	135633	1738436
仪器仪表制造业	546058	499125	205026	46934	45727	42687	488664
其他制造业	50875	46781	12908	4094	3919	6079	40837
废弃资源综合利用业	20134	18166	4271	1968	1964	1899	16990
金属制品、机械和设备修理业	16481	15867	3928	613	558	963	15518
电力、热力、燃气及水生产和供应业	**139521**	**112335**	**33086**	**27186**	**26527**	**1578**	**132142**
电力、热力生产和供应业	110518	88963	24978	21555	20950	517	105044
燃气生产和供应业	10987	10099	3195	887	886	7	10491
水的生产和供应业	18017	13273	4913	4744	4691	1054	16607

4-1-7 分行业国有及国有控股企业R&D经费内部支出情况

单位：万元

行业	R&D经费内部支出	日常性支出	#人员劳务费	资产性支出	#仪器和设备	#政府资金	#企业资金
合计	**27909038**	**25249839**	**7241381**	**2659199**	**2552615**	**2088214**	**25449270**
采矿业	**2664898**	**2443011**	**922677**	**221887**	**205226**	**102119**	**2555775**
煤炭开采和洗选业	1466543	1327917	506586	138626	131735	19439	1442252
石油和天然气开采业	774884	733782	309791	41101	35992	64802	709113
黑色金属矿采选业	37302	34648	10515	2653	2586	1244	36058
有色金属矿采选业	187824	160547	25747	27277	23376	7080	179560
非金属矿采选业	24444	21411	7534	3033	2991	658	23786
开采辅助活动	173902	164705	62504	9197	8548	8897	165006
制造业	**24658805**	**22320528**	**6172324**	**2338276**	**2250600**	**1974985**	**22325912**
农副食品加工业	83148	70526	16240	12622	12405	3938	73822
食品制造业	148443	128277	41690	20166	19583	5538	119704
酒、饮料和精制茶制造业	306457	275441	82940	31016	25330	10002	290888
烟草制品业	217219	176244	66407	40975	38575	408	203568
纺织业	158856	140595	40395	18261	18109	4194	151589
纺织服装、服饰业	26517	24461	8282	2056	2052	1005	25394
皮革、毛皮、羽毛及其制品和制鞋业	9150	8505	2642	645	639	40	8136
木材加工和木、竹、藤、棕、草制品业	5665	4476	931	1189	1143	420	5084
家具制造业	37043	34205	15093	2838	2829	228	36598
造纸和纸制品业	117879	108772	23712	9107	8816	2623	114995
印刷和记录媒介复制业	52728	42377	22753	10351	10192	236	52377
文教、工美、体育和娱乐用品制造业	12789	11104	5103	1685	1638	299	12401
石油加工、炼焦和核燃料加工业	454953	420978	79931	33976	31375	15162	438297
化学原料和化学制品制造业	1658491	1463512	400030	194980	187816	58091	1592803
医药制造业	558787	490866	183195	67920	65227	40832	515824
化学纤维制造业	163187	131657	29268	31531	31160	5669	156905
橡胶和塑料制品业	271477	237682	63115	33795	32921	4687	265507
非金属矿物制品业	313529	274626	77496	38904	37862	25530	287505
黑色金属冶炼和压延加工业	4050806	3750045	631602	300761	283587	25708	4019984
有色金属冶炼和压延加工业	1133862	981792	178444	152070	146895	58279	1034303
金属制品业	467515	426480	128274	41035	40538	72149	386930
通用设备制造业	1516199	1322461	392567	193738	188822	172385	1333875
专用设备制造业	1702441	1588232	437456	114208	107682	114296	1580271
汽车制造业	3531329	3246345	1045302	284984	276144	115570	3338389
铁路、船舶、航空航天和其他运输设备制造业	2849696	2645837	566480	203859	188290	794463	1961160
电气机械和器材制造业	1277670	1169479	336672	108190	106327	91103	1181462
计算机、通信和其他电子设备制造业	3089080	2733195	1135656	355886	353962	300425	2755553
仪器仪表制造业	307276	284667	108356	22609	22272	35384	267158
其他制造业	60757	58327	18421	2430	2318	10060	46558
废弃资源综合利用业	36344	33537	11447	2808	2642	5981	29774
金属制品、机械和设备修理业	39513	35831	22424	3683	3447	280	39098
电力、热力、燃气及水生产和供应业	**585335**	**486300**	**146380**	**99035**	**96789**	**11111**	**567583**
电力、热力生产和供应业	554662	462423	135860	92240	90113	8776	539521
燃气生产和供应业	4116	3885	910	231	180	71	4044
水的生产和供应业	26557	19992	9610	6565	6496	2263	24018

4-1-8　分行业内资企业R&D经费内部支出情况

单位：万元

行　业	R&D经费内部支出	日常性支出	#人员劳务费	资产性支出	#仪器和设备	#政府资金	#企业资金
合　计	**63032811**	**55720519**	**16603626**	**7312292**	**7070186**	**3202889**	**59049113**
采矿业	**2862423**	**2616008**	**956906**	**246415**	**229296**	**107588**	**2736776**
煤炭开采和洗选业	1565015	1422697	522725	142318	135381	21169	1529546
石油和天然气开采业	775114	734012	309821	41101	35992	64802	709343
黑色金属矿采选业	61753	54239	15254	7514	7354	1630	60105
有色金属矿采选业	215703	181045	31506	34657	30678	8034	205350
非金属矿采选业	61954	51869	13587	10085	9826	2085	59541
开采辅助活动	182698	171971	63924	10728	10053	9868	172702
制造业	**59585383**	**52617541**	**15500539**	**6967842**	**6744698**	**3082723**	**55746796**
农副食品加工业	1393946	1182616	246225	211331	204793	47823	1323866
食品制造业	681244	570507	154492	110737	108295	25776	622242
酒、饮料和精制茶制造业	659927	566527	156009	93400	85106	23440	626090
烟草制品业	219968	178936	67488	41033	38632	438	206287
纺织业	1227854	1008273	295902	219582	215781	29778	1179712
纺织服装、服饰业	483851	424982	150040	58868	55820	6607	472190
皮革、毛皮、羽毛及其制品和制鞋业	193551	173592	55245	19959	19471	2404	188153
木材加工和木、竹、藤、棕、草制品业	220064	187840	49038	32224	31517	8539	207090
家具制造业	131348	113124	40999	18224	17957	1201	128181
造纸和纸制品业	489406	415705	86254	73701	71212	8991	478124
印刷和记录媒介复制业	214932	172658	63796	42274	41381	2509	210127
文教、工美、体育和娱乐用品制造业	320031	278542	94499	41489	40009	9830	307480
石油加工、炼焦和核燃料加工业	851712	755624	119949	96088	91275	19748	822388
化学原料和化学制品制造业	5254170	4558116	1143191	696054	675967	157007	5032335
医药制造业	2593832	2247930	664988	345902	334785	160676	2400095
化学纤维制造业	464697	401474	91324	63223	61789	9101	449914
橡胶和塑料制品业	1264418	1098477	274569	165941	161942	32848	1208282
非金属矿物制品业	1746898	1494496	396842	252402	245022	64399	1655986
黑色金属冶炼和压延加工业	5693059	5190919	879219	502140	476814	40647	5636443
有色金属冶炼和压延加工业	2528897	2186689	398135	342208	333299	86441	2383388
金属制品业	1835241	1556936	429820	278305	270287	100617	1707929
通用设备制造业	4116406	3540205	1067614	576202	563722	249264	3814518
专用设备制造业	4171540	3738237	1166269	433303	418978	225199	3887926
汽车制造业	4045922	3579189	1133665	466733	451212	177802	3840945
铁路、船舶、航空航天和其他运输设备制造业	3433440	3146593	712786	286847	268948	817010	2524967
电气机械和器材制造业	6155206	5506910	1592095	648295	626561	210902	5891348
计算机、通信和其他电子设备制造业	7789402	7076549	3488767	712853	699324	447851	7274420
仪器仪表制造业	1141362	1028568	407004	112794	109988	89355	1036266
其他制造业	122041	111893	34696	10148	9918	15652	101269
废弃资源综合利用业	86771	74200	20052	12571	12138	8732	77205
金属制品、机械和设备修理业	54249	51235	19568	3014	2755	2135	51633
电力、热力、燃气及水生产和供应业	**585005**	**486970**	**146181**	**98035**	**96191**	**12578**	**565541**
电力、热力生产和供应业	544958	454595	134537	90363	88682	9138	529258
燃气生产和供应业	7766	7543	1024	223	222	297	7469
水的生产和供应业	32281	24832	10620	7449	7288	3142	28815

4-1-9 分行业港澳台商投资企业R&D经费内部支出情况

单位：万元

行业	R&D经费内部支出	日常性支出	#人员劳务费	资产性支出	#仪器和设备	#政府资金	#企业资金
合计	**7722329**	**6951181**	**2259454**	**771148**	**753258**	**190891**	**7409649**
采矿业	**44463**	**43019**	**27592**	**1445**	**1417**	**3622**	**40841**
煤炭开采和洗选业							
石油和天然气开采业	31765	30434	24850	1331	1303	2987	28778
黑色金属矿采选业							
有色金属矿采选业							
非金属矿采选业	8091	8020	1417	71	71	600	7491
开采辅助活动	4607	4565	1325	42	42	35	4572
制造业	**7635702**	**6874467**	**2223720**	**761235**	**743862**	**187252**	**7326661**
农副食品加工业	170201	157119	35706	13082	12885	5004	161758
食品制造业	97625	83607	24384	14018	13311	2524	92600
酒、饮料和精制茶制造业	32617	30062	11105	2555	2406	554	31909
烟草制品业	1088	1070	728	17	17		929
纺织业	220729	192843	58909	27887	27650	2980	214418
纺织服装、服饰业	127879	115692	50081	12187	11609	906	123839
皮革、毛皮、羽毛及其制品和制鞋业	93069	87606	40276	5463	5317	302	90988
木材加工和木、竹、藤、棕、草制品业	22389	17886	5288	4502	4456	745	21266
家具制造业	69951	65717	23893	4234	4216	197	69031
造纸和纸制品业	178278	165777	38159	12501	12408	528	177750
印刷和记录媒介复制业	71597	61395	21742	10202	10092	335	70462
文教、工美、体育和娱乐用品制造业	87422	77623	27714	9798	9566	1617	84223
石油加工、炼焦和核燃料加工业	26222	24121	5005	2101	2060	327	25608
化学原料和化学制品制造业	598351	542793	116796	55558	54363	9780	580400
医药制造业	395530	345445	101066	50085	48106	20247	370657
化学纤维制造业	142212	115672	24594	26540	26453	744	140869
橡胶和塑料制品业	357485	303715	74233	53771	52654	3100	349433
非金属矿物制品业	205406	172040	53545	33366	32442	2148	202064
黑色金属冶炼和压延加工业	308542	273027	44526	35515	33804	1817	306494
有色金属冶炼和压延加工业	232933	214630	31674	18302	17868	6181	224346
金属制品业	225539	204849	74860	20691	20301	1981	220843
通用设备制造业	351330	314113	128926	37218	36205	12128	316597
专用设备制造业	280388	255676	92289	24712	24397	12593	264542
汽车制造业	391089	352142	152872	38947	37358	9908	377548
铁路、船舶、航空航天和其他运输设备制造业	82490	75175	28334	7315	6991	572	77844
电气机械和器材制造业	809945	715108	245191	94837	93302	16794	774139
计算机、通信和其他电子设备制造业	1929556	1796292	662921	133264	131218	67097	1839332
仪器仪表制造业	106659	95586	43268	11073	10962	5710	98080
其他制造业	10071	8827	2911	1244	1241	98	9919
废弃资源综合利用业	4921	4885	829	35	27	225	4696
金属制品、机械和设备修理业	4188	3973	1898	215	178	110	4078
电力、热力、燃气及水生产和供应业	**42164**	**33695**	**8141**	**8468**	**7979**	**17**	**42147**
电力、热力生产和供应业	34760	27616	6253	7144	6659		34760
燃气生产和供应业	2627	2424	976	203	200	7	2620
水的生产和供应业	4778	3656	912	1121	1120	10	4768

4-1-10 分行业外商投资企业R&D经费内部支出情况

单位：万元

行业	R&D经费内部支出	日常性支出	#人员劳务费	资产性支出	#仪器和设备	#政府资金	#企业资金
合计	**12428864**	**10948121**	**3849673**	**1480743**	**1442250**	**203705**	**11758661**
采矿业	**19497**	**19095**	**2709**	**402**	**377**	**994**	**18502**
煤炭开采和洗选业	527	527	132				527
石油和天然气开采业							
黑色金属矿采选业	15646	15425	1301	221	199	950	14696
有色金属矿采选业	1815	1714	561	101	101		1815
非金属矿采选业	1474	1395	694	79	77	44	1430
开采辅助活动	34	34	22				34
制造业	**12376967**	**10901731**	**3837539**	**1475236**	**1436819**	**202275**	**11708784**
农副食品加工业	165680	147448	30604	18232	17609	5183	160356
食品制造业	206433	189091	61794	17342	15309	2699	201879
酒、饮料和精制茶制造业	134886	122654	27508	12232	12098	4265	130621
烟草制品业							
纺织业	136294	127751	34898	8543	8450	3435	130457
纺织服装、服饰业	81141	74192	32949	6949	6789	1389	77654
皮革、毛皮、羽毛及其制品和制鞋业	52303	49126	15544	3177	3087	860	45655
木材加工和木、竹、藤、棕、草制品业	29130	22390	4618	6740	6723	279	28636
家具制造业	23351	21173	8037	2178	2157	23	22647
造纸和纸制品业	210234	157465	30465	52769	52669	645	209166
印刷和记录媒介复制业	17359	15316	6135	2043	2004		15912
文教、工美、体育和娱乐用品制造业	88427	76461	24643	11966	11701	583	86866
石油加工、炼焦和核燃料加工业	15260	14409	2667	851	824	281	14979
化学原料和化学制品制造业	751208	673628	191701	77580	74431	8371	690187
医药制造业	487191	443336	160347	43855	42946	23320	453191
化学纤维制造业	60988	54405	8815	6583	6546	518	60455
橡胶和塑料制品业	372675	314257	100277	58418	55404	2219	366504
非金属矿物制品业	198025	167969	54723	30057	29282	6083	190748
黑色金属冶炼和压延加工业	328773	239525	36926	89248	85997	824	327780
有色金属冶炼和压延加工业	249252	209278	35770	39974	39668	3763	242773
金属制品业	239385	215297	77063	24088	23726	1579	232872
通用设备制造业	1011195	891446	343740	119749	116995	18094	953710
专用设备制造业	671235	597126	247461	74109	72383	16697	643379
汽车制造业	2365226	2104604	717850	260623	249768	24982	2234866
铁路、船舶、航空航天和其他运输设备制造业	205002	184498	59949	20504	20291	435	197213
电气机械和器材制造业	1188744	1061971	375108	126773	122659	14244	1128130
计算机、通信和其他电子设备制造业	2806050	2461264	1024121	344786	341662	53617	2607559
仪器仪表制造业	244867	232331	107946	12537	12387	7831	222008
其他制造业	13150	12249	4425	901	876		10382
废弃资源综合利用业	4074	3987	978	86	86	16	2813
金属制品、机械和设备修理业	19430	17086	10480	2344	2294	42	19388
电力、热力、燃气及水生产和供应业	**32401**	**27296**	**9425**	**5106**	**5054**	**436**	**31374**
电力、热力生产和供应业	4771	3118	1238	1653	1650	15	4756
燃气生产和供应业	25397	22448	6932	2948	2901	329	24579
水的生产和供应业	2234	1730	1255	504	503	92	2039

4-1-11 各地区企业R&D经费内部支出情况

单位：万元

地区	R&D经费内部支出	日常性支出	#人员劳务费	资产性支出	#仪器和设备	#政府资金	#企业资金
全国	**83184005**	**73619821**	**22712753**	**9564184**	**9265693**	**3597485**	**78217423**
东部地区	56533941	49960559	16653656	6573382	6377839	1744539	53776271
中部地区	13596770	12029858	3250544	1566912	1512603	698834	12719786
西部地区	8073520	6980499	1895788	1093021	1056538	676337	7276231
东北地区	4979774	4648906	912765	330868	318714	477774	4445135
北京	2130618	2032446	808964	98172	95693	227527	1819635
天津	3000377	2509339	625045	491038	478794	73027	2803452
河北	2327418	2018862	528329	308556	297645	66853	2240333
山西	1237698	1087278	224223	150420	142521	38231	1185577
内蒙古	1004406	896354	212010	108051	102921	37707	925574
辽宁	3331303	3129591	503561	201711	195313	261140	3033659
吉林	698136	617052	160186	81084	77927	31035	662707
黑龙江	950335	902263	249017	48073	45474	185599	748768
上海	4047800	3651430	1393412	396370	381496	207581	3750275
江苏	12395745	10731253	3396949	1664492	1620847	240670	11923253
浙江	6843562	6135391	2069119	708171	696543	139658	6613936
安徽	2477246	2170722	641704	306524	297138	176199	2279807
福建	2791966	2373813	761851	418153	410709	78595	2656171
江西	1106443	965213	238188	141230	135955	45668	1009134
山东	10528097	9271980	2239949	1256117	1204592	316005	10075481
河南	2953410	2570501	735215	382909	374290	98234	2833972
湖北	3117987	2792843	744464	325143	314240	169848	2909788
湖南	2703987	2443301	666749	260686	248458	170654	2501509
广东	12374791	11151021	4812032	1223770	1182999	389275	11805829
广西	817063	660528	202106	156535	154732	36970	777281
海南	93567	85024	18004	8543	8521	5348	87906
重庆	1388199	1173951	388412	214248	208136	57189	1316325
四川	1688902	1494197	473161	194706	188006	104742	1566384
贵州	342541	309056	71593	33485	30952	47086	286509
云南	454278	408834	87975	45444	43748	36592	401129
西藏	4617	4288	888	329	321	283	4334
陕西	1401480	1216752	260372	184728	176008	300548	1089202
甘肃	400743	354067	100606	46676	43830	24300	373631
青海	89540	55430	4688	34110	33961	5978	79800
宁夏	167494	136717	37749	30776	30362	14174	152895
新疆	314257	270326	56228	43931	43563	10769	303167

4-1-12 各地区大型企业R&D经费内部支出情况

单位：万元

地 区	R&D经费内部支出	日常性支出	#人员劳务费	资产性支出	#仪器和设备	#政府资金	#企业资金
全 国	**49299948**	**44388743**	**13818479**	**4911204**	**4730879**	**2209869**	**46425948**
东部地区	31008108	27785480	9596791	3222628	3108994	836429	29695748
中部地区	8937575	8049576	2169387	887999	851461	488958	8358476
西部地区	5550537	4925829	1361178	624708	601276	486356	4996953
东北地区	3803728	3627858	691123	175870	169148	398126	3374770
北 京	1006380	954743	419408	51637	50714	40853	916654
天 津	1604384	1368074	332856	236310	230508	20829	1501374
河 北	1809623	1579871	410500	229752	220429	44635	1757676
山 西	1062020	937553	192857	124467	116811	29213	1020905
内蒙古	715562	652476	165533	63086	60060	21164	659686
辽 宁	2436732	2352221	344396	84511	82617	198990	2221472
吉 林	571383	513007	133391	58376	55642	21277	548877
黑龙江	795614	762630	213336	32983	30889	177859	604421
上 海	2650162	2371168	862383	278994	266814	131802	2468019
江 苏	5300810	4675400	1453161	625410	608421	110188	5096789
浙 江	2108756	1917862	656323	190894	187450	44148	2043923
安 徽	1338945	1216443	359190	122503	119841	122660	1214300
福 建	1364131	1192038	381434	172093	169754	24654	1313131
江 西	751219	657058	153038	94161	89826	28582	680322
山 东	6951257	6263419	1546487	687839	652970	195209	6706536
河 南	2043070	1807195	518901	235875	229770	62287	1968239
湖 北	2078929	1900644	507577	178285	170875	116606	1951635
湖 南	1663392	1530684	437825	132709	124338	129611	1523075
广 东	8174052	7426256	3526503	747796	720030	222390	7854886
广 西	517503	421493	147172	96010	95143	16408	500849
海 南	38553	36649	7737	1903	1903	1722	36760
重 庆	967145	830656	277398	136489	132070	33425	928383
四 川	1274678	1148946	365217	125733	122775	79166	1186438
贵 州	189206	170170	37391	19036	16835	20183	164799
云 南	233920	218634	45489	15286	14570	16036	206734
西 藏	199	199	38				199
陕 西	1046020	931763	179931	114258	107442	270439	774501
甘 肃	288874	261228	76349	27645	25642	17393	270157
青 海	11593	10099	1665	1495	1490	1283	10311
宁 夏	89353	79797	22274	9557	9286	6032	83243
新 疆	216483	200369	42722	16114	15964	4829	211654

4-1-13 各地区中型企业R&D经费内部支出情况

单位：万元

地区	R&D经费内部支出	日常性支出	#人员劳务费	资产性支出	#仪器和设备	#政府资金	#企业资金
全国	**18140698**	**15821687**	**4983751**	**2319011**	**2262571**	**774340**	**17015652**
东部地区	13689162	12022690	3973318	1666472	1626471	527786	12885710
中部地区	2376652	2056589	586173	320064	312310	97019	2246525
西部地区	1447692	1178849	307630	268843	263064	104126	1310325
东北地区	627192	563560	116630	63632	60726	45409	573093
北京	728085	699299	245424	28786	27609	147309	556580
天津	611841	512861	140500	98980	95701	21060	577046
河北	310617	268590	75235	42028	41472	9082	293929
山西	102121	86421	19386	15700	15538	3956	97313
内蒙古	186587	156537	32663	30051	29594	5195	175816
辽宁	472118	425716	82805	46403	44018	34910	432937
吉林	70220	59189	15812	11030	10863	6338	61239
黑龙江	84854	78655	18012	6199	5844	4162	78918
上海	855138	780158	337039	74980	73030	51066	779257
江苏	3608146	3090638	1020599	517508	505553	63895	3466181
浙江	2296966	2081338	704734	215627	212467	42857	2228264
安徽	485067	418565	130610	66502	63345	21417	456069
福建	825397	689158	231554	136240	133744	29433	777981
江西	172212	150294	49591	21918	21565	5746	161319
山东	1873045	1610572	396082	262473	254423	66755	1767123
河南	610226	516328	148020	93898	92670	24064	582122
湖北	514712	452057	130348	62655	61250	25644	480537
湖南	492314	432924	108219	59390	57942	16192	469165
广东	2543596	2258006	815209	285590	278228	94127	2405451
广西	198916	155055	36486	43861	43316	12635	185425
海南	36330	32070	6942	4260	4245	2202	33897
重庆	272512	224667	71873	47845	46909	14985	250189
四川	227821	195376	63119	32445	30796	14715	207047
贵州	61782	58113	10422	3669	3405	14386	45057
云南	129177	111726	25710	17450	16812	11821	114325
西藏	2458	2246	144	212	211	72	2386
陕西	174895	138878	39263	36017	35153	16401	154736
甘肃	33988	30055	8602	3933	3788	2987	30617
青海	53058	35643	2034	17414	17292	2841	46454
宁夏	49499	35942	10098	13557	13479	5322	44037
新疆	57002	34613	7216	22389	22309	2766	54236

4-1-14 各地区国有及国有控股企业R&D经费内部支出情况

单位：万元

地 区	R&D经费内部支出	日常性支出	#人员劳务费	资产性支出	#仪器和设备	#政府资金	#企业资金
全 国	**27909038**	**25249839**	**7241381**	**2659199**	**2552615**	**2088214**	**25449270**
东部地区	12581388	11324563	3695995	1256825	1210611	683820	11696749
中部地区	6800879	6131243	1626212	669636	638999	453917	6278689
西部地区	5027764	4457980	1277629	569784	546887	550357	4404823
东北地区	3499007	3336054	641545	162953	156118	400120	3069010
北 京	1172607	1122280	383142	50328	49344	189107	920844
天 津	1221465	1088020	242137	133445	128455	35587	1133124
河 北	1039612	910353	243978	129259	124967	16605	1018964
山 西	1061896	940420	193845	121477	113824	28391	1021802
内蒙古	565261	511223	141742	54038	51649	30679	508086
辽 宁	2210984	2140146	313467	70838	68695	199355	1997469
吉 林	490594	431787	116055	58807	56031	19318	469229
黑龙江	797429	764121	212023	33308	31391	181447	602312
上 海	2161999	1927717	631158	234282	221964	125259	2008609
江 苏	1507781	1360154	460042	147628	145748	68118	1426718
浙 江	438453	380804	126668	57649	56030	17026	419898
安 徽	1087091	993833	297584	93258	90840	118465	966465
福 建	401185	358244	128616	42941	42079	12353	387195
江 西	607652	536900	119467	70752	66811	27339	543019
山 东	2705010	2477242	759067	227769	211767	114070	2574799
河 南	1220797	1067838	338704	152959	149134	51382	1163752
湖 北	1700766	1566173	439430	134593	128280	117334	1576795
湖 南	1122676	1026078	237181	96598	90110	111006	1006857
广 东	1927082	1694143	719222	232938	229672	105370	1800952
广 西	382689	341013	132441	41676	41014	17240	365143
海 南	6194	5606	1964	587	585	326	5645
重 庆	728718	623685	229822	105033	100771	38224	683524
四 川	1043659	944619	314214	99040	96459	76316	954619
贵 州	294449	265024	62434	29424	27015	43086	243364
云 南	269888	252877	54820	17011	16307	22175	234587
西 藏	2657	2445	182	212	211	72	2585
陕 西	1149929	1003866	201735	146062	138636	288138	858764
甘 肃	300672	274667	81206	26005	23985	17678	281210
青 海	30856	18458	2398	12397	12336	3909	26947
宁 夏	49125	43117	11762	6009	5867	5681	43365
新 疆	209862	176986	44873	32876	32640	7158	202630

4-1-15 各地区内资企业R&D经费内部支出情况

单位：万元

地区	R&D经费内部支出	日常性支出	#人员劳务费	资产性支出	#仪器和设备	#政府资金	#企业资金
全国	**63032811**	**55720519**	**16603626**	**7312292**	**7070186**	**3202889**	**59049113**
东部地区	39224264	34566869	11210857	4657395	4510502	1418644	37343223
中部地区	12199071	10760167	2927886	1438905	1388571	670021	11375467
西部地区	7219411	6279567	1676547	939843	906279	650419	6456620
东北地区	4390065	4113916	788336	276149	264834	463806	3873803
北京	1542017	1473853	566132	68164	66043	210524	1265624
天津	2313202	1954146	450889	359055	348848	65323	2224431
河北	1837261	1620808	442919	216453	209315	58229	1763096
山西	1218739	1072052	220108	146687	138812	36904	1167945
内蒙古	924505	832963	199279	91542	86470	35720	850243
辽宁	2925066	2765871	420329	159195	153547	250451	2641492
吉林	588941	514083	138685	74859	71706	28794	556413
黑龙江	876058	833962	229322	42096	39580	184562	675897
上海	1847910	1633414	520406	214496	201431	148231	1688068
江苏	8206476	7060213	2130772	1146263	1114356	198911	7927740
浙江	5021471	4454314	1469213	567157	557348	106715	4854489
安徽	2254856	1972230	578118	282626	274203	172157	2066662
福建	1313933	1081501	344868	232432	229043	47993	1238510
江西	975677	852023	205271	123654	118554	41476	891165
山东	9187869	8084771	1943667	1103098	1057421	286891	8791001
河南	2654682	2301457	660581	353226	345057	92867	2541626
湖北	2620092	2332902	643743	287190	278411	163288	2421082
湖南	2475025	2229503	620065	245522	233535	163330	2286988
广东	7881807	7138402	3327360	743406	719848	290762	7523303
广西	538801	447310	116844	91491	89904	28872	507271
海南	72320	65448	14632	6872	6851	5065	66962
重庆	1085539	909315	312281	176223	170901	52011	1020024
四川	1609954	1426943	450323	183011	177743	100624	1495279
贵州	332818	299689	69368	33129	30601	46398	277475
云南	423390	383994	80933	39396	37754	33221	373611
西藏	4617	4288	888	329	321	283	4334
陕西	1370305	1191252	253000	179053	170486	300227	1059185
甘肃	397185	352012	99459	45173	42510	24243	370131
青海	68655	38697	4264	29958	29809	5706	59187
宁夏	150480	123502	33879	26978	26585	12411	137644
新疆	313164	269603	56029	43560	43193	10704	302237

4-1-16 各地区港澳台商投资企业R&D经费内部支出情况

单位：万元

地区	R&D经费内部支出	日常性支出	#人员劳务费	资产性支出	#仪器和设备	#政府资金	#企业资金
全国	**7722329**	**6951181**	**2259454**	**771148**	**753258**	**190891**	**7409649**
东部地区	6720539	6045351	2061536	675188	659341	160567	6448615
中部地区	565780	513258	123117	52522	51162	11375	546837
西部地区	150322	124264	42706	26059	25561	9817	139088
东北地区	285688	268308	32095	17380	17194	9131	275110
北京	158749	153676	69486	5073	4908	5353	151932
天津	129042	114516	36210	14527	14133	1997	124157
河北	220164	207800	37661	12364	11910	6891	210188
山西	11331	8187	3043	3144	3144	1210	10121
内蒙古	2776	2701	141	75	75	101	2675
辽宁	222300	206057	26755	16243	16060	6815	214252
吉林	39521	39182	2326	339	336	2131	37390
黑龙江	23867	23069	3014	798	798	185	23468
上海	318060	292405	135410	25655	25291	20512	294572
江苏	1481370	1299746	402969	181625	177976	18364	1439114
浙江	1030870	961373	333065	69498	68563	17790	1005071
安徽	87985	78593	19458	9391	9098	1437	85296
福建	775775	650246	212154	125530	123039	12043	751873
江西	85881	70807	21784	15075	14939	2970	79119
山东	337690	299411	73027	38279	37015	7866	323376
河南	99085	89871	30094	9214	9079	1669	96612
湖北	178303	168956	32195	9348	8679	2396	174831
湖南	103195	96844	16543	6351	6224	1694	100859
广东	2264440	2063074	761124	201366	195233	69726	2143980
广西	26527	24404	6027	2123	2094	2318	24143
海南	4378	3105	432	1273	1273	25	4353
重庆	52423	40864	20480	11559	11266	1442	50299
四川	29724	23676	6659	6048	5941	3339	26372
贵州	868	841	254	27	21	201	667
云南	19383	15212	4704	4171	4130	882	18501
西藏							
陕西	9731	8687	2145	1044	1033	140	9033
甘肃	190	190	54				190
青海							
宁夏	7608	6967	2043	641	631	1330	6278
新疆	1094	723	199	371	370	65	930

4-1-17 各地区外商投资企业R&D经费内部支出情况

单位：万元

地区	R&D经费内部支出	日常性支出	#人员劳务费	资产性支出	#仪器和设备	#政府资金	#企业资金
全国	**12428864**	**10948121**	**3849673**	**1480743**	**1442250**	**203705**	**11758661**
东部地区	10589138	9348338	3381262	1240800	1207996	165328	9984433
中部地区	831919	756433	199541	75486	72869	17438	797482
西部地区	703787	576668	176536	127119	124699	16102	680524
东北地区	304021	266682	92334	37339	36686	4837	296222
北京	429852	404917	173347	24935	24741	11650	402079
天津	558133	440677	137946	117457	115813	5708	454865
河北	269994	190254	47749	79739	76419	1734	267050
山西	7628	7039	1072	590	566	117	7512
内蒙古	77125	60690	12591	16435	16376	1887	72655
辽宁	183937	157663	56477	26273	25705	3874	177915
吉林	69674	63788	19176	5886	5884	110	68904
黑龙江	50411	45231	16681	5179	5097	853	49403
上海	1881831	1725612	737596	156219	154774	38838	1767636
江苏	2707899	2371294	863208	336605	328516	23395	2556399
浙江	791221	719704	266842	71517	70633	15153	754376
安徽	134406	119899	44128	14507	13838	2605	127849
福建	702258	642066	204830	60191	58628	18559	665788
江西	44885	42384	11134	2501	2462	1222	38850
山东	1002538	887798	223255	114740	110156	21248	961104
河南	199642	179173	44540	20469	20155	3699	195735
湖北	319591	290986	68527	28605	27151	4164	313874
湖南	125767	116954	30141	8813	8699	5631	113662
广东	2228544	1949545	723549	278999	267918	28787	2138546
广西	251735	188814	79235	62921	62734	5780	245867
海南	16869	16471	2940	397	397	258	16591
重庆	250238	223772	55651	26466	25969	3737	246002
四川	49224	43578	16180	5647	4322	779	44733
贵州	8855	8526	1970	330	329	488	8368
云南	11506	9629	2339	1877	1864	2490	9016
西藏							
陕西	21444	16813	5228	4631	4488	181	20984
甘肃	3368	1865	1092	1503	1319	57	3311
青海	20885	16734	424	4152	4152	271	20614
宁夏	9406	6249	1827	3158	3146	434	8973
新疆							

4-2-1 分登记注册类型企业R&D经费外部支出情况

单位：万元

登记注册类型	R&D经费外部支出	#对境内研究机构支出	#对境内高等学校支出
合　计	**4231573**	**1705690**	**869812**
国有及国有控股	**2044255**	**829682**	**419544**
内资企业	**3205600**	**1312029**	**762599**
国有企业	378945	179708	98864
集体企业	61784	4157	3933
股份合作企业	4721	2266	2194
联营企业	11035	4754	5922
国有联营企业	11035	4754	5922
集体联营企业			
国有与集体联营企业			
其他联营企业			
有限责任公司	1488570	615029	321484
国有独资公司	431983	190406	90373
其他有限责任公司	1056587	424623	231111
股份有限公司	819097	301552	171528
私营企业	427138	196606	155961
私营独资企业	5242	2893	1819
私营合伙企业	1357	773	394
私营有限责任公司	365670	164705	130934
私营股份有限公司	54869	28234	22814
其他企业	14310	7957	2714
港、澳、台商投资企业	**265461**	**117075**	**48236**
合资经营企业	122949	69014	18708
合作经营企业	933	357	570
港、澳、台商独资经营企业	131184	45231	26952
港、澳、台商投资股份有限公司	10299	2415	2001
其他港澳台投资企业	95	57	5
外商投资企业	**760512**	**276587**	**58977**
中外合资经营企业	498389	180635	36063
中外合作经营企业	10832	4158	671
外资企业	208548	78554	16849
外商投资股份有限公司	42201	13107	5239
其他外商投资企业	543	133	156

4-2-2 分登记注册类型大型企业R&D经费外部支出情况

单位：万元

登记注册类型	R&D经费外部支出	#对境内研究机构支出	#对境内高等学校支出
合　计	**3162877**	**1149602**	**617800**
国有及国有控股	**1802010**	**712422**	**379821**
内资企业	**2406049**	**899665**	**545046**
国有企业	354907	164951	95131
集体企业	60899	3531	3833
股份合作企业			
联营企业	10959	4754	5845
国有联营企业	10959	4754	5845
集体联营企业			
国有与集体联营企业			
其他联营企业			
有限责任公司	1132955	443190	241471
国有独资公司	404346	173400	83342
其他有限责任公司	728609	269790	158129
股份有限公司	685593	220762	143227
私营企业	148265	55211	53265
私营独资企业	146	94	48
私营合伙企业			
私营有限责任公司	118776	41575	38440
私营股份有限公司	29343	13542	14777
其他企业	12471	7267	2274
港、澳、台商投资企业	**156762**	**50987**	**32685**
合资经营企业	52481	20579	9359
合作经营企业	59	29	30
港、澳、台商独资经营企业	97523	29207	21912
港、澳、台商投资股份有限公司	6699	1172	1384
其他港澳台投资企业			
外商投资企业	**600066**	**198950**	**40069**
中外合资经营企业	409636	137488	22781
中外合作经营企业	7228	1092	157
外资企业	142197	47729	12400
外商投资股份有限公司	40985	12642	4712
其他外商投资企业	20		20

4-2-3 分登记注册类型中型企业R&D经费外部支出情况

单位：万元

登记注册类型	R&D经费外部支出	#对境内研究机构支出	#对境内高等学校支出
合　计	**675836**	**374609**	**129580**
国有及国有控股	**180017**	**90234**	**28071**
内资企业	**476602**	**264971**	**107978**
国有企业	12418	8069	2465
集体企业	595	575	9
股份合作企业	4194	1870	2131
联营企业			
国有联营企业			
集体联营企业			
国有与集体联营企业			
其他联营企业			
有限责任公司	223755	116395	39306
国有独资公司	21120	13466	4740
其他有限责任公司	202634	102929	34566
股份有限公司	110381	66531	22031
私营企业	124006	71249	41625
私营独资企业	2912	2026	550
私营合伙企业	117	114	2
私营有限责任公司	104689	58775	36797
私营股份有限公司	16288	10334	4277
其他企业	1253	281	412
港、澳、台商投资企业	**83346**	**54290**	**9356**
合资经营企业	57983	41364	5508
合作经营企业	341	264	77
港、澳、台商独资经营企业	22404	11434	3171
港、澳、台商投资股份有限公司	2523	1171	596
其他港澳台投资企业	95	57	5
外商投资企业	**115889**	**55349**	**12245**
中外合资经营企业	64307	26955	8765
中外合作经营企业	3395	2857	514
外资企业	47331	25263	2604
外商投资股份有限公司	587	141	226
其他外商投资企业	269	133	136

4-2-4 分行业企业R&D经费外部支出情况

单位：万元

行 业	R&D经费外部支出	#对境内研究机构支出	#对境内高等学校支出
合 计	**4231573**	**1705690**	**869812**
采矿业	**297309**	**136359**	**109090**
煤炭开采和洗选业	154788	75188	61426
石油和天然气开采业	108644	41543	39153
黑色金属矿采选业	2952	1571	690
有色金属矿采选业	11729	6844	4398
非金属矿采选业	2046	1179	751
开采辅助活动	17150	10034	2673
制造业	**3796487**	**1492996**	**734050**
农副食品加工业	76189	30075	40229
食品制造业	48272	12296	15760
酒、饮料和精制茶制造业	28344	13240	12553
烟草制品业	60911	29786	11386
纺织业	25301	7003	11603
纺织服装、服饰业	20636	7392	7670
皮革、毛皮、羽毛及其制品和制鞋业	5623	3189	1494
木材加工和木、竹、藤、棕、草制品业	7365	5490	1797
家具制造业	6647	3355	1110
造纸和纸制品业	13404	7497	3447
印刷和记录媒介复制业	6798	1680	1174
文教、工美、体育和娱乐用品制造业	8464	4120	3348
石油加工、炼焦和核燃料加工业	60949	32166	11725
化学原料和化学制品制造业	204125	109080	67550
医药制造业	408188	291219	70632
化学纤维制造业	11256	4103	4043
橡胶和塑料制品业	53892	15611	21697
非金属矿物制品业	41131	21196	11941
黑色金属冶炼和压延加工业	160999	57482	55362
有色金属冶炼和压延加工业	134510	68991	33317
金属制品业	45887	19614	16351
通用设备制造业	192821	72427	45336
专用设备制造业	108973	36547	31949
汽车制造业	730991	257336	79814
铁路、船舶、航空航天和其他运输设备制造业	427142	149526	55343
电气机械和器材制造业	264257	70684	53470
计算机、通信和其他电子设备制造业	568346	133496	50202
仪器仪表制造业	63164	22659	11368
其他制造业	3746	1447	1198
废弃资源综合利用业	5000	3907	1060
金属制品、机械和设备修理业	3155	382	122
电力、热力、燃气及水生产和供应业	**137776**	**76335**	**26673**
电力、热力生产和供应业	135526	74875	25962
燃气生产和供应业	865	730	113
水的生产和供应业	1385	730	597

4-2-5　分行业大型企业R&D经费外部支出情况

单位：万元

行　业	R&D经费外部支出	#对境内研究机构支出	#对境内高等学校支出
合　计	**3162877**	**1149602**	**617800**
采矿业	**283682**	**130589**	**104066**
煤炭开采和洗选业	151707	74333	59776
石油和天然气开采业	105858	40079	37841
黑色金属矿采选业	1185	812	340
有色金属矿采选业	7803	4414	3389
非金属矿采选业	1399	996	287
开采辅助活动	15730	9955	2434
制造业	**2773709**	**958068**	**491266**
农副食品加工业	45173	17654	25345
食品制造业	22938	3858	4207
酒、饮料和精制茶制造业	16497	7803	7090
烟草制品业	59188	28635	10943
纺织业	17020	4631	7576
纺织服装、服饰业	12199	3907	5306
皮革、毛皮、羽毛及其制品和制鞋业	4694	2857	1290
木材加工和木、竹、藤、棕、草制品业	5503	4860	644
家具制造业	5456	3237	559
造纸和纸制品业	7082	4075	1554
印刷和记录媒介复制业	3387	627	150
文教、工美、体育和娱乐用品制造业	4446	2343	1703
石油加工、炼焦和核燃料加工业	53285	26466	9843
化学原料和化学制品制造业	111342	60060	33657
医药制造业	169183	102291	44023
化学纤维制造业	7786	1740	3174
橡胶和塑料制品业	34016	7687	16160
非金属矿物制品业	13616	7019	2970
黑色金属冶炼和压延加工业	154158	54838	53102
有色金属冶炼和压延加工业	104026	49807	24937
金属制品业	30026	14109	9159
通用设备制造业	116291	37349	23258
专用设备制造业	49399	13806	13219
汽车制造业	641745	217444	71788
铁路、船舶、航空航天和其他运输设备制造业	349595	120082	47725
电气机械和器材制造业	195206	40705	28473
计算机、通信和其他电子设备制造业	500626	107628	39814
仪器仪表制造业	33875	10047	3149
其他制造业	1179	811	19
废弃资源综合利用业	1910	1548	362
金属制品、机械和设备修理业	2863	148	68
电力、热力、燃气及水生产和供应业	**105486**	**60945**	**22468**
电力、热力生产和供应业	104550	60154	22391
燃气生产和供应业	612	597	
水的生产和供应业	324	193	77

4-2-6 分行业中型企业R&D经费外部支出情况

单位：万元

行 业	R&D经费外部支出	#对境内研究机构支出	#对境内高等学校支出
合 计	**675836**	**374609**	**129580**
采矿业	**9184**	**4729**	**2972**
煤炭开采和洗选业	977	355	62
石油和天然气开采业	2681	1439	1232
黑色金属矿采选业	1057	662	296
有色金属矿采选业	3077	2177	759
非金属矿采选业	491	92	399
开采辅助活动	900	5	224
制造业	**648736**	**361532**	**123403**
农副食品加工业	17632	6567	9305
食品制造业	14830	4299	6605
酒、饮料和精制茶制造业	6969	3615	2738
烟草制品业	534	189	216
纺织业	5230	1606	2454
纺织服装、服饰业	7492	3304	1819
皮革、毛皮、羽毛及其制品和制鞋业	562	148	67
木材加工和木、竹、藤、棕、草制品业	739	195	544
家具制造业	701	41	306
造纸和纸制品业	5523	3217	1417
印刷和记录媒介复制业	2439	888	514
文教、工美、体育和娱乐用品制造业	2841	1456	901
石油加工、炼焦和核燃料加工业	5649	5079	555
化学原料和化学制品制造业	44995	23314	17208
医药制造业	174833	141689	14885
化学纤维制造业	2075	1443	425
橡胶和塑料制品业	10539	5000	2473
非金属矿物制品业	11274	6109	3801
黑色金属冶炼和压延加工业	2699	893	929
有色金属冶炼和压延加工业	19229	12743	5168
金属制品业	7263	2252	3547
通用设备制造业	48497	24771	9397
专用设备制造业	30637	12356	7483
汽车制造业	71960	31323	3847
铁路、船舶、航空航天和其他运输设备制造业	64604	25505	5431
电气机械和器材制造业	38732	17840	10878
计算机、通信和其他电子设备制造业	32434	17197	4908
仪器仪表制造业	15959	7956	4484
其他制造业	1332	396	709
废弃资源综合利用业	424	35	389
金属制品、机械和设备修理业	110	106	3
电力、热力、燃气及水生产和供应业	**17917**	**8348**	**3205**
电力、热力生产和供应业	17078	8022	2702
燃气生产和供应业	144	80	57
水的生产和供应业	696	246	446

4-2-7 分行业国有及国有控股企业R&D经费外部支出情况

单位：万元

行　业	R&D经费外部支出	#对境内研究机构支出	#对境内高等学校支出
合　计	**2044255**	**829682**	**419544**
采矿业	**289452**	**134088**	**105399**
煤炭开采和洗选业	153748	74943	61192
石油和天然气开采业	104730	40911	36854
黑色金属矿采选业	2544	1242	612
有色金属矿采选业	10201	6220	3839
非金属矿采选业	1210	753	347
开采辅助活动	17019	10019	2556
制造业	**1618961**	**620388**	**287808**
农副食品加工业	2952	951	1919
食品制造业	5494	2421	1874
酒、饮料和精制茶制造业	12332	5479	5121
烟草制品业	60786	29661	11386
纺织业	2471	1020	1317
纺织服装、服饰业	457	91	125
皮革、毛皮、羽毛及其制品和制鞋业	72	33	39
木材加工和木、竹、藤、棕、草制品业	71	66	5
家具制造业	4205	3133	
造纸和纸制品业	1253	322	280
印刷和记录媒介复制业	3422	560	252
文教、工美、体育和娱乐用品制造业	125		91
石油加工、炼焦和核燃料加工业	41743	19897	8522
化学原料和化学制品制造业	71665	39169	21893
医药制造业	65274	42581	9349
化学纤维制造业	1272	690	360
橡胶和塑料制品业	3978	1454	1183
非金属矿物制品业	6506	5305	818
黑色金属冶炼和压延加工业	97889	30132	28482
有色金属冶炼和压延加工业	104655	56452	21610
金属制品业	12661	6193	3712
通用设备制造业	67807	27722	19661
专用设备制造业	33529	12261	9383
汽车制造业	527870	168597	65991
铁路、船舶、航空航天和其他运输设备制造业	368195	111977	52048
电气机械和器材制造业	24715	11677	8278
计算机、通信和其他电子设备制造业	75377	34405	10874
仪器仪表制造业	17084	6348	1995
其他制造业	830	75	651
废弃资源综合利用业	2080	1548	532
金属制品、机械和设备修理业	2198	170	58
电力、热力、燃气及水生产和供应业	**135842**	**75206**	**26337**
电力、热力生产和供应业	134878	74809	25850
燃气生产和供应业	322	186	113
水的生产和供应业	642	211	374

4-2-8 分行业内资企业R&D经费外部支出情况

单位：万元

行业	R&D经费外部支出	#对境内研究机构支出	#对境内高等学校支出
合　计	**3205600**	**1312029**	**762599**
采矿业	**293058**	**135557**	**106675**
煤炭开采和洗选业	154788	75188	61426
石油和天然气开采业	104730	40911	36854
黑色金属矿采选业	2942	1571	680
有色金属矿采选业	11574	6734	4398
非金属矿采选业	1960	1119	731
开采辅助活动	17064	10034	2587
制造业	**2780328**	**1102498**	**630277**
农副食品加工业	68156	26910	37347
食品制造业	22219	7701	10532
酒、饮料和精制茶制造业	25708	11489	11936
烟草制品业	60786	29661	11386
纺织业	18573	5900	10368
纺织服装、服饰业	9776	3585	3957
皮革、毛皮、羽毛及其制品和制鞋业	3096	1784	967
木材加工和木、竹、藤、棕、草制品业	7001	5431	1491
家具制造业	2251	228	1040
造纸和纸制品业	12292	7096	3107
印刷和记录媒介复制业	5184	1215	904
文教、工美、体育和娱乐用品制造业	7149	3619	2907
石油加工、炼焦和核燃料加工业	58261	30554	10971
化学原料和化学制品制造业	176943	97492	60345
医药制造业	279179	192210	53570
化学纤维制造业	3788	2145	1259
橡胶和塑料制品业	29518	11984	11226
非金属矿物制品业	35302	19450	11233
黑色金属冶炼和压延加工业	151539	54107	52413
有色金属冶炼和压延加工业	130658	67334	32152
金属制品业	42416	18349	15274
通用设备制造业	111314	45659	39685
专用设备制造业	84519	30820	28312
汽车制造业	444830	167960	70413
铁路、船舶、航空航天和其他运输设备制造业	379842	130228	55011
电气机械和器材制造业	210387	51395	49828
计算机、通信和其他电子设备制造业	347420	55807	30035
仪器仪表制造业	41549	17371	10366
其他制造业	3564	1437	1060
废弃资源综合利用业	4300	3238	1060
金属制品、机械和设备修理业	2810	344	122
电力、热力、燃气及水生产和供应业	**132214**	**73973**	**25648**
电力、热力生产和供应业	130619	73074	25028
燃气生产和供应业	304	168	113
水的生产和供应业	1292	730	507

4-2-9 分行业港澳台商投资企业R&D经费外部支出情况

单位：万元

行业	R&D经费外部支出	#对境内研究机构支出	#对境内高等学校支出
合　计	**265461**	**117075**	**48236**
采矿业	**4000**	**632**	**2385**
煤炭开采和洗选业			
石油和天然气开采业	3914	632	2299
黑色金属矿采选业			
有色金属矿采选业			
非金属矿采选业			
开采辅助活动	86		86
制造业	**256622**	**114700**	**44916**
农副食品加工业	2648	1410	833
食品制造业	10656	744	857
酒、饮料和精制茶制造业	2381	1583	530
烟草制品业	125	125	
纺织业	5420	465	805
纺织服装、服饰业	8861	3629	3368
皮革、毛皮、羽毛及其制品和制鞋业	1845	984	391
木材加工和木、竹、藤、棕、草制品业	356	54	302
家具制造业	4348	3126	70
造纸和纸制品业	817	380	72
印刷和记录媒介复制业	1614	465	269
文教、工美、体育和娱乐用品制造业	607	126	221
石油加工、炼焦和核燃料加工业	1334	277	736
化学原料和化学制品制造业	10154	4686	3899
医药制造业	69706	49308	12207
化学纤维制造业	6505	1182	2682
橡胶和塑料制品业	7641	1806	1015
非金属矿物制品业	1636	561	167
黑色金属冶炼和压延加工业	888	386	332
有色金属冶炼和压延加工业	1671	1175	363
金属制品业	1388	267	846
通用设备制造业	12082	5623	1214
专用设备制造业	6160	1907	1988
汽车制造业	15769	5769	694
铁路、船舶、航空航天和其他运输设备制造业	8896	3387	64
电气机械和器材制造业	4114	1455	1557
计算机、通信和其他电子设备制造业	66938	22812	8728
仪器仪表制造业	1827	973	572
其他制造业	172		138
废弃资源综合利用业	30		
金属制品、机械和设备修理业	38	38	
电力、热力、燃气及水生产和供应业	**4838**	**1744**	**934**
电力、热力生产和供应业	4780	1744	878
燃气生产和供应业			
水的生产和供应业	59		56

4-2-10 分行业外商投资企业R&D经费外部支出情况

单位：万元

行业	R&D经费外部支出	#对境内研究机构支出	#对境内高等学校支出
合计	**760512**	**276587**	**58977**
采矿业	**251**	**170**	**30**
煤炭开采和洗选业			
石油和天然气开采业			
黑色金属矿采选业	10		10
有色金属矿采选业	155	110	
非金属矿采选业	86	60	20
开采辅助活动			
制造业	**759537**	**275798**	**58857**
农副食品加工业	5385	1756	2050
食品制造业	15397	3852	4371
酒、饮料和精制茶制造业	255	169	86
烟草制品业			
纺织业	1308	638	430
纺织服装、服饰业	1999	179	345
皮革、毛皮、羽毛及其制品和制鞋业	683	421	137
木材加工和木、竹、藤、棕、草制品业	8	5	3
家具制造业	48	2	
造纸和纸制品业	296	22	269
印刷和记录媒介复制业			
文教、工美、体育和娱乐用品制造业	708	376	221
石油加工、炼焦和核燃料加工业	1355	1335	19
化学原料和化学制品制造业	17029	6902	3307
医药制造业	59303	49701	4855
化学纤维制造业	963	776	102
橡胶和塑料制品业	16733	1822	9457
非金属矿物制品业	4193	1185	541
黑色金属冶炼和压延加工业	8572	2989	2617
有色金属冶炼和压延加工业	2181	482	801
金属制品业	2083	998	231
通用设备制造业	69426	21146	4437
专用设备制造业	18294	3821	1649
汽车制造业	270393	83607	8707
铁路、船舶、航空航天和其他运输设备制造业	38405	15911	269
电气机械和器材制造业	49757	17835	2085
计算机、通信和其他电子设备制造业	153989	54876	11439
仪器仪表制造业	19788	4315	430
其他制造业	10	10	
废弃资源综合利用业	670	670	
金属制品、机械和设备修理业	308		
电力、热力、燃气及水生产和供应业	**725**	**618**	**91**
电力、热力生产和供应业	128	57	56
燃气生产和供应业	561	561	
水的生产和供应业	35		35

4-2-11 各地区企业R&D经费外部支出情况

单位：万元

地　区	R&D经费外部支出	#对境内研究机构支出	#对境内高等学校支出
全　国	**4231573**	**1705690**	**869812**
东部地区	2707957	928966	475721
中部地区	669121	326267	170721
西部地区	498848	290655	116711
东北地区	355647	159802	106660
北　京	140795	62989	11767
天　津	93931	40407	21100
河　北	108182	50758	46284
山　西	77681	37425	22122
内蒙古	33735	17811	8761
辽　宁	125831	45172	27765
吉　林	176660	91399	61380
黑龙江	53157	23231	17516
上　海	492074	93824	26708
江　苏	394035	154312	84824
浙　江	258481	122500	47475
安　徽	172207	58652	34198
福　建	140618	60531	16621
江　西	105765	52744	12903
山　东	526462	231774	169999
河　南	102756	60644	33795
湖　北	90811	42830	30773
湖　南	119901	73974	36930
广　东	538662	97938	50320
广　西	37190	24351	9098
海　南	14717	13933	624
重　庆	71948	48803	8393
四　川	116589	67206	34288
贵　州	14210	6298	3501
云　南	44574	34598	6584
西　藏	1106	626	36
陕　西	78143	35461	17590
甘　肃	68522	37029	18944
青　海	5205	3879	855
宁　夏	9505	4610	4057
新　疆	18119	9983	4604

4-2-12 各地区大型企业R&D经费外部支出情况

单位：万元

地 区	R&D经费外部支出	#对境内研究机构支出	#对境内高等学校支出
全 国	**3162877**	**1149602**	**617800**
东部地区	1952961	568169	304840
中部地区	512062	231932	123094
西部地区	386057	223293	89866
东北地区	311797	126209	100000
北 京	58400	26806	6357
天 津	56746	24461	10837
河 北	91936	40302	41540
山 西	71253	32938	20807
内蒙古	19290	12735	5241
辽 宁	99561	25268	23990
吉 林	164158	81565	59706
黑龙江	48079	19376	16304
上 海	444179	74342	18706
江 苏	223009	89433	38978
浙 江	139653	67487	18681
安 徽	133328	37453	21310
福 建	87906	40239	6087
江 西	87195	37319	10321
山 东	388054	147627	129055
河 南	78320	49069	24636
湖 北	63235	30254	19071
湖 南	78732	44899	26949
广 东	462803	57228	34569
广 西	30891	20579	7338
海 南	274	244	30
重 庆	52002	35586	4195
四 川	99701	55424	30700
贵 州	6371	2736	2640
云 南	26498	21202	3124
西 藏	28	28	
陕 西	64643	26738	13628
甘 肃	60147	33045	15756
青 海	3553	2876	376
宁 夏	6558	3331	2964
新 疆	16375	9013	3904

4-2-13 各地区中型企业R&D经费外部支出情况

单位：万元

地 区	R&D经费外部支出	#对境内研究机构支出	#对境内高等学校支出
全 国	**675836**	**374609**	**129580**
东部地区	497594	253326	89146
中部地区	84224	51744	23805
西部地区	68444	49183	13552
东北地区	25575	20356	3077
北 京	69008	26645	3752
天 津	24481	9835	7013
河 北	9574	5601	3663
山 西	4532	3355	649
内蒙古	6604	4304	1739
辽 宁	13439	10522	1556
吉 林	9135	7234	1123
黑龙江	3001	2600	398
上 海	35507	13259	5109
江 苏	103549	44313	19145
浙 江	63484	34517	11010
安 徽	15635	8857	4249
福 建	37482	16034	5500
江 西	15972	13910	1612
山 东	95956	66230	24367
河 南	15835	7143	5931
湖 北	12535	5110	5823
湖 南	19715	13370	5541
广 东	48693	27430	9216
广 西	4557	2742	1245
海 南	9861	9464	372
重 庆	14980	11415	1636
四 川	10816	7663	2322
贵 州	3559	3081	204
云 南	13850	10701	2393
西 藏	129		30
陕 西	8484	6394	2087
甘 肃	1542	1245	144
青 海	903	508	326
宁 夏	2126	682	1000
新 疆	893	449	427

4-2-14 各地区国有及国有控股企业R&D经费外部支出情况

单位：万元

地 区	R&D经费外部支出	#对境内研究机构支出	#对境内高等学校支出
全 国	**2044255**	**829682**	**419544**
东部地区	970028	313703	160973
中部地区	435328	191219	100265
西部地区	352979	202963	76733
东北地区	285920	121798	81573
北 京	101819	38846	8526
天 津	37946	21473	8216
河 北	28080	13514	10281
山 西	71565	33194	20466
内蒙古	20772	14808	4944
辽 宁	80802	24930	8037
吉 林	158187	77391	57387
黑龙江	46931	19477	16149
上 海	351234	55562	22290
江 苏	101568	32495	19891
浙 江	42101	21195	5618
安 徽	127064	35232	19658
福 建	44563	18549	4716
江 西	82866	35795	9765
山 东	175347	72359	66624
河 南	50204	28648	18030
湖 北	50789	25040	14629
湖 南	52841	33311	17718
广 东	86572	39122	14723
广 西	29624	19578	7019
海 南	800	587	89
重 庆	32627	16468	5488
四 川	68159	42517	14005
贵 州	10174	3372	2529
云 南	34461	27579	4353
西 藏	157	28	30
陕 西	68014	29305	14383
甘 肃	61569	33281	16779
青 海	4121	3200	449
宁 夏	6609	3398	2948
新 疆	16693	9429	3805

4-2-15 各地区内资企业R&D经费外部支出情况

单位：万元

地 区	R&D经费外部支出	#对境内研究机构支出	#对境内高等学校支出
全 国	**3205600**	**1312029**	**762599**
东部地区	1791718	600620	390786
中部地区	612694	292524	157719
西部地区	475704	277728	109635
东北地区	325484	141157	104460
北 京	105847	42723	10185
天 津	63030	33142	16662
河 北	67861	31615	30913
山 西	77463	37270	22059
内蒙古	33056	17663	8465
辽 宁	109170	36012	26385
吉 林	167906	83287	61047
黑龙江	48407	21859	17028
上 海	252869	39929	20193
江 苏	243705	94833	74530
浙 江	161645	75654	38439
安 徽	166367	55696	33636
福 建	50484	22612	11945
江 西	103077	50711	12329
山 东	458161	189015	149311
河 南	91266	50936	32722
湖 北	79273	35907	29768
湖 南	95248	62004	27205
广 东	380215	63830	38109
广 西	21185	15548	4361
海 南	7902	7267	499
重 庆	70359	47857	7982
四 川	115770	66932	33779
贵 州	13799	6065	3322
云 南	42225	32562	6374
西 藏	1106	626	36
陕 西	77405	35068	17265
甘 肃	68519	37029	18944
青 海	4910	3879	605
宁 夏	9291	4545	3908
新 疆	18080	9953	4595

4-2-16　各地区港澳台商投资企业R&D经费外部支出情况

单位：万元

地　区	R&D经费外部支出	#对境内研究机构支出	#对境内高等学校支出
全　国	**265461**	**117075**	**48236**
东部地区	246498	105489	44533
中部地区	8348	4146	1689
西部地区	3085	2233	716
东北地区	7529	5207	1298
北　京	18484	9780	129
天　津	1381	919	258
河　北	21692	8289	10032
山　西	174	111	64
内蒙古	4	4	
辽　宁	7186	4986	1175
吉　林			
黑龙江	343	221	123
上　海	12367	6264	1245
江　苏	39458	12321	5839
浙　江	29262	13523	6793
安　徽	2352	728	243
福　建	16885	3744	2899
江　西	1826	1375	451
山　东	39800	30878	8417
河　南	1082	542	366
湖　北	2402	1299	216
湖　南	512	92	350
广　东	67133	19737	8922
广　西	91	6	10
海　南	35	35	
重　庆	257	194	17
四　川	256	37	206
贵　州	7		7
云　南	1786	1734	52
西　藏			
陕　西	508	228	280
甘　肃	3		
青　海			
宁　夏	135		135
新　疆	39	30	9

4-2-17 各地区外商投资企业R&D经费外部支出情况

单位：万元

地 区	R&D经费外部支出	#对境内研究机构支出	#对境内高等学校支出
全 国	**760512**	**276587**	**58977**
东部地区	669741	222857	40402
中部地区	48079	29597	11313
西部地区	20058	10695	6360
东北地区	22635	13438	903
北 京	16464	10486	1453
天 津	29519	6347	4180
河 北	18629	10854	5339
山 西	44	44	
内蒙古	676	145	296
辽 宁	9475	4174	205
吉 林	8754	8113	333
黑龙江	4406	1152	365
上 海	226839	47631	5270
江 苏	110872	47159	4456
浙 江	67575	33324	2243
安 徽	3489	2228	319
福 建	73249	34175	1777
江 西	861	659	123
山 东	28501	11881	12272
河 南	10408	9165	707
湖 北	9136	5623	789
湖 南	24142	11878	9376
广 东	91314	14371	3289
广 西	15914	8796	4727
海 南	6780	6630	125
重 庆	1333	751	395
四 川	563	237	303
贵 州	404	233	171
云 南	563	302	158
西 藏			
陕 西	230	165	45
甘 肃			
青 海	295		250
宁 夏	80	65	14
新 疆			

五、工业企业 R&D 项目情况

（2013）

5-1-1 分登记注册类型企业全部R&D项目情况

登记注册类型	项目数（项）	参加项目人员（人）	项目人员折合全时当量（人年）	项目经费内部支出（万元）
合　计	**322567**	**3071873**	**2270204**	**72944902**
国有及国有控股	**86756**	**933562**	**689250**	**23491292**
内资企业	**250823**	**2326740**	**1693440**	**54631334**
国有企业	10634	104619	73380	2276456
集体企业	1986	11186	6926	533267
股份合作企业	625	3722	2645	64843
联营企业	114	1863	1459	68531
国有联营企业	102	1749	1394	66681
集体联营企业	4	56	36	1452
国有与集体联营企业	8	58	29	398
其他联营企业				
有限责任公司	102726	1002811	732366	24509878
国有独资公司	18582	191863	140183	4862899
其他有限责任公司	84144	810948	592182	19646979
股份有限公司	44525	516880	392491	12155831
私营企业	89657	680567	480247	14906188
私营独资企业	1646	11507	7892	264053
私营合伙企业	232	1652	1114	35156
私营有限责任公司	77184	586647	414239	12783460
私营股份有限公司	10595	80761	57001	1823519
其他企业	556	5092	3926	116339
港、澳、台商投资企业	**28859**	**323814**	**251805**	**7017451**
合资经营企业	13611	134895	103423	3050841
合作经营企业	568	3889	2986	84532
港、澳、台商独资经营企业	13075	165339	129010	3433597
港、澳、台商投资股份有限公司	1541	19228	16140	444884
其他港澳台投资企业	64	463	246	3597
外商投资企业	**42885**	**421319**	**324959**	**11296117**
中外合资经营企业	20622	209788	158976	6100448
中外合作经营企业	795	6458	4083	200257
外资企业	19770	183693	145512	4298355
外商投资股份有限公司	1588	20648	15854	679724
其他外商投资企业	110	732	534	17334

5-1-2 分登记注册类型大型企业全部R&D项目情况

登记注册类型	项目数 (项)	参加项目人员 (人)	项目人员折合全时当量 (人年)	项目经费内部支出 (万元)
合　计	**116916**	**1590388**	**1215555**	**43220921**
国有及国有控股	**60942**	**752825**	**563320**	**20066228**
内资企业	**94476**	**1192580**	**896055**	**32192761**
国有企业	6656	76877	54354	1850715
集体企业	1592	7328	4484	470135
股份合作企业	1	10	10	200
联营企业	85	1640	1297	63554
国有联营企业	85	1640	1297	63554
集体联营企业				
国有与集体联营企业				
其他联营企业				
有限责任公司	51086	614087	461998	16960244
国有独资公司	14977	166159	122293	4426106
其他有限责任公司	36109	447928	339705	12534138
股份有限公司	25177	366573	283174	9286741
私营企业	9639	123985	88879	3499591
私营独资企业	21	376	221	12627
私营合伙企业	5	75	47	2736
私营有限责任公司	5751	94912	67952	2720623
私营股份有限公司	3862	28622	20659	763606
其他企业	240	2080	1860	61582
港、澳、台商投资企业	**8784**	**166484**	**135315**	**3798692**
合资经营企业	3660	59163	47662	1430480
合作经营企业	39	505	440	17185
港、澳、台商独资经营企业	4301	94066	76650	2058981
港、澳、台商投资股份有限公司	777	12526	10494	290483
其他港澳台投资企业	7	224	69	1564
外商投资企业	**13656**	**231324**	**184185**	**7229468**
中外合资经营企业	7056	106531	82367	3999557
中外合作经营企业	165	2528	1519	94674
外资企业	5398	105463	87180	2541871
外商投资股份有限公司	1028	16611	12937	589096
其他外商投资企业	9	191	182	4271

5-1-3 分登记注册类型中型企业全部R&D项目情况

登记注册类型	项目数 (项)	参加项目人员 (人)	项目人员折合全时当量 (人年)	项目经费内部支出 (万元)
合　计	**88230**	**803205**	**580779**	**15924393**
国有及国有控股	**15926**	**127047**	**89031**	**2413230**
内资企业	**64138**	**583196**	**417417**	**11161977**
国有企业	2781	19436	13654	305168
集体企业	153	1960	982	26664
股份合作企业	271	1677	1216	30637
联营企业	10	55	52	562
国有联营企业	9	42	40	470
集体联营企业				
国有与集体联营企业	1	13	12	92
其他联营企业				
有限责任公司	23812	218462	154458	4080920
国有独资公司	2600	17453	11347	283082
其他有限责任公司	21212	201009	143112	3797838
股份有限公司	13213	113345	83304	2108637
私营企业	23796	227174	163001	4588616
私营独资企业	290	3199	2247	72723
私营合伙企业	34	401	347	9283
私营有限责任公司	20117	191761	138133	3870489
私营股份有限公司	3355	31813	22274	636121
其他企业	102	1087	749	20774
港、澳、台商投资企业	**10720**	**103272**	**77504**	**2107991**
合资经营企业	4987	49057	36533	1061951
合作经营企业	277	2065	1633	35505
港、澳、台商独资经营企业	4873	46869	34791	888232
港、澳、台商投资股份有限公司	540	5140	4451	120831
其他港澳台投资企业	43	141	97	1473
外商投资企业	**13372**	**116737**	**85858**	**2654426**
中外合资经营企业	7313	60574	43883	1368068
中外合作经营企业	407	2601	1559	73071
外资企业	5189	50250	38073	1144527
外商投资股份有限公司	388	2981	2139	62022
其他外商投资企业	75	331	203	6738

5-1-4 分行业企业全部R&D项目情况

行业	项目数（项）	参加项目人员（人）	项目人员折合全时当量（人年）	项目经费内部支出（万元）
合　计	**322567**	**3071873**	**2270204**	**72944902**
采矿业	**9721**	**131513**	**84723**	**2360186**
煤炭开采和洗选业	4483	78241	49632	1392809
石油和天然气开采业	3284	32427	21999	541578
黑色金属矿采选业	300	3541	2517	68431
有色金属矿采选业	464	5954	3591	188955
非金属矿采选业	372	4282	2884	63398
开采辅助活动	816	7043	4076	104831
制造业	**309406**	**2898277**	**2158113**	**70054995**
农副食品加工业	5987	52489	34628	1516197
食品制造业	4530	36992	24462	860938
酒、饮料和精制茶制造业	2738	28172	19130	708017
烟草制品业	1285	5852	3669	127318
纺织业	7441	72563	49077	1371814
纺织服装、服饰业	3666	41473	32062	626936
皮革、毛皮、羽毛及其制品和制鞋业	1472	17724	12408	310043
木材加工和木、竹、藤、棕、草制品业	1162	11279	7382	246450
家具制造业	1413	12215	8814	196792
造纸和纸制品业	2087	29158	19028	797094
印刷和记录媒介复制业	1745	15540	10480	254753
文教、工美、体育和娱乐用品制造业	3163	27261	19319	435452
石油加工、炼焦和核燃料加工业	1913	17976	12800	715280
化学原料和化学制品制造业	24585	210219	154752	5886014
医药制造业	25419	147959	111535	3106870
化学纤维制造业	1652	22279	15762	624620
橡胶和塑料制品业	9806	79145	58174	1760395
非金属矿物制品业	9690	99009	67235	1910033
黑色金属冶炼和压延加工业	9767	132351	95694	5363743
有色金属冶炼和压延加工业	6966	75929	52723	2619801
金属制品业	11229	101988	71350	2012806
通用设备制造业	28306	243393	175093	4861454
专用设备制造业	26763	219377	163649	4486219
汽车制造业	20311	223786	173840	6078010
铁路、船舶、航空航天和其他运输设备制造业	10557	124565	94584	2904467
电气机械和器材制造业	37415	308833	232520	7171794
计算机、通信和其他电子设备制造业	36382	439557	360800	11503071
仪器仪表制造业	10210	83380	63547	1319487
其他制造业	1073	7818	6326	124457
废弃资源综合利用业	325	3573	2492	85870
金属制品、机械和设备修理业	348	6422	4778	68804
电力、热力、燃气及水生产和供应业	**3440**	**42083**	**27368**	**529720**
电力、热力生产和供应业	3079	38816	25251	469643
燃气生产和供应业	105	1032	752	31382
水的生产和供应业	256	2235	1366	28695

5-1-5 分行业大型企业全部R&D项目情况

行　业	项目数（项）	参加项目人员（人）	项目人员折合全时当量（人年）	项目经费内部支出（万元）
合　计	**116916**	**1590388**	**1215555**	**43220921**
采矿业	**8928**	**123502**	**79800**	**2176530**
煤炭开采和洗选业	4327	76361	48457	1360104
石油和天然气开采业	3269	32248	21868	528430
黑色金属矿采选业	194	2458	1859	42776
有色金属矿采选业	265	3906	2390	141921
非金属矿采选业	155	2265	1589	22467
开采辅助活动	718	6264	3638	80831
制造业	**105779**	**1438774**	**1117355**	**40751795**
农副食品加工业	1468	16709	12200	552107
食品制造业	1306	14438	9086	333846
酒、饮料和精制茶制造业	967	15884	10981	427633
烟草制品业	1050	4517	2753	109845
纺织业	2944	35435	23348	644867
纺织服装、服饰业	1621	16703	12127	308020
皮革、毛皮、羽毛及其制品和制鞋业	459	9550	7306	187509
木材加工和木、竹、藤、棕、草制品业	164	2949	1458	70112
家具制造业	530	5907	4361	95772
造纸和纸制品业	685	14415	9559	474554
印刷和记录媒介复制业	414	3826	2158	59165
文教、工美、体育和娱乐用品制造业	743	8020	5892	126563
石油加工、炼焦和核燃料加工业	1356	13643	9839	547394
化学原料和化学制品制造业	5589	77851	58708	2366911
医药制造业	6115	55919	46675	1313924
化学纤维制造业	758	14228	10362	400909
橡胶和塑料制品业	2430	33298	25507	833169
非金属矿物制品业	2139	35067	24264	651062
黑色金属冶炼和压延加工业	6979	110757	80620	4698108
有色金属冶炼和压延加工业	3217	45612	31523	1735699
金属制品业	3282	37241	27322	812143
通用设备制造业	6742	88174	65133	2115707
专用设备制造业	8191	87135	68851	2132265
汽车制造业	8968	139992	115145	4491623
铁路、船舶、航空航天和其他运输设备制造业	6779	91763	70483	2296752
电气机械和器材制造业	13751	138948	108573	3719728
计算机、通信和其他电子设备制造业	15049	286646	246734	8783448
仪器仪表制造业	1657	25218	19094	352746
其他制造业	190	3007	2667	41669
废弃资源综合利用业	83	1100	907	28384
金属制品、机械和设备修理业	153	4822	3722	40163
电力、热力、燃气及水生产和供应业	**2209**	**28112**	**18399**	**292596**
电力、热力生产和供应业	2100	26701	17345	274065
燃气生产和供应业	39	647	452	13283
水的生产和供应业	70	764	602	5248

5-1-6 分行业中型企业全部R&D项目情况

行业	项目数(项)	参加项目人员(人)	项目人员折合全时当量(人年)	项目经费内部支出(万元)
合计	**88230**	**803205**	**580779**	**15924393**
采矿业	**472**	**5531**	**3308**	**117257**
煤炭开采和洗选业	111	1354	806	23213
石油和天然气开采业	13	163	115	13087
黑色金属矿采选业	52	679	405	16228
有色金属矿采选业	136	1578	894	33139
非金属矿采选业	101	1169	717	19740
开采辅助活动	59	588	370	11849
制造业	**87214**	**791489**	**573762**	**15688919**
农副食品加工业	1524	15057	9415	414750
食品制造业	1482	11060	7524	272577
酒、饮料和精制茶制造业	959	6598	4465	153016
烟草制品业	109	588	363	9860
纺织业	2023	21832	15238	413967
纺织服装、服饰业	1126	11607	8247	216032
皮革、毛皮、羽毛及其制品和制鞋业	553	5933	3547	80815
木材加工和木、竹、藤、棕、草制品业	369	3803	2852	85830
家具制造业	488	4070	2862	58939
造纸和纸制品业	775	9705	6282	227910
印刷和记录媒介复制业	661	6651	5019	109859
文教、工美、体育和娱乐用品制造业	1188	11507	7916	177136
石油加工、炼焦和核燃料加工业	195	2246	1612	78803
化学原料和化学制品制造业	6623	62015	45525	1671869
医药制造业	8373	54218	38419	1015220
化学纤维制造业	389	4404	2899	133218
橡胶和塑料制品业	2956	21580	16008	445623
非金属矿物制品业	3734	36588	24833	689944
黑色金属冶炼和压延加工业	1168	11126	7835	381089
有色金属冶炼和压延加工业	1653	16825	12389	477527
金属制品业	3220	35606	24704	601889
通用设备制造业	9070	81451	59140	1383846
专用设备制造业	6617	62728	46448	1087873
汽车制造业	6042	51915	37403	986569
铁路、船舶、航空航天和其他运输设备制造业	2081	19877	14789	383371
电气机械和器材制造业	10208	91976	68838	1866379
计算机、通信和其他电子设备制造业	9674	96769	73063	1701938
仪器仪表制造业	3363	29691	23492	491812
其他制造业	439	2139	1518	37940
废弃资源综合利用业	71	1061	624	18320
金属制品、机械和设备修理业	81	863	494	15000
电力、热力、燃气及水生产和供应业	**544**	**6185**	**3709**	**118218**
电力、热力生产和供应业	404	5122	3160	96015
燃气生产和供应业	28	187	157	10099
水的生产和供应业	112	876	393	12104

5-1-7 分行业国有及国有控股企业全部R&D项目情况

行 业	项目数 (项)	参加项目人员 (人)	项目人员折合全时当量 (人年)	项目经费内部支出 (万元)
合 计	**86756**	**933562**	**689250**	**23491292**
采矿业	**9132**	**123279**	**78984**	**2136143**
煤炭开采和洗选业	4391	76384	47926	1296711
石油和天然气开采业	3255	31617	21829	529589
黑色金属矿采选业	200	2156	1436	31107
有色金属矿采选业	350	4798	2782	162542
非金属矿采选业	177	1751	1249	21986
开采辅助活动	759	6573	3762	94209
制造业	**74459**	**770572**	**584523**	**20889363**
农副食品加工业	255	2876	1712	66146
食品制造业	586	5498	2901	112808
酒、饮料和精制茶制造业	730	9958	7325	276319
烟草制品业	1247	5649	3517	123541
纺织业	984	9723	7186	143213
纺织服装、服饰业	462	2119	1348	22192
皮革、毛皮、羽毛及其制品和制鞋业	75	604	372	8397
木材加工和木、竹、藤、棕、草制品业	27	323	232	4482
家具制造业	219	1101	999	27617
造纸和纸制品业	280	5189	3171	110385
印刷和记录媒介复制业	415	2575	1280	36699
文教、工美、体育和娱乐用品制造业	111	705	591	10943
石油加工、炼焦和核燃料加工业	1164	11358	8251	322249
化学原料和化学制品制造业	4892	56359	40341	1472463
医药制造业	3908	28548	22311	488651
化学纤维制造业	370	6104	4416	151255
橡胶和塑料制品业	1305	11016	8047	251865
非金属矿物制品业	1990	15514	10198	269202
黑色金属冶炼和压延加工业	5150	82936	63250	3303217
有色金属冶炼和压延加工业	2694	32351	22608	935379
金属制品业	2353	24046	17929	389472
通用设备制造业	5995	57888	41967	1355345
专用设备制造业	6774	62951	46934	1533664
汽车制造业	7008	87381	70240	3122291
铁路、船舶、航空航天和其他运输设备制造业	6893	90200	70360	2136341
电气机械和器材制造业	5843	40143	30568	1128836
计算机、通信和其他电子设备制造业	9674	90456	76056	2706178
仪器仪表制造业	2243	17686	13249	266598
其他制造业	528	3631	2846	48400
废弃资源综合利用业	100	1310	1068	31086
金属制品、机械和设备修理业	184	4374	3250	34132
电力、热力、燃气及水生产和供应业	**3165**	**39711**	**25743**	**465786**
电力、热力生产和供应业	2944	37823	24647	443155
燃气生产和供应业	22	125	61	3991
水的生产和供应业	199	1763	1036	18641

5-1-8　分行业内资企业全部R&D项目情况

行　业	项目数 (项)	参加项目人员 (人)	项目人员折合全时当量 (人年)	项目经费内部支出 (万元)
合　计	**250823**	**2326740**	**1693440**	**54631334**
采矿业	**9610**	**128943**	**83175**	**2317677**
煤炭开采和洗选业	4482	78219	49610	1392282
石油和天然气开采业	3256	31627	21839	529819
黑色金属矿采选业	280	3026	2037	52807
有色金属矿采选业	457	5899	3554	187170
非金属矿采选业	332	3195	2092	54717
开采辅助活动	801	6952	4020	100698
制造业	**237943**	**2157995**	**1584599**	**51850202**
农副食品加工业	4700	42156	27635	1207891
食品制造业	3183	27504	18300	583103
酒、饮料和精制茶制造业	2203	22424	14995	566070
烟草制品业	1276	5819	3637	126231
纺织业	6037	54914	37333	1041970
纺织服装、服饰业	2545	23739	16563	433040
皮革、毛皮、羽毛及其制品和制鞋业	928	11813	7913	176029
木材加工和木、竹、藤、棕、草制品业	981	9548	6225	201580
家具制造业	816	8332	5817	118019
造纸和纸制品业	1384	17150	10819	424387
印刷和记录媒介复制业	1318	10611	6702	176653
文教、工美、体育和娱乐用品制造业	2155	17640	11798	280239
石油加工、炼焦和核燃料加工业	1746	16697	11886	676068
化学原料和化学制品制造业	19874	174219	126933	4647062
医药制造业	16423	113490	84100	2310538
化学纤维制造业	1190	15597	10796	430836
橡胶和塑料制品业	6837	49741	35866	1115731
非金属矿物制品业	7894	76558	52517	1556821
黑色金属冶炼和压延加工业	8802	120896	87020	4766406
有色金属冶炼和压延加工业	6033	64660	44237	2195115
金属制品业	8984	78526	54368	1582506
通用设备制造业	22356	190573	134738	3622526
专用设备制造业	22000	179652	134053	3659131
汽车制造业	14823	150276	113578	3577292
铁路、船舶、航空航天和其他运输设备制造业	9633	112619	85755	2643574
电气机械和器材制造业	28845	231761	172442	5358958
计算机、通信和其他电子设备制造业	25367	252507	208738	7142286
仪器仪表制造业	8150	64342	48786	1002930
其他制造业	905	6753	5437	102513
废弃资源综合利用业	292	3185	2144	77306
金属制品、机械和设备修理业	263	4293	3468	47395
电力、热力、燃气及水生产和供应业	**3270**	**39802**	**25665**	**463455**
电力、热力生产和供应业	3015	37773	24429	432585
燃气生产和供应业	41	237	151	7656
水的生产和供应业	214	1792	1085	23215

5-1-9 分行业港澳台商投资企业全部R&D项目情况

行 业	项目数 (项)	参加项目人员 (人)	项目人员折合全时当量 (人年)	项目经费内部支出 (万元)
合 计	**28859**	**323814**	**251805**	**7017451**
采矿业	**56**	**1004**	**273**	**23138**
煤炭开采和洗选业				
石油和天然气开采业	28	800	161	11759
黑色金属矿采选业				
有色金属矿采选业				
非金属矿采选业	14	118	61	7280
开采辅助活动	14	86	52	4099
制造业	**28721**	**321618**	**250568**	**6955280**
农副食品加工业	619	5760	4355	159544
食品制造业	370	3027	1965	87869
酒、饮料和精制茶制造业	219	1785	1253	23010
烟草制品业	9	33	32	1088
纺织业	946	11334	7829	201011
纺织服装、服饰业	433	5703	4586	119298
皮革、毛皮、羽毛及其制品和制鞋业	344	3831	3013	85563
木材加工和木、竹、藤、棕、草制品业	113	879	532	21036
家具制造业	378	2512	1960	57372
造纸和纸制品业	401	7084	4963	171948
印刷和记录媒介复制业	312	3816	3049	61895
文教、工美、体育和娱乐用品制造业	597	5201	4326	77665
石油加工、炼焦和核燃料加工业	134	866	667	24211
化学原料和化学制品制造业	2206	16266	12929	550101
医药制造业	2365	16115	12660	353253
化学纤维制造业	274	5113	4161	137566
橡胶和塑料制品业	1713	14621	11175	317865
非金属矿物制品业	907	10375	7278	179056
黑色金属冶炼和压延加工业	483	7212	5522	292225
有色金属冶炼和压延加工业	433	5141	3757	218579
金属制品业	1085	11888	8719	210493
通用设备制造业	1982	16890	13286	320369
专用设备制造业	1991	14540	10766	249196
汽车制造业	1418	23132	19982	363681
铁路、船舶、航空航天和其他运输设备制造业	259	4445	3546	76278
电气机械和器材制造业	3049	37337	28531	737973
计算机、通信和其他电子设备制造业	4775	77157	62438	1746094
仪器仪表制造业	797	8641	6540	93655
其他制造业	72	590	503	9311
废弃资源综合利用业	16	136	98	4551
金属制品、机械和设备修理业	21	188	148	3524
电力、热力、燃气及水生产和供应业	**82**	**1192**	**964**	**39033**
电力、热力生产和供应业	42	888	734	32667
燃气生产和供应业	20	135	122	2553
水的生产和供应业	20	169	107	3813

5-1-10 分行业外商投资企业全部R&D项目情况

行 业	项目数 (项)	参加项目人员 (人)	项目人员折合全时当量 (人年)	项目经费内部支出 (万元)
合 计	**42885**	**421319**	**324959**	**11296117**
采矿业	**55**	**1566**	**1274**	**19372**
煤炭开采和洗选业	1	22	22	527
石油和天然气开采业				
黑色金属矿采选业	20	515	480	15624
有色金属矿采选业	7	55	37	1786
非金属矿采选业	26	969	731	1402
开采辅助活动	1	5	4	34
制造业	**42742**	**418664**	**322946**	**11249514**
农副食品加工业	668	4573	2639	148762
食品制造业	977	6461	4197	189967
酒、饮料和精制茶制造业	316	3963	2882	118937
烟草制品业				
纺织业	458	6315	3915	128833
纺织服装、服饰业	688	12031	10913	74598
皮革、毛皮、羽毛及其制品和制鞋业	200	2080	1482	48451
木材加工和木、竹、藤、棕、草制品业	68	852	625	23835
家具制造业	219	1371	1038	21401
造纸和纸制品业	302	4924	3246	200759
印刷和记录媒介复制业	115	1113	730	16204
文教、工美、体育和娱乐用品制造业	411	4420	3196	77548
石油加工、炼焦和核燃料加工业	33	413	247	15001
化学原料和化学制品制造业	2505	19734	14889	688851
医药制造业	6631	18354	14775	443079
化学纤维制造业	188	1569	805	56218
橡胶和塑料制品业	1256	14783	11133	326800
非金属矿物制品业	889	12076	7440	174157
黑色金属冶炼和压延加工业	482	4243	3152	305112
有色金属冶炼和压延加工业	500	6128	4730	206107
金属制品业	1160	11574	8263	219807
通用设备制造业	3968	35930	27069	918559
专用设备制造业	2772	25185	18830	577892
汽车制造业	4070	50378	40280	2137037
铁路、船舶、航空航天和其他运输设备制造业	665	7501	5284	184615
电气机械和器材制造业	5521	39735	31546	1074862
计算机、通信和其他电子设备制造业	6240	109893	89623	2614691
仪器仪表制造业	1263	10397	8220	222901
其他制造业	96	475	387	12632
废弃资源综合利用业	17	252	250	4013
金属制品、机械和设备修理业	64	1941	1162	17886
电力、热力、燃气及水生产和供应业	**88**	**1089**	**739**	**27232**
电力、热力生产和供应业	22	155	87	4392
燃气生产和供应业	44	660	478	21174
水的生产和供应业	22	274	173	1667

5-1-11　各地区企业全部R&D项目情况

地　区	项目数 (项)	参加项目人员 (人)	项目人员折合全时当量 (人年)	项目经费内部支出 (万元)
全　国	**322567**	**3071873**	**2270204**	**72944902**
东部地区	218548	2036281	1554977	50415071
中部地区	50771	559548	393499	11694334
西部地区	34707	318371	216411	6638109
东北地区	18541	157673	105316	4197389
北　京	10037	68766	50208	1647824
天　津	12904	83191	60733	2484962
河　北	7618	83171	57889	2050210
山　西	2885	41908	30557	1094029
内蒙古	2133	27963	23434	844594
辽　宁	7813	84788	52432	2711630
吉　林	6421	26812	19277	650311
黑龙江	4307	46073	33607	835447
上　海	13441	107107	84290	3672035
江　苏	48530	473447	365364	11009479
浙　江	42158	318503	248825	6421123
安　徽	14394	118129	79724	2161182
福　建	10426	118286	90997	2453011
江　西	4288	40832	26014	986917
山　东	31906	299528	207980	9281216
河　南	11257	153435	113908	2710856
湖　北	9522	117159	77931	2388780
湖　南	8425	88085	65367	2352569
广　东	40759	480277	386121	11318818
广　西	2890	27801	19072	741096
海　南	769	4005	2571	76394
重　庆	5794	46951	31744	1176841
四　川	10298	85758	54144	1373596
贵　州	1717	17640	14006	318579
云　南	1729	18413	10622	364648
西　藏	20	205	73	3993
陕　西	6099	58822	40088	1090159
甘　肃	1731	16026	11337	302944
青　海	145	2613	1807	73275
宁　夏	1073	7815	4273	135860
新　疆	1078	8364	5811	212524

5-1-12 各地区大型企业全部R&D项目情况

地 区	项目数 (项)	参加项目人员 (人)	项目人员折合全时当量 (人年)	项目经费内部支出 (万元)
全 国	**116916**	**1590388**	**1215555**	**43220921**
东部地区	66914	951131	752264	27875454
中部地区	22918	328872	246867	7614523
西部地区	18842	203252	144475	4510798
东北地区	8242	107133	71948	3220146
北 京	2918	31424	23609	770428
天 津	4243	35796	26041	1342568
河 北	4493	55629	39639	1619465
山 西	2043	33523	25231	936073
内蒙古	1323	20237	17563	601848
辽 宁	3798	51853	30986	1971358
吉 林	1241	19137	14696	544144
黑龙江	3203	36143	26265	704644
上 海	4268	51812	45155	2385351
江 苏	11079	184639	144379	4752959
浙 江	5422	82822	67515	2000163
安 徽	4354	56497	40632	1191465
福 建	2593	53012	44312	1249262
江 西	1805	21495	15119	676357
山 东	16574	178008	124323	6177770
河 南	6514	99789	76320	1885581
湖 北	3819	65496	46924	1481560
湖 南	4383	52072	42641	1443486
广 东	15270	276812	236427	7543197
广 西	976	15716	12000	485720
海 南	54	1177	864	34293
重 庆	2930	28376	20322	819289
四 川	6493	61900	40335	1018684
贵 州	720	7672	6364	177710
云 南	631	8328	4411	168014
西 藏	1	42	23	199
陕 西	3678	40649	29722	798888
甘 肃	1066	10358	7170	209573
青 海	56	877	558	10711
宁 夏	401	3827	2090	75998
新 疆	567	5270	3916	144164

5-1-13 各地区中型企业全部R&D项目情况

地区	项目数 (项)	参加项目人员 (人)	项目人员折合 全时当量 (人年)	项目经费 内部支出 (万元)
全国	**88230**	**803205**	**580779**	**15924393**
东部地区	65174	586768	439222	12086242
中部地区	11289	125396	83352	2106418
西部地区	8922	66618	41741	1215367
东北地区	2845	24423	16464	516366
北京	2671	21349	15039	541215
天津	4093	21985	16211	517384
河北	1773	17555	11687	260838
山西	477	5539	3532	92666
内蒙古	440	4827	3932	160958
辽宁	1674	15098	9733	387618
吉林	643	4387	2646	58260
黑龙江	528	4938	4085	70488
上海	4140	30949	22912	784703
江苏	14854	149203	116055	3181411
浙江	12187	109239	86665	2163395
安徽	2842	28792	18488	425775
福建	3850	39642	28833	692622
江西	1313	10836	6414	152716
山东	8002	69813	48405	1619374
河南	2782	35394	25736	556249
湖北	2489	27991	18009	453115
湖南	1386	16844	11172	425897
广东	13157	125259	92218	2298101
广西	1171	7581	4323	168052
海南	447	1774	1199	27200
重庆	1827	11819	7208	231402
四川	2126	14283	8629	200140
贵州	286	4330	3391	55218
云南	569	5877	3710	114321
西藏	6	58	36	2085
陕西	1455	10754	6240	139968
甘肃	240	2033	1487	28470
青海	48	541	447	43858
宁夏	389	2730	1333	37579
新疆	365	1785	1006	33316

5-1-14 各地区国有及国有控股企业全部R&D项目情况

地　区	项目数 (项)	参加项目人员 (人)	项目人员折合全时当量 (人年)	项目经费内部支出 (万元)
全　国	**86756**	**933562**	**689250**	**23491292**
东部地区	38038	381268	289125	10914088
中部地区	19360	249955	186193	5678584
西部地区	20934	200174	143718	3967334
东北地区	8424	102165	70214	2931286
北　京	5819	34379	24744	876515
天　津	4779	33292	23879	983805
河　北	3226	37708	24298	906220
山　西	2028	33361	24717	935883
内蒙古	1224	18106	15898	467348
辽　宁	3955	48518	29986	1771291
吉　林	1176	16974	13304	462534
黑龙江	3293	36673	26925	697460
上　海	4336	42785	36773	1919032
江　苏	4895	58579	44489	1350940
浙　江	1791	16398	12928	410800
安　徽	4116	47940	34573	968090
福　建	1108	16178	13621	363930
江　西	1500	16256	11414	546478
山　东	7479	79768	55518	2334536
河　南	4340	63614	49819	1108587
湖　北	4010	52052	37412	1136420
湖　南	3366	36732	28259	983127
广　东	4558	61689	52453	1765777
广　西	920	13548	10113	351935
海　南	47	492	422	2534
重　庆	3093	25692	18613	591045
四　川	6332	49680	34030	809685
贵　州	1357	14629	12190	274957
云　南	927	9944	5491	204381
西　藏	7	100	59	2284
陕　西	4771	47291	33151	866968
甘　肃	1176	11325	8026	219368
青　海	89	1926	1424	26448
宁　夏	240	2430	1245	39718
新　疆	798	5503	3478	113197

5-1-15　各地区内资企业全部R&D项目情况

地　区	项目数 (项)	参加项目人员 (人)	项目人员折合 全时当量 (人年)	项目经费 内部支出 (万元)
全　国	**250823**	**2326740**	**1693440**	**54631334**
东部地区	158745	1385559	1042741	34686625
中部地区	46810	507458	357729	10414955
西部地区	32640	294415	200234	5876805
东北地区	12628	139308	92736	3652950
北　京	8586	52609	38550	1198339
天　津	10122	65781	47283	1881018
河　北	5993	72715	50664	1604696
山　西	2783	41004	29841	1076124
内蒙古	1929	26667	22444	776981
辽　宁	6722	73740	44874	2336581
吉　林	1907	23675	17118	546226
黑龙江	3999	41893	30743	770142
上　海	7449	57267	43258	1640152
江　苏	33931	306649	236440	7201565
浙　江	32720	239371	185700	4680916
安　徽	13419	108024	73731	1961925
福　建	6059	58640	42468	1128176
江　西	3915	35397	22906	873629
山　东	28359	255792	176088	8082359
河　南	10341	139188	103477	2426682
湖　北	8302	101103	65784	1925093
湖　南	8050	82742	61990	2151502
广　东	24963	273763	220523	7209664
广　西	2424	20133	13120	469608
海　南	563	2972	1767	59740
重　庆	5205	40290	27826	909792
四　川	9914	81551	51535	1309763
贵　州	1666	16827	13535	309509
云　南	1590	17219	9903	339836
西　藏	20	205	73	3993
陕　西	5977	57734	39430	1066339
甘　肃	1712	15703	11072	300938
青　海	142	2580	1782	55040
宁　夏	992	7170	3716	123412
新　疆	1069	8336	5798	211596

5-1-16 各地区港澳台商投资企业全部R&D项目情况

地区	项目数 (项)	参加项目人员 (人)	项目人员折合全时当量 (人年)	项目经费内部支出 (万元)
全国	**28859**	**323814**	**251805**	**7017451**
东部地区	26044	288843	228122	6094982
中部地区	1613	23191	16346	520817
西部地区	650	5885	3430	126509
东北地区	552	5895	3907	275143
北京	431	3752	2717	103688
天津	795	5457	4216	118642
河北	757	5466	3592	195432
山西	41	599	533	10669
内蒙古	2	31	24	2701
辽宁	393	3982	2648	214475
吉林	52	1107	623	38451
黑龙江	107	806	636	22217
上海	1486	11691	9000	286268
江苏	5397	61875	48728	1345173
浙江	4889	42645	34644	992960
安徽	389	4065	2347	79633
福建	2585	32266	26017	689002
江西	223	3081	1661	73413
山东	1153	11417	8855	309850
河南	320	6547	4906	95316
湖北	442	6309	5104	169779
湖南	198	2590	1796	92007
广东	8471	113944	90114	2050634
广西	147	1227	747	25410
海南	80	330	239	3336
重庆	183	1918	883	43411
四川	135	1282	844	22754
贵州	9	50	37	835
云南	73	721	459	15420
西藏				
陕西	31	293	126	9073
甘肃	11	54	29	190
青海				
宁夏	50	281	269	5787
新疆	9	28	13	928

5-1-17 各地区外商投资企业全部R&D项目情况

地 区	项目数 (项)	参加项目人员 (人)	项目人员折合全时当量 (人年)	项目经费内部支出 (万元)
全 国	**42885**	**421319**	**324959**	**11296117**
东部地区	33759	361879	284113	9633464
中部地区	2348	28899	19424	758563
西部地区	1417	18071	12748	634795
东北地区	5361	12470	8674	269296
北 京	1020	12405	8941	345797
天 津	1987	11953	9233	485302
河 北	868	4990	3633	250083
山 西	61	305	183	7236
内蒙古	202	1265	965	64912
辽 宁	698	7066	4910	160574
吉 林	4462	2030	1536	65634
黑龙江	201	3374	2228	43089
上 海	4506	38149	32032	1745615
江 苏	9202	104923	80196	2462741
浙 江	4549	36487	28481	747246
安 徽	586	6040	3646	119624
福 建	1782	27380	22512	635833
江 西	150	2354	1448	39875
山 东	2394	32319	23038	889007
河 南	596	7700	5525	188858
湖 北	778	9747	7042	293908
湖 南	177	2753	1581	109061
广 东	7325	92570	75483	2058521
广 西	319	6441	5205	246078
海 南	126	703	566	13318
重 庆	406	4743	3036	223638
四 川	249	2925	1766	41079
贵 州	42	763	434	8236
云 南	66	473	260	9392
西 藏				
陕 西	91	795	533	14748
甘 肃	8	269	237	1817
青 海	3	33	25	18235
宁 夏	31	364	288	6660
新 疆				

5-2-1 企业限额以上R&D项目情况

类　别	项目数（项）	参加项目人员（人）	项目经费内部支出（万元）	#政府资金
总　计	**234584**	**2677980**	**70542352**	**2597730**
按项目来源分组				
国家科技项目	6243	118300	3703935	1259972
地方科技项目	13313	174959	4854006	519486
企业委托科技项目	6360	58249	1366183	42917
自选科技项目	201906	2248016	58476690	697326
来自国外的科技项目	1460	16902	625217	13144
其它科技项目	5302	61554	1516322	64885
按项目合作形式分组				
与境外机构合作	2953	43747	1786396	35192
与国内高校合作	20857	264711	6825622	477375
与国内独立研究机构合作	10626	135159	3699874	411229
与境内注册外商独资企业合作	1230	16820	595138	7393
与境内注册其他企业合作	10062	120000	3349902	204529
独立完成	182575	2030164	52658979	1422007
其他	6281	67379	1626442	40005
按项目技术经济目标分组				
科学原理的探索、发现	1376	14932	358986	11120
技术原理的研究	8748	105007	2829151	158835
开发全新产品	113963	1260984	33237079	1540025
增加产品功能或提高性能	73624	871706	22833802	615864
提高劳动生产率	8888	102002	2233435	43995
减少能源消耗或提高能源使用效率	13581	165901	4797037	124172
节约原材料	3581	40076	1253096	16200
减少环境污染	5023	54197	1469016	41859
其他	5800	63175	1530750	45661

5-2-2 大型企业限额以上R&D项目情况

类　　别	项目数 (项)	参加项目人员 (人)	项目经费内部支出 (万元)	
				#政府资金
总　计	**75460**	**1363150**	**41831079**	**1549179**
按项目来源分组				
国家科技项目	2669	72942	2569815	905339
地方科技项目	3641	73468	2340922	210791
企业委托科技项目	2355	29768	768886	28090
自选科技项目	65423	1157450	35122319	348155
来自国外的科技项目	539	9416	386172	11555
其它科技项目	833	20106	642965	45249
按项目合作形式分组				
与境外机构合作	1198	26909	1323919	19946
与国内高校合作	7407	134544	3781695	240900
与国内独立研究机构合作	4314	80731	2373479	296021
与境内注册外商独资企业合作	351	9029	431307	2010
与境内注册其他企业合作	4622	76118	2294872	141185
独立完成	56313	1014437	31001183	837028
其他	1255	21382	624625	12090
按项目技术经济目标分组				
科学原理的探索、发现	512	7649	203780	5966
技术原理的研究	4908	73605	2110239	117598
开发全新产品	34327	616974	19434301	953785
增加产品功能或提高性能	21808	445137	13535544	347754
提高劳动生产率	4145	60400	1357312	20764
减少能源消耗或提高能源使用效率	4035	78542	2600459	60061
节约原材料	1218	18557	768352	5474
减少环境污染	1743	23759	801219	12053
其他	2764	38527	1019874	25723

5-2-3 中型企业限额以上R&D项目情况

类　　别	项目数（项）	参加项目人员（人）	项目经费内部支出（万元）	#政府资金
总　计	**67518**	**698719**	**15406734**	**554437**
按项目来源分组				
国家科技项目	1647	25790	637409	221618
地方科技项目	3902	49902	1187177	140909
企业委托科技项目	1955	16238	354444	9738
自选科技项目	57956	583001	12682960	172620
来自国外的科技项目	497	4885	148768	821
其它科技项目	1561	18903	395976	8731
按项目合作形式分组				
与境外机构合作	940	10886	332368	7647
与国内高校合作	5257	62585	1458345	112165
与国内独立研究机构合作	3067	29540	746784	74183
与境内注册外商独资企业合作	429	4707	93079	3266
与境内注册其他企业合作	2629	24834	615728	35979
独立完成	53485	545150	11700130	310388
其他	1711	21017	460300	10809
按项目技术经济目标分组				
科学原理的探索、发现	385	3847	82920	2403
技术原理的研究	1817	17280	369285	21253
开发全新产品	35421	352358	7650472	329589
增加产品功能或提高性能	21088	224598	4885744	138797
提高劳动生产率	2176	22904	486279	10809
减少能源消耗或提高能源使用效率	3457	41992	1135170	25314
节约原材料	911	10859	230178	5725
减少环境污染	1114	13241	310691	10926
其他	1149	11640	255996	9621

5-2-4 国有及国有控股企业限额以上R&D项目情况

类　别	项目数（项）	参加项目人员（人）	项目经费内部支出（万元）	#政府资金
总　计	**55771**	**780214**	**22389721**	**1429825**
按项目来源分组				
国家科技项目	3091	71141	2388720	969989
地方科技项目	2967	46052	1449831	166744
企业委托科技项目	2204	25280	523254	25841
自选科技项目	46449	620224	17455933	210680
来自国外的科技项目	147	2495	170031	10664
其它科技项目	913	15022	401953	45907
按项目合作形式分组				
与境外机构合作	595	14173	837689	12986
与国内高校合作	6197	97603	2471896	209754
与国内独立研究机构合作	3926	67458	1837940	307588
与境内注册外商独资企业合作	187	2873	229770	1811
与境内注册其他企业合作	4561	60028	1746451	138133
独立完成	39195	526568	14919670	747396
其他	1110	11511	346305	12157
按项目技术经济目标分组				
科学原理的探索、发现	369	4016	77653	4199
技术原理的研究	4733	56846	1343574	111903
开发全新产品	23956	351800	10660768	921032
增加产品功能或提高性能	15137	217292	6003419	279790
提高劳动生产率	3460	44570	918124	19259
减少能源消耗或提高能源使用效率	2899	39784	1365830	46179
节约原材料	943	12794	561118	4827
减少环境污染	1517	17934	538878	12589
其他	2757	35178	920359	30048

5-2-5 内资企业限额以上R&D项目情况

类　　别	项目数(项)	参加项目人员(人)	项目经费内部支出(万元)	#政府资金
总　计	**182291**	**2016605**	**52621916**	**2295739**
按项目来源分组				
国家科技项目	5626	105699	3252284	1173670
地方科技项目	11459	144791	4016075	437249
企业委托科技项目	4831	45529	980565	38221
自选科技项目	155736	1668103	43111864	572466
来自国外的科技项目	480	5039	143602	11985
其它科技项目	4159	47444	1117526	62148
按项目合作形式分组				
与境外机构合作	1321	18032	566502	26408
与国内高校合作	17923	227723	5759938	420514
与国内独立研究机构合作	9076	118645	3164441	378737
与境内注册外商独资企业合作	744	8614	198044	5158
与境内注册其他企业合作	8588	103572	2730136	189016
独立完成	139775	1491615	39005835	1239946
其他	4864	48404	1197020	35961
按项目技术经济目标分组				
科学原理的探索、发现	1145	11066	273396	9455
技术原理的研究	7616	92646	2470918	149038
开发全新产品	87460	938758	24273925	1357116
增加产品功能或提高性能	56074	639674	16688572	531799
提高劳动生产率	7177	81392	1776124	39160
减少能源消耗或提高能源使用效率	10800	124087	3662569	114299
节约原材料	2888	32692	1035431	15198
减少环境污染	4215	44464	1151943	37883
其他	4916	51826	1289037	41790

5-2-6　港澳台商投资企业限额以上R&D项目情况

类　　别	项目数 (项)	参加项目人员 (人)	项目经费内部支出 (万元)	
				#政府资金
总　计	**23054**	**287444**	**6897958**	**147904**
按项目来源分组				
国家科技项目	249	4512	162007	34672
地方科技项目	964	16594	382253	36859
企业委托科技项目	441	4528	103983	1474
自选科技项目	20699	253354	6072370	72838
来自国外的科技项目	240	3495	78244	450
其它科技项目	461	4961	99101	1612
按项目合作形式分组				
与境外机构合作	349	6143	135634	2500
与国内高校合作	1448	18853	472601	31214
与国内独立研究机构合作	717	6519	170424	8667
与境内注册外商独资企业合作	156	2325	45379	1247
与境内注册其他企业合作	650	6745	225689	5605
独立完成	19119	239744	5711517	96499
其他	615	7115	136713	2173
按项目技术经济目标分组				
科学原理的探索、发现	61	614	16454	790
技术原理的研究	479	5546	163350	5767
开发全新产品	11856	134549	3346704	76036
增加产品功能或提高性能	7631	104334	2402390	53774
提高劳动生产率	711	8904	195784	2783
减少能源消耗或提高能源使用效率	1253	22267	508606	5105
节约原材料	298	2959	82084	421
减少环境污染	369	3827	92151	1255
其他	396	4444	90435	1975

5-2-7 外资企业限额以上R&D项目情况

类　别	项目数（项）	参加项目人员（人）	项目经费内部支出（万元）	#政府资金
总　计	**29239**	**373931**	**11022479**	**154088**
按项目来源分组				
国家科技项目	368	8089	289644	51630
地方科技项目	890	13574	455677	45378
企业委托科技项目	1088	8192	281635	3223
自选科技项目	25471	326559	9292456	52022
来自国外的科技项目	740	8368	403371	710
其它科技项目	682	9149	299695	1126
按项目合作形式分组				
与境外机构合作	1283	19572	1084259	6284
与国内高校合作	1486	18135	593083	25647
与国内独立研究机构合作	833	9995	365009	23825
与境内注册外商独资企业合作	330	5881	351716	988
与境内注册其他企业合作	824	9683	394077	9909
独立完成	23681	298805	7941627	85563
其他	802	11860	292708	1872
按项目技术经济目标分组				
科学原理的探索、发现	170	3252	69136	875
技术原理的研究	653	6815	194883	4030
开发全新产品	14647	187677	5616450	106873
增加产品功能或提高性能	9919	127698	3742840	30291
提高劳动生产率	1000	11706	261527	2052
减少能源消耗或提高能源使用效率	1528	19547	625862	4768
节约原材料	395	4425	135581	582
减少环境污染	439	5906	224922	2721
其他	488	6905	151278	1896

六、工业企业办研发机构情况

（2013）

6-1　分登记注册类型企业办研发机构情况

登记注册类型	机构数 (个)	机构人员数 (人)	#博士	#硕士	机构经费支出 (万元)	仪器和设备原价 (万元)
合　计	**51625**	**2387943**	**41065**	**254600**	**59415190**	**41320723**
国有及国有控股	**5483**	**614086**	**9297**	**89585**	**16821025**	**14355243**
内资企业	**41257**	**1790066**	**33453**	**200647**	**43254514**	**28711977**
国有企业	730	74332	1519	12994	1618153	1596942
集体企业	169	6250	227	1090	215254	119914
股份合作企业	106	2330	45	81	40837	37897
联营企业	14	2420	20	288	92016	19111
国有联营企业	9	2268	20	267	90241	18472
集体联营企业	1	33			709	70
国有与集体联营企业	3	106		21	826	521
其他联营企业	1	13			240	48
有限责任公司	11490	693710	11924	95897	18650505	12103584
国有独资公司	1017	121766	1672	16598	3137148	2650265
其他有限责任公司	10473	571944	10252	79299	15513357	9453319
股份有限公司	4741	431781	7344	50869	10410722	6755543
私营企业	23892	575188	12283	39039	12143200	8027311
私营独资企业	779	10546	236	781	192014	176432
私营合伙企业	119	1447	41	93	24585	10296
私营有限责任公司	21332	495855	10557	32434	10443557	6866482
私营股份有限公司	1662	67340	1449	5731	1483044	974101
其他企业	115	4055	91	389	83826	51674
港、澳、台商投资企业	**4627**	**252441**	**2946**	**19313**	**5996929**	**3628493**
合资经营企业	2176	100338	1205	6331	2577509	1439653
合作经营企业	86	2823	56	155	107581	52265
港、澳、台商独资经营企业	2186	131092	1406	10617	2862393	1854350
港、澳、台商投资股份有限公司	172	17738	265	2154	439931	279020
其他港澳台投资企业	7	450	14	56	9514	3206
外商投资企业	**5741**	**345436**	**4666**	**34640**	**10163747**	**8980253**
中外合资经营企业	2686	156584	2160	17462	5477387	5449035
中外合作经营企业	108	5035	68	394	157069	83442
外资企业	2787	164655	2065	13228	3912371	2949480
外商投资股份有限公司	151	18597	338	3477	604541	493148
其他外商投资企业	9	565	35	79	12380	5148

6-2 分登记注册类型大型企业办研发机构情况

登记注册类型	机构数(个)	机构人员数(人)	#博士	#硕士	机构经费支出(万元)	仪器和设备原价(万元)
合　计	**7843**	**1205490**	**17240**	**158961**	**36532988**	**23681251**
国有及国有控股	**2733**	**486753**	**7330**	**73223**	**14346135**	**11816323**
内资企业	**5854**	**882561**	**14004**	**125105**	**26214278**	**15920159**
国有企业	333	55847	1254	10358	1336758	1230439
集体企业	36	3529	170	979	168633	71912
股份合作企业	1	10			200	150
联营企业	5	2176	17	256	87347	17560
国有联营企业	5	2176	17	256	87347	17560
集体联营企业						
国有与集体联营企业						
其他联营企业						
有限责任公司	2407	409037	5990	69134	13285610	7691952
国有独资公司	592	102676	1465	14431	2843711	2271148
其他有限责任公司	1815	306361	4525	54703	10441899	5420803
股份有限公司	1837	301144	4718	37042	8006983	4991518
私营企业	1225	108621	1836	7165	3290423	1901571
私营独资企业	9	531	20	108	12652	4290
私营合伙企业	1	25	1	5	2743	2162
私营有限责任公司	979	82771	1312	4935	2578189	1551443
私营股份有限公司	236	25294	503	2117	696839	343677
其他企业	10	2197	19	171	38324	15058
港、澳、台商投资企业	**871**	**129368**	**1199**	**11905**	**3518360**	**1673672**
合资经营企业	318	41772	337	2757	1307001	514134
合作经营企业	6	253	7	22	57564	8325
港、澳、台商独资经营企业	485	75042	703	7443	1848835	954236
港、澳、台商投资股份有限公司	61	12181	152	1679	303830	196912
其他港澳台投资企业	1	120		4	1131	65
外商投资企业	**1118**	**193561**	**2037**	**21951**	**6800350**	**6087420**
中外合资经营企业	493	84821	824	11389	3800694	4195143
中外合作经营企业	13	2062	20	155	85046	26533
外资企业	538	91402	890	7142	2396170	1425841
外商投资股份有限公司	71	15147	287	3238	515913	438773
其他外商投资企业	3	129	16	27	2526	1130

6-3 分登记注册类型中型企业办研发机构情况

登记注册类型	机构数（个）	机构人员数（人）	#博士	#硕士	机构经费支出（万元）	仪器和设备原价（万元）
合　计	**15504**	**668411**	**11064**	**53225**	**13302919**	**10267812**
国有及国有控股	**1742**	**95800**	**1304**	**11522**	**1862965**	**1840748**
内资企业	**11397**	**483817**	**8456**	**39894**	**9323827**	**7142715**
国有企业	278	13709	173	1684	209895	225286
集体企业	49	1488	34	37	25479	33990
股份合作企业	31	1140	31	39	19794	23589
联营企业	2	28		2	216	86
国有联营企业	1	16		1	120	30
集体联营企业						
国有与集体联营企业	1	12		1	96	56
其他联营企业						
有限责任公司	3600	169036	2779	15456	3258218	2589092
国有独资公司	297	15060	130	1694	222017	273968
其他有限责任公司	3303	153976	2649	13762	3036201	2315124
股份有限公司	1747	99348	1809	10340	1807899	1349349
私营企业	5661	198480	3606	12238	3990121	2899415
私营独资企业	113	3275	62	209	56582	111741
私营合伙企业	18	454	3	16	6800	3069
私营有限责任公司	4981	169735	3066	10084	3424650	2355216
私营股份有限公司	549	25016	475	1929	502089	429389
其他企业	29	588	24	98	12206	21909
港、澳、台商投资企业	**1822**	**82418**	**992**	**4676**	**1657109**	**1249888**
合资经营企业	849	37303	455	2171	823465	616746
合作经营企业	36	1558	18	64	23540	36156
港、澳、台商独资经营企业	857	38676	403	1968	682441	522328
港、澳、台商投资股份有限公司	76	4559	102	421	119441	71740
其他港澳台投资企业	4	322	14	52	8222	2918
外商投资企业	**2285**	**102176**	**1616**	**8655**	**2321983**	**1875209**
中外合资经营企业	1008	46285	760	3900	1156310	905279
中外合作经营企业	49	1998	31	197	50933	48352
外资企业	1176	51010	775	4334	1043080	881064
外商投资股份有限公司	49	2564	41	186	66453	38138
其他外商投资企业	3	319	9	38	5208	2376

6-4 分行业企业办研发机构情况

行 业	机构数 (个)	机构人员数 (人)	#博士	#硕士	机构经费支出 (万元)	仪器和设备原价 (万元)
合 计	**51625**	**2387943**	**41065**	**254600**	**59415190**	**41320723**
采矿业	**605**	**69089**	**1523**	**11039**	**1596413**	**1074339**
煤炭开采和洗选业	245	20038	360	2273	662843	407461
石油和天然气开采业	105	36298	897	7459	635239	411341
黑色金属矿采选业	53	1758	26	101	39142	24708
有色金属矿采选业	66	2663	58	197	123692	66233
非金属矿采选业	103	2831	77	243	48545	28295
开采辅助活动	30	5454	104	760	86691	136269
制造业	**50714**	**2299409**	**38726**	**239499**	**57470392**	**39745673**
农副食品加工业	1803	45095	1918	5197	1101313	795867
食品制造业	909	28670	1030	3487	711377	455648
酒、饮料和精制茶制造业	654	30344	589	2421	803087	776370
烟草制品业	36	2719	159	731	243409	245004
纺织业	2240	59434	912	2915	1290344	1038785
纺织服装、服饰业	1162	33207	391	1397	590382	338234
皮革、毛皮、羽毛及其制品和制鞋业	525	16355	191	558	260461	132132
木材加工和木、竹、藤、棕、草制品业	548	8882	251	661	176973	100440
家具制造业	288	9335	70	328	164913	85952
造纸和纸制品业	470	19375	322	950	641632	503799
印刷和记录媒介复制业	419	11484	168	742	217095	279740
文教、工美、体育和娱乐用品制造业	842	23888	255	1018	415515	464399
石油加工、炼焦和核燃料加工业	235	12167	320	1511	623770	422772
化学原料和化学制品制造业	4870	169864	4420	16781	5033284	2979921
医药制造业	2529	115460	4368	19299	2636900	1813530
化学纤维制造业	455	18506	269	1105	689276	625705
橡胶和塑料制品业	1827	62967	857	3459	1607696	1165922
非金属矿物制品业	2198	66994	1413	5171	1302060	1182136
黑色金属冶炼和压延加工业	1191	75247	1322	5760	2932029	1719456
有色金属冶炼和压延加工业	1199	54380	1056	4445	1913554	1417474
金属制品业	2279	79557	1053	4431	1503625	1280531
通用设备制造业	4964	194350	2497	14735	3906915	2914258
专用设备制造业	4021	167585	2952	19330	3183235	2394725
汽车制造业	2429	191934	1881	18830	5671150	5555422
铁路、船舶、航空航天和其他运输设备制造业	1047	91473	681	9738	1989268	1622164
电气机械和器材制造业	5799	271088	3575	22286	6215183	4263924
计算机、通信和其他电子设备制造业	3991	362497	4645	63952	10307272	4383851
仪器仪表制造业	1494	65265	1015	7365	1123158	635238
其他制造业	141	5939	71	402	103401	84336
废弃资源综合利用业	93	2752	56	262	69581	41525
金属制品、机械和设备修理业	56	2596	19	232	42537	26413
电力、热力、燃气及水生产和供应业	**306**	**19445**	**816**	**4062**	**348384**	**500710**
电力、热力生产和供应业	217	17121	684	3631	310182	471845
燃气生产和供应业	20	489	91	110	15700	4326
水的生产和供应业	69	1835	41	321	22502	24539

6-5　分行业大型企业办研发机构情况

行　业	机构数（个）	机构人员数（人）	#博士	#硕士	机构经费支出（万元）	仪器和设备原价（万元）
合　计	**7843**	**1205490**	**17240**	**158961**	**36532988**	**23681251**
采矿业	**360**	**64307**	**1411**	**10686**	**1505606**	**1023651**
煤炭开采和洗选业	188	19198	351	2250	646191	400392
石油和天然气开采业	103	36200	892	7420	630256	411242
黑色金属矿采选业	14	1180	11	72	22927	10615
有色金属矿采选业	21	1588	39	142	109291	56068
非金属矿采选业	19	1063	32	108	21864	13398
开采辅助活动	15	5078	86	694	75076	131938
制造业	**7394**	**1128639**	**15233**	**145310**	**34840478**	**22377996**
农副食品加工业	208	15707	580	1792	471616	324715
食品制造业	125	10526	287	1137	326211	202864
酒、饮料和精制茶制造业	170	19550	266	1254	585574	589600
烟草制品业	18	2029	138	613	219660	193873
纺织业	292	25742	377	1315	663902	548756
纺织服装、服饰业	150	14944	162	627	311940	165066
皮革、毛皮、羽毛及其制品和制鞋业	73	7550	121	244	134786	71818
木材加工和木、竹、藤、棕、草制品业	32	970	47	76	23360	6845
家具制造业	41	4271	17	144	97415	45632
造纸和纸制品业	80	10611	135	516	458700	213889
印刷和记录媒介复制业	30	2142	17	166	60164	34765
文教、工美、体育和娱乐用品制造业	74	7170	87	318	145861	78710
石油加工、炼焦和核燃料加工业	105	8781	240	1163	501423	346484
化学原料和化学制品制造业	654	59723	1148	5893	2131553	1343788
医药制造业	373	45362	1572	8526	1145761	796592
化学纤维制造业	94	10880	112	633	472229	379546
橡胶和塑料制品业	192	25283	210	1117	900201	649289
非金属矿物制品业	213	22292	396	1659	492961	452189
黑色金属冶炼和压延加工业	313	57899	979	4752	2429471	1391187
有色金属冶炼和压延加工业	261	31121	467	2647	1317521	831682
金属制品业	245	31165	384	1895	617693	564908
通用设备制造业	508	69032	690	7196	1784339	1195732
专用设备制造业	383	61620	760	10540	1342271	1063580
汽车制造业	489	125747	1072	15145	4454466	4422318
铁路、船舶、航空航天和其他运输设备制造业	294	64815	419	7168	1490288	1262870
电气机械和器材制造业	945	129691	1379	12480	3484852	2152517
计算机、通信和其他电子设备制造业	845	239315	2930	52902	8308535	2785281
仪器仪表制造业	138	19037	219	3017	357137	179928
其他制造业	21	2586	8	108	49333	44984
废弃资源综合利用业	11	1260	12	98	28532	18844
金属制品、机械和设备修理业	17	1818	2	169	32727	19743
电力、热力、燃气及水生产和供应业	**89**	**12544**	**596**	**2965**	**186904**	**279604**
电力、热力生产和供应业	75	11885	563	2767	180503	273836
燃气生产和供应业	3	79	6	36	1820	1150
水的生产和供应业	11	580	27	162	4580	4619

6-6 分行业中型企业办研发机构情况

行　业	机构数（个）	机构人员数（人）	#博士	#硕士	机构经费支出（万元）	仪器和设备原价（万元）
合　计	**15504**	**668411**	**11064**	**53225**	**13302919**	**10267812**
采矿业	**108**	**3040**	**73**	**223**	**56862**	**33759**
煤炭开采和洗选业	27	511	5	19	10127	5228
石油和天然气开采业	1	28	4	17	522	34
黑色金属矿采选业	14	313	11	20	8889	7112
有色金属矿采选业	30	827	18	44	11047	8459
非金属矿采选业	30	1066	17	59	16476	9492
开采辅助活动	6	295	18	64	9803	3434
制造业	**15288**	**661014**	**10862**	**52369**	**13128079**	**10121928**
农副食品加工业	424	12335	488	1411	290763	280593
食品制造业	279	9607	339	1298	232787	147097
酒、饮料和精制茶制造业	174	6111	160	696	133494	122423
烟草制品业	11	355	12	62	14247	20313
纺织业	819	20810	336	948	389552	333146
纺织服装、服饰业	551	13059	172	552	211978	124587
皮革、毛皮、羽毛及其制品和制鞋业	254	6484	49	210	91048	40589
木材加工和木、竹、藤、棕、草制品业	120	3384	94	259	70246	34078
家具制造业	108	3112	34	99	44617	20044
造纸和纸制品业	156	5370	129	307	125296	98272
印刷和记录媒介复制业	125	5279	84	328	88615	171134
文教、工美、体育和娱乐用品制造业	309	9905	82	342	156096	80795
石油加工、炼焦和核燃料加工业	31	1729	26	140	70445	34234
化学原料和化学制品制造业	1291	53226	1224	5040	1528401	849631
医药制造业	844	41624	1400	6510	888776	636239
化学纤维制造业	123	4312	79	250	130746	166136
橡胶和塑料制品业	515	20669	285	1191	402774	310204
非金属矿物制品业	659	24091	438	1877	434169	396020
黑色金属冶炼和压延加工业	262	8478	196	511	303686	181806
有色金属冶炼和压延加工业	289	12386	243	958	317192	368959
金属制品业	660	26892	319	1304	480074	393030
通用设备制造业	1390	67625	774	3904	1155723	984535
专用设备制造业	1063	54809	1060	4647	977626	791102
汽车制造业	809	43033	408	2368	824578	764885
铁路、船舶、航空航天和其他运输设备制造业	310	16585	115	1608	323330	215038
电气机械和器材制造业	1714	80534	1027	5635	1634100	1197823
计算机、通信和其他电子设备制造业	1479	82664	926	7470	1343498	1068534
仪器仪表制造业	448	24167	320	2262	420632	263402
其他制造业	48	1622	25	110	26809	18556
废弃资源综合利用业	14	509	10	43	12828	5543
金属制品、机械和设备修理业	9	248	8	29	3956	3182
电力、热力、燃气及水生产和供应业	**108**	**4357**	**129**	**633**	**117978**	**112126**
电力、热力生产和供应业	67	3212	42	466	97148	94052
燃气生产和供应业	8	275	79	57	10036	1581
水的生产和供应业	33	870	8	110	10794	16492

6-7 分行业国有及国有控股企业办研发机构情况

行业	机构数（个）	机构人员数（人）	#博士	#硕士	机构经费支出（万元）	仪器和设备原价（万元）
合计	**5483**	**614086**	**9297**	**89585**	**16821025**	**14355243**
采矿业	**393**	**63796**	**1418**	**10197**	**1473339**	**1020296**
煤炭开采和洗选业	190	19315	351	2236	644513	399427
石油和天然气开采业	103	35429	874	6847	601377	404335
黑色金属矿采选业	13	838	11	61	13710	13830
有色金属矿采选业	45	1901	53	170	114221	55843
非金属矿采选业	28	1056	27	132	20351	12660
开采辅助活动	14	5257	102	751	79167	134201
制造业	**4863**	**532283**	**7179**	**75528**	**15048478**	**12855797**
农副食品加工业	62	2801	107	254	47065	35859
食品制造业	63	3072	125	421	85344	45929
酒、饮料和精制茶制造业	126	13419	178	804	372604	398030
烟草制品业	30	2537	157	725	238031	242926
纺织业	86	7337	77	338	168278	180282
纺织服装、服饰业	35	2562	13	120	26967	39470
皮革、毛皮、羽毛及其制品和制鞋业	8	928	14	33	10204	3554
木材加工和木、竹、藤、棕、草制品业	8	229	9	31	1737	3271
家具制造业	6	801	4	54	36687	16448
造纸和纸制品业	51	3271	54	220	94337	56517
印刷和记录媒介复制业	28	1372	25	193	39646	49254
文教、工美、体育和娱乐用品制造业	11	650	13	23	13331	5177
石油加工、炼焦和核燃料加工业	81	6061	144	980	235300	205378
化学原料和化学制品制造业	570	40411	714	3926	1149154	949108
医药制造业	292	17360	487	2950	409730	306039
化学纤维制造业	49	3612	70	416	183345	103118
橡胶和塑料制品业	105	7897	60	490	230039	134690
非金属矿物制品业	235	11915	202	1240	236315	221008
黑色金属冶炼和压延加工业	150	31826	661	3410	1329880	794565
有色金属冶炼和压延加工业	220	19494	307	2046	574207	451206
金属制品业	195	17554	162	1517	247016	349863
通用设备制造业	467	39632	388	5531	1006264	746877
专用设备制造业	367	44487	571	6788	845872	772210
汽车制造业	383	81507	798	13013	3251434	3576932
铁路、船舶、航空航天和其他运输设备制造业	299	61380	352	8043	1239844	1182536
电气机械和器材制造业	324	37274	402	5627	1037469	715343
计算机、通信和其他电子设备制造业	414	56082	886	13181	1642235	1026738
仪器仪表制造业	142	11601	177	2667	194858	151394
其他制造业	23	2180	6	175	42997	51567
废弃资源综合利用业	13	1377	14	141	27156	21791
金属制品、机械和设备修理业	20	1654	2	171	31134	18722
电力、热力、燃气及水生产和供应业	**227**	**18007**	**700**	**3860**	**299209**	**479150**
电力、热力生产和供应业	172	16500	662	3567	278641	456581
燃气生产和供应业	6	91	5	21	3639	803
水的生产和供应业	49	1416	33	272	16929	21767

6-8 分行业内资企业办研发机构情况

行　业	机构数（个）	机构人员数（人）	#博士	#硕士	机构经费支出（万元）	仪器和设备原价（万元）
合　计	**41257**	**1790066**	**33453**	**200647**	**43254514**	**28711977**
采矿业	**586**	**67611**	**1480**	**10411**	**1550750**	**1061505**
煤炭开采和洗选业	245	20038	360	2273	662843	407461
石油和天然气开采业	103	35429	874	6847	601377	404335
黑色金属矿采选业	48	1592	24	96	37757	24621
有色金属矿采选业	64	2628	55	195	123587	65334
非金属矿采选业	95	2439	62	235	38671	23625
开采辅助活动	28	5438	104	759	86255	136097
制造业	**40415**	**1704572**	**31265**	**186405**	**41402453**	**27170203**
农副食品加工业	1577	36485	1663	4336	894551	674369
食品制造业	727	20755	809	2392	427094	321259
酒、饮料和精制茶制造业	581	27031	522	2141	744797	718461
烟草制品业	35	2699	159	730	242960	244662
纺织业	1787	44543	732	2320	984913	845758
纺织服装、服饰业	773	22131	276	986	403511	260235
皮革、毛皮、羽毛及其制品和制鞋业	364	11911	137	365	165081	89966
木材加工和木、竹、藤、棕、草制品业	490	7332	203	553	145396	85909
家具制造业	194	5659	40	191	90963	43676
造纸和纸制品业	364	12133	275	678	379789	213884
印刷和记录媒介复制业	331	8279	149	625	160532	206194
文教、工美、体育和娱乐用品制造业	580	15353	180	630	256636	155538
石油加工、炼焦和核燃料加工业	210	11113	297	1418	597666	381112
化学原料和化学制品制造业	4025	140998	3582	13604	3938298	2423542
医药制造业	2056	87646	3258	13591	1898416	1381703
化学纤维制造业	352	14043	208	930	491001	394121
橡胶和塑料制品业	1396	36843	636	2319	949327	575229
非金属矿物制品业	1907	54421	1206	4468	1073440	934358
黑色金属冶炼和压延加工业	1044	61692	1193	5140	2562231	1413784
有色金属冶炼和压延加工业	1033	46341	932	3906	1602951	1120578
金属制品业	1871	62230	957	3722	1178709	981516
通用设备制造业	4112	150972	2049	11529	2822704	2255243
专用设备制造业	3358	133691	2473	15932	2479469	1873969
汽车制造业	1856	137238	1478	11994	3316033	2199039
铁路、船舶、航空航天和其他运输设备制造业	862	80174	644	9110	1697456	1424141
电气机械和器材制造业	4604	203352	2951	17519	4640595	3331533
计算机、通信和其他电子设备制造业	2464	208298	3264	48514	6232461	1983914
仪器仪表制造业	1221	51764	859	5993	849767	508199
其他制造业	111	5002	62	365	85177	72826
废弃资源综合利用业	85	2600	54	257	66339	40983
金属制品、机械和设备修理业	45	1843	17	147	24193	14503
电力、热力、燃气及水生产和供应业	**256**	**17883**	**708**	**3831**	**301311**	**480269**
电力、热力生产和供应业	195	16488	680	3604	283342	457589
燃气生产和供应业	6	79	2	11	1322	734
水的生产和供应业	55	1316	26	216	16647	21946

6-9 分行业港澳台商投资企业办研发机构情况

行　业	机构数（个）	机构人员数（人）	#博士	#硕士	机构经费支出（万元）	仪器和设备原价（万元）
合　计	**4627**	**252441**	**2946**	**19313**	**5996929**	**3628493**
采矿业	**5**	**903**	**26**	**615**	**34234**	**7198**
煤炭开采和洗选业						
石油和天然气开采业	2	869	23	612	33862	7006
黑色金属矿采选业	1	6			35	2
有色金属矿采选业						
非金属矿采选业	2	28	3	3	336	191
开采辅助活动						
制造业	**4602**	**251146**	**2913**	**18653**	**5953411**	**3616352**
农副食品加工业	120	5145	111	440	115644	43529
食品制造业	76	2633	64	361	88978	33329
酒、饮料和精制茶制造业	22	823	15	85	18447	19109
烟草制品业	1	20		1	450	342
纺织业	282	9469	114	319	195109	102130
纺织服装、服饰业	181	6871	74	282	124055	46577
皮革、毛皮、羽毛及其制品和制鞋业	77	2574	45	105	45177	15876
木材加工和木、竹、藤、棕、草制品业	26	837	24	67	16224	8372
家具制造业	48	2325	16	94	54602	23542
造纸和纸制品业	54	2738	25	101	127097	197895
印刷和记录媒介复制业	64	2229	10	79	44391	54184
文教、工美、体育和娱乐用品制造业	110	4300	37	204	80873	29562
石油加工、炼焦和核燃料加工业	20	757	16	67	17608	38346
化学原料和化学制品制造业	367	12840	286	1158	508092	240583
医药制造业	218	13625	526	2477	320558	207669
化学纤维制造业	61	2884	24	91	126529	152223
橡胶和塑料制品业	204	11351	102	499	279238	162949
非金属矿物制品业	144	7526	114	392	118057	132130
黑色金属冶炼和压延加工业	80	9599	70	349	230659	85067
有色金属冶炼和压延加工业	67	3179	47	209	151082	76344
金属制品业	192	7010	46	303	125684	156282
通用设备制造业	316	13692	198	820	286508	166491
专用设备制造业	260	12407	90	924	222883	219457
汽车制造业	173	13826	78	630	278946	179762
铁路、船舶、航空航天和其他运输设备制造业	68	3980	11	175	81489	67271
电气机械和器材制造业	562	30673	295	1638	589438	306299
计算机、通信和其他电子设备制造业	694	61643	423	6312	1608413	805659
仪器仪表制造业	96	5569	47	436	85855	41750
其他制造业	14	416	3	11	6389	2397
废弃资源综合利用业	3	20	1	4	573	66
金属制品、机械和设备修理业	2	185	1	20	4365	1160
电力、热力、燃气及水生产和供应业	**20**	**392**	**7**	**45**	**9285**	**4942**
电力、热力生产和供应业	7	89		14	2632	1832
燃气生产和供应业	7	121	5	13	3099	1487
水的生产和供应业	6	182	2	18	3554	1623

6-10 分行业外商投资企业办研发机构情况

行业	机构数（个）	机构人员数（人）	#博士	#硕士	机构经费支出（万元）	仪器和设备原价（万元）
合　计	**5741**	**345436**	**4666**	**34640**	**10163747**	**8980253**
采矿业	**14**	**575**	**17**	**13**	**11429**	**5636**
煤炭开采和洗选业						
石油和天然气开采业						
黑色金属矿采选业	4	160	2	5	1350	86
有色金属矿采选业	2	35	3	2	105	899
非金属矿采选业	6	364	12	5	9538	4479
开采辅助活动	2	16		1	437	172
制造业	**5697**	**343691**	**4548**	**34441**	**10114529**	**8959118**
农副食品加工业	106	3465	144	421	91118	77970
食品制造业	106	5282	157	734	195305	101061
酒、饮料和精制茶制造业	51	2490	52	195	39843	38800
烟草制品业						
纺织业	171	5422	66	276	110323	90898
纺织服装、服饰业	208	4205	41	129	62816	31422
皮革、毛皮、羽毛及其制品和制鞋业	84	1870	9	88	50203	26290
木材加工和木、竹、藤、棕、草制品业	32	713	24	41	15353	6159
家具制造业	46	1351	14	43	19349	18733
造纸和纸制品业	52	4504	22	171	134747	92020
印刷和记录媒介复制业	24	976	9	38	12171	19363
文教、工美、体育和娱乐用品制造业	152	4235	38	184	78006	279300
石油加工、炼焦和核燃料加工业	5	297	7	26	8496	3313
化学原料和化学制品制造业	478	16026	552	2019	586893	315796
医药制造业	255	14189	584	3231	417926	224158
化学纤维制造业	42	1579	37	84	71746	79361
橡胶和塑料制品业	227	14773	119	641	379131	427744
非金属矿物制品业	147	5047	93	311	110563	115649
黑色金属冶炼和压延加工业	67	3956	59	271	139140	220605
有色金属冶炼和压延加工业	99	4860	77	330	159522	220552
金属制品业	216	10317	50	406	199232	142733
通用设备制造业	536	29686	250	2386	797703	492525
专用设备制造业	403	21487	389	2474	480883	301298
汽车制造业	400	40870	325	6206	2076171	3176622
铁路、船舶、航空航天和其他运输设备制造业	117	7319	26	453	210322	130752
电气机械和器材制造业	633	37063	329	3129	985150	626091
计算机、通信和其他电子设备制造业	833	92556	958	9126	2466398	1594278
仪器仪表制造业	177	7932	109	936	187536	85290
其他制造业	16	521	6	26	11835	9113
废弃资源综合利用业	5	132	1	1	2670	477
金属制品、机械和设备修理业	9	568	1	65	13979	10750
电力、热力、燃气及水生产和供应业	**30**	**1170**	**101**	**186**	**37789**	**15500**
电力、热力生产和供应业	15	544	4	13	24208	12424
燃气生产和供应业	7	289	84	86	11279	2106
水的生产和供应业	8	337	13	87	2302	970

6-11 各地区企业办研发机构情况

地　区	机构数（个）	机构人员数（人）	#博士	#硕士	机构经费支出（万元）	仪器和设备原价（万元）
全　国	**51625**	**2387943**	**41065**	**254600**	**59415190**	**41320723**
东部地区	38711	1688056	27363	174583	44314156	28567834
中部地区	7805	365232	7985	42719	7965010	6347472
西部地区	3885	240864	4042	25803	5247126	4576387
东北地区	1224	93791	1675	11495	1888898	1829031
北　京	632	51877	1302	10918	1455255	557522
天　津	905	45199	798	4814	1233616	1090126
河　北	929	72960	970	6545	1301963	1087286
山　西	240	21132	348	2511	418494	371842
内蒙古	240	17663	328	1913	347143	302809
辽　宁	758	47536	798	5461	1108563	957315
吉　林	208	22112	433	2658	450987	473808
黑龙江	258	24143	444	3376	329347	397907
上　海	890	80636	1810	15588	3236662	2527266
江　苏	17996	532194	9400	42141	13098299	10052872
浙　江	8278	282873	3103	15904	6505642	4047255
安　徽	2737	93033	1976	8068	2233003	1587378
福　建	1448	76490	1171	5283	1542227	1277523
江　西	710	28722	536	2518	642525	330808
山　东	3897	232358	5016	26169	7592392	4792818
河　南	1577	97416	1963	8838	1911740	1186196
湖　北	1096	67314	1709	10932	1688661	1487953
湖　南	1445	57615	1453	9852	1070587	1383295
广　东	3700	311362	3731	46711	8304164	3097864
广　西	447	21243	328	1819	520693	411711
海　南	36	2107	62	510	43935	37302
重　庆	546	33606	494	3310	891236	589676
四　川	999	66548	1095	7088	1443317	1357346
贵　州	165	14530	155	1243	357118	345935
云　南	339	13163	285	1342	388795	253489
西　藏	6	110	9	18	1599	235
陕　西	558	39763	625	5869	630959	773794
甘　肃	243	14559	286	1263	291521	187152
青　海	33	2204	34	212	38064	53039
宁　夏	159	7901	175	533	115558	114257
新　疆	150	9574	228	1193	221123	186945

6-12 各地区大型企业办研发机构情况

地　区	机构数（个）	机构人员数（人）	#博士	#硕士	机构经费支出（万元）	仪器和设备原价（万元）
全　国	**7843**	**1205490**	**17240**	**158961**	**36532988**	**23681251**
东部地区	5020	783346	10975	105639	25799769	15292542
中部地区	1430	206857	3239	27732	5437384	3863602
西部地区	1142	152862	2179	17136	3914435	3181377
东北地区	251	62425	847	8454	1381400	1343731
北　京	111	24183	588	4946	706414	307885
天　津	123	21692	331	2632	723340	645197
河　北	214	47374	480	4464	921242	794941
山　西	64	14155	218	1787	318430	256836
内蒙古	97	13467	207	1472	270851	210307
辽　宁	144	28966	294	3588	739132	657845
吉　林	45	15650	240	2091	380750	378603
黑龙江	62	17809	313	2775	261519	307283
上　海	184	48541	1176	11691	2438221	1745100
江　苏	1761	182439	2445	16537	5715360	4766791
浙　江	635	85625	974	7529	2401378	1241728
安　徽	361	42009	705	4168	1350105	757143
福　建	213	36522	363	2738	847473	635891
江　西	108	15441	149	1398	443027	207203
山　东	973	138461	2563	16337	5648480	3325301
河　南	491	61701	869	5338	1399952	796852
湖　北	202	42935	820	8164	1322232	1006995
湖　南	204	30616	478	6877	603639	838573
广　东	806	198509	2055	38765	6397862	1829709
广　西	108	10741	171	1068	340817	272797
海　南						
重　庆	149	20710	246	2037	692814	416170
四　川	301	44398	612	4822	1115085	1045979
贵　州	54	7073	104	645	269677	196180
云　南	58	5759	156	722	253529	118953
西　藏						
陕　西	207	27436	321	4063	458884	578823
甘　肃	73	10931	111	936	250012	133248
青　海	12	1468	19	124	33587	24939
宁　夏	41	3906	93	307	58406	51400
新　疆	42	6973	139	940	170775	132583

6-13　各地区中型企业办研发机构情况

地　区	机构数（个）	机构人员数（人）	#博士	#硕士	机构经费支出（万元）	仪器和设备原价（万元）
全　国	**15504**	**668411**	**11064**	**53225**	**13302919**	**10267812**
东部地区	11836	512825	7753	38499	10793048	7811311
中部地区	2164	84885	2004	7918	1403860	1305416
西部地区	1172	52706	878	5188	793264	875213
东北地区	332	17995	429	1620	312748	275872
北　京	215	18482	451	4181	519411	175296
天　津	223	13039	233	1086	265522	274104
河　北	327	17176	252	1230	274915	189629
山　西	79	4882	80	516	71141	81860
内蒙古	55	2303	59	241	47159	55504
辽　宁	210	10740	264	988	240766	176428
吉　林	63	3923	101	312	37220	59551
黑龙江	59	3332	64	320	34762	39893
上　海	302	20606	393	2614	552213	513555
江　苏	5470	181727	2933	12426	3971212	3006652
浙　江	2209	100869	955	4352	2285394	1536780
安　徽	606	22660	419	1629	428671	404513
福　建	509	25103	417	1530	461711	413436
江　西	250	7284	170	600	106356	75673
山　东	1114	56031	1128	5445	1124948	860250
河　南	571	23818	628	2429	361670	267406
湖　北	281	12655	275	1366	202686	228005
湖　南	377	13586	432	1378	233336	247960
广　东	1445	78209	953	5167	1303355	825853
广　西	176	6934	64	467	118359	76810
海　南	22	1583	38	468	34366	15756
重　庆	207	8720	155	920	138535	130621
四　川	307	14203	231	1499	205038	218017
贵　州	48	3077	18	152	32865	58245
云　南	98	4807	58	366	84011	98107
西　藏	2	28	4	4	248	6
陕　西	145	7370	132	1138	92257	127980
甘　肃	40	1374	63	142	15461	21291
青　海	6	125	8	9	1125	14633
宁　夏	50	2543	45	123	37057	37126
新　疆	38	1222	41	127	21150	36874

6-14 各地区国有及国有控股企业办研发机构情况

地 区	机构数 (个)	机构人员数 (人)	#博士	#硕士	机构经费支出 (万元)	仪器和设备原价 (万元)
全 国	**5483**	**614086**	**9297**	**89585**	**16821025**	**14355243**
东部地区	2652	265184	4556	43054	8613203	7239245
中部地区	1194	142975	2148	21005	3639211	2996345
西部地区	1346	148646	1838	17309	3386025	3117466
东北地区	291	57281	755	8217	1182586	1002188
北 京	232	24855	698	5378	708695	266306
天 津	194	17484	301	2220	496059	500901
河 北	183	21938	245	2970	504968	427151
山 西	68	14258	181	1807	307330	271314
内蒙古	99	11436	152	1306	197046	174843
辽 宁	164	25427	232	3327	601509	391401
吉 林	45	14680	231	2126	340349	324100
黑龙江	82	17174	292	2764	240727	286687
上 海	218	34006	719	8110	1825047	1092767
江 苏	786	49634	739	8276	1388772	2627593
浙 江	195	13963	243	1602	512485	322411
安 徽	311	28760	530	3590	946321	582523
福 建	110	10931	122	1375	202798	180034
江 西	92	11260	84	1126	300926	117768
山 东	445	63345	1081	9865	2172960	1284427
河 南	288	32740	457	3928	704081	454418
湖 北	188	34156	548	7101	1043220	933599
湖 南	247	21801	348	3453	337333	636723
广 东	281	28803	406	3192	794321	533001
广 西	116	9632	119	1011	242573	113019
海 南	8	225	2	66	7099	4653
重 庆	172	18495	189	2049	558668	388555
四 川	253	36642	419	4034	829665	927845
贵 州	105	12433	118	1100	325333	318596
云 南	90	5933	117	698	256245	160031
西 藏	2	28	4	4	248	6
陕 西	295	31435	360	4737	503455	685627
甘 肃	92	10981	114	955	248368	133941
青 海	16	1649	22	194	32909	33141
宁 夏	28	1820	57	200	24755	24659
新 疆	78	8162	167	1021	166762	157204

6-15 各地区内资企业办研发机构情况

地 区	机构数（个）	机构人员数（人）	#博士	#硕士	机构经费支出（万元）	仪器和设备原价（万元）
全 国	**41257**	**1790066**	**33453**	**200647**	**43254514**	**28711977**
东部地区	29348	1153319	20838	126715	30019472	17512392
中部地区	7201	328796	7333	39640	6928205	5536769
西部地区	3631	225524	3788	24041	4749589	4175258
东北地区	1077	82427	1494	10251	1557248	1487558
北 京	491	38260	1016	7839	858560	306232
天 津	760	34817	688	3525	915568	809340
河 北	811	58973	800	5347	1080656	868030
山 西	228	20117	336	2385	397228	348568
内蒙古	223	16409	289	1687	311677	261016
辽 宁	660	40036	669	4669	854929	731952
吉 林	190	20336	418	2518	409567	392424
黑龙江	227	22055	407	3064	292752	363182
上 海	505	38780	845	6228	1271707	859454
江 苏	13216	331353	6902	28751	8021975	5069055
浙 江	6650	208641	2538	10456	4683477	2896805
安 徽	2532	84222	1808	7531	2015470	1452692
福 建	985	37100	754	2614	615444	557955
江 西	635	25387	474	2291	554949	284113
山 东	3475	199593	4548	23370	6729775	4229281
河 南	1429	84955	1746	8004	1702219	1054104
湖 北	1024	59821	1588	10050	1274247	1056766
湖 南	1353	54294	1381	9379	984091	1340526
广 东	2424	204256	2715	38192	5812762	1885249
广 西	393	16651	255	1365	371496	277604
海 南	31	1546	32	393	29550	30993
重 庆	490	29496	455	2813	703538	513512
四 川	943	63893	1033	6803	1386692	1317898
贵 州	162	14213	153	1235	351292	341644
云 南	309	12226	271	1245	361099	187650
西 藏	6	110	9	18	1599	235
陕 西	539	38915	612	5721	613964	762083
甘 肃	243	14559	286	1263	291521	187152
青 海	32	2184	33	210	38039	41289
宁 夏	143	7311	164	491	99156	100554
新 疆	148	9557	228	1190	219515	184623

6-16 各地区港澳台商投资企业办研发机构情况

地 区	机构数	机构人员数			机构经费支出	仪器和设备原价
	(个)	(人)	#博士	#硕士	(万元)	(万元)
全 国	**4627**	**252441**	**2946**	**19313**	**5996929**	**3628493**
东部地区	4173	227150	2508	17104	5320593	3257078
中部地区	298	17311	290	1328	387370	194778
西部地区	101	4519	86	412	113223	94985
东北地区	55	3461	62	469	175743	81652
北 京	40	3886	63	861	173918	40036
天 津	45	4500	40	406	85625	46918
河 北	36	8927	85	686	118130	65377
山 西	5	695	4	75	9229	14325
内蒙古	1	19		4	2400	47
辽 宁	37	2335	45	368	160132	68725
吉 林	6	416	1	12	7129	4299
黑龙江	12	710	16	89	8482	8628
上 海	109	8534	254	1227	244469	334587
江 苏	1864	69186	852	4276	1744098	902276
浙 江	849	39796	256	3250	981766	641522
安 徽	82	3332	70	182	72168	52274
福 建	269	20410	266	975	452310	383443
江 西	48	1986	40	132	62144	29525
山 东	142	8976	130	694	260006	154717
河 南	76	6747	87	407	92695	52659
湖 北	31	2474	41	217	91854	23773
湖 南	56	2077	48	315	59281	22224
广 东	817	62634	562	4724	1256775	683892
广 西	24	1213	28	66	29956	22330
海 南	2	301		5	3495	4311
重 庆	33	1205	23	137	22326	30311
四 川	14	1035	14	100	22663	18891
贵 州	1	27		3	180	280
云 南	17	609	10	62	20140	16717
西 藏						
陕 西	5	203	5	26	8957	2090
甘 肃						
青 海						
宁 夏	6	208	6	14	6601	4318
新 疆						

6-17 各地区外商投资企业办研发机构情况

地 区	机构数（个）	机构人员数（人）			机构经费支出（万元）	仪器和设备原价（万元）
			#博士	#硕士		
全 国	**5741**	**345436**	**4666**	**34640**	**10163747**	**8980253**
东部地区	5190	307587	4017	30764	8974092	7798363
中部地区	306	19125	362	1751	649435	615925
西部地区	153	10821	168	1350	384314	306144
东北地区	92	7903	119	775	155907	259821
北 京	101	9731	223	2218	422778	211255
天 津	100	5882	70	883	232422	233868
河 北	82	5060	85	512	103177	153879
山 西	7	320	8	51	12037	8949
内蒙古	16	1235	39	222	33066	41746
辽 宁	61	5165	84	424	93503	156638
吉 林	12	1360	14	128	34291	77085
黑龙江	19	1378	21	223	28113	26098
上 海	276	33322	711	8133	1720487	1333225
江 苏	2916	131655	1646	9114	3332227	4081541
浙 江	779	34436	309	2198	840400	508928
安 徽	123	5479	98	355	145365	82412
福 建	194	18980	151	1694	474473	336125
江 西	27	1349	22	95	25432	17170
山 东	280	23789	338	2105	602611	408821
河 南	72	5714	130	427	116827	79434
湖 北	41	5019	80	665	322560	407415
湖 南	36	1244	24	158	27214	20545
广 东	459	44472	454	3795	1234628	528723
广 西	30	3379	45	388	119241	111777
海 南	3	260	30	112	10890	1999
重 庆	23	2905	16	360	165372	45854
四 川	42	1620	48	185	33961	20557
贵 州	2	290	2	5	5646	4011
云 南	13	328	4	35	7556	49122
西 藏						
陕 西	14	645	8	122	8038	9621
甘 肃						
青 海	1	20	1	2	25	11750
宁 夏	10	382	5	28	9801	9385
新 疆	2	17		3	1608	2322

七、工业企业新产品开发、生产及销售情况（2013）

7-1 分登记注册类型企业新产品开发、生产及销售情况

单位：万元

登记注册类型	新产品开发项目数(项)	新产品开发经费支出	新产品销售收入	#出口
合　计	**358287**	**92467436**	**1284606903**	**228534683**
国有及国有控股	**86050**	**28417755**	**401096690**	**35925057**
内资企业	**274397**	**68562481**	**837421640**	**95969592**
国有企业	10696	2854120	30625353	1202290
集体企业	2170	583732	8416162	1453842
股份合作企业	593	86268	974706	66032
联营企业	108	67878	882324	23903
国有联营企业	91	65430	827755	23276
集体联营企业	3	1213	15956	
国有与集体联营企业	12	919	21247	627
其他联营企业	2	317	17366	
有限责任公司	108132	29403878	358674343	39504118
国有独资公司	16729	5836972	62989978	6556578
其他有限责任公司	91403	23566906	295684365	32947541
股份有限公司	49300	15703824	208367328	27346984
私营企业	103038	19762562	228237348	26321314
私营独资企业	1840	358947	3528748	246602
私营合伙企业	219	45604	627188	38176
私营有限责任公司	89053	16946859	192013653	22461158
私营股份有限公司	11926	2411152	32067759	3575378
其他企业	360	100219	1244076	51107
港、澳、台商投资企业	**34247**	**9010132**	**140216756**	**47650020**
合资经营企业	15460	3644877	57357357	10552600
合作经营企业	810	138929	973700	120386
港、澳、台商独资经营企业	16011	4634668	73835409	35106884
港、澳、台商投资股份有限公司	1896	578807	7764856	1779743
其他港澳台投资企业	70	12852	285434	90406
外商投资企业	**49643**	**14894823**	**306968508**	**84915072**
中外合资经营企业	23357	7969857	192316152	27821199
中外合作经营企业	887	242581	3281700	1330479
外资企业	23202	5887815	101077562	53164229
外商投资股份有限公司	2091	777060	10080713	2592579
其他外商投资企业	106	17510	212381	6585

7-2 分登记注册类型大型企业新产品开发、生产及销售情况

单位：万元

登记注册类型	新产品开发项目数（项）	新产品开发经费支出	新产品销售收入	#出口
合　计	**118122**	**53177631**	**875686017**	**179893408**
国有及国有控股	**56474**	**23649206**	**352621112**	**33217312**
内资企业	**92932**	**38819731**	**537588973**	**68303551**
国有企业	5604	2231619	27315144	1055445
集体企业	1618	497512	7623447	1449727
股份合作企业	1	200		
联营企业	77	62270	794400	7569
国有联营企业	77	62270	794400	7569
集体联营企业				
国有与集体联营企业				
其他联营企业				
有限责任公司	48418	19411999	257266139	32632143
国有独资公司	13075	5228829	58088067	6035636
其他有限责任公司	35343	14183170	199178072	26596507
股份有限公司	26650	11925550	169010920	23492572
私营企业	10517	4669648	75241314	9658437
私营独资企业	34	21395	366566	7090
私营合伙企业			151458	2635
私营有限责任公司	6465	3606289	59834872	7776251
私营股份有限公司	4018	1041964	14888418	1872461
其他企业	47	20934	337608	7659
港、澳、台商投资企业	**9724**	**4930126**	**90995586**	**37687923**
合资经营企业	3856	1677803	29968374	5953264
合作经营企业	44	49542	24718	9055
港、澳、台商独资经营企业	4806	2812463	55526854	30328321
港、澳、台商投资股份有限公司	1008	387797	5349963	1389720
其他港澳台投资企业	10	2521	125677	7563
外商投资企业	**15466**	**9427774**	**247101459**	**73901933**
中外合资经营企业	7452	5136194	157365511	22627901
中外合作经营企业	158	99099	2220534	1102859
外资企业	6486	3523873	78904382	48050003
外商投资股份有限公司	1362	664000	8583455	2121037
其他外商投资企业	8	4608	27577	133

7-3 分登记注册类型中型企业新产品开发、生产及销售情况

单位：万元

登记注册类型	新产品开发项目数(项)	新产品开发经费支出	新产品销售收入	#出口
合　计	**104386**	**21228768**	**249933046**	**33038857**
国有及国有控股	**18573**	**3387557**	**32281148**	**1889438**
内资企业	**75212**	**15031712**	**171398260**	**17368829**
国有企业	3985	475201	2689694	136141
集体企业	179	36531	457328	312
股份合作企业	180	45497	657587	20750
联营企业	3	361	20773	
国有联营企业	2	177	1000	
集体联营企业				
国有与集体联营企业	1	183	3093	
其他联营企业			16680	
有限责任公司	27138	5503193	61041654	4449391
国有独资公司	2691	415579	3502575	154058
其他有限责任公司	24447	5087614	57539080	4295333
股份有限公司	15288	2733101	30434503	3240590
私营企业	28345	6216166	75589571	9495342
私营独资企业	375	110050	883348	98542
私营合伙企业	37	21876	179101	4762
私营有限责任公司	24097	5302691	62734080	7957638
私营股份有限公司	3836	781549	11793042	1434400
其他企业	94	21663	507150	26303
港、澳、台商投资企业	**13355**	**2650623**	**35298837**	**7496907**
合资经营企业	5898	1272422	19625948	3279740
合作经营企业	486	53089	601440	75055
港、澳、台商独资经营企业	6280	1162754	12780311	3699722
港、澳、台商投资股份有限公司	642	152580	2138134	364096
其他港澳台投资企业	49	9779	153005	78294
外商投资企业	**15819**	**3546433**	**43235949**	**8173121**
中外合资经营企业	8233	1847172	25874812	3968072
中外合作经营企业	465	105173	659901	134841
外资企业	6546	1511288	15437518	3693276
外商投资股份有限公司	521	77516	1104965	376932
其他外商投资企业	54	5284	158754	

7-4 分行业企业新产品开发、生产及销售情况

单位：万元

行 业	新产品开发项目数(项)	新产品开发经费支出	新产品销售收入	#出口
合 计	**358287**	**92467436**	**1284606903**	**228534683**
采矿业	**3873**	**1364470**	**15456457**	**516386**
煤炭开采和洗选业	2004	807903	11393446	507530
石油和天然气开采业	740	243637	61155	580
黑色金属矿采选业	193	49432	385563	
有色金属矿采选业	130	65144	3113696	2103
非金属矿采选业	242	51074	475533	6173
开采辅助活动	560	147001	27064	
制造业	**352023**	**90648983**	**1266637274**	**227984919**
农副食品加工业	6816	2140687	21216453	1338446
食品制造业	4982	1049122	10968404	1280354
酒、饮料和精制茶制造业	2969	941907	11337692	433773
烟草制品业	948	195984	15913130	61447
纺织业	8614	1905566	40512571	5578100
纺织服装、服饰业	4308	860353	14766136	3360009
皮革、毛皮、羽毛及其制品和制鞋业	1886	414210	7389407	1818049
木材加工和木、竹、藤、棕、草制品业	1335	300401	3355674	523592
家具制造业	2059	283318	3910685	1524343
造纸和纸制品业	2112	795368	13822520	866566
印刷和记录媒介复制业	1913	328121	4360006	318940
文教、工美、体育和娱乐用品制造业	4022	665984	8721707	2263593
石油加工、炼焦和核燃料加工业	1707	1131379	26469416	57766
化学原料和化学制品制造业	23590	6292466	91376298	8136824
医药制造业	26523	3645006	36061674	3168255
化学纤维制造业	1980	939358	15093388	1191033
橡胶和塑料制品业	12281	2415348	29316616	5675936
非金属矿物制品业	9936	2193521	24108128	2778273
黑色金属冶炼和压延加工业	8971	6060242	79719166	7545887
有色金属冶炼和压延加工业	6131	2629012	51915643	3578179
金属制品业	12353	2473429	27219666	4471631
通用设备制造业	34325	6555971	72693613	8871992
专用设备制造业	31313	5887267	58947065	8280087
汽车制造业	25374	7979138	150840960	6453027
铁路、船舶、航空航天和其他运输设备制造业	11895	4399013	47561595	9880953
电气机械和器材制造业	43991	10453249	138605058	22512999
计算机、通信和其他电子设备制造业	45390	15558039	241635186	113450701
仪器仪表制造业	12330	1778592	14898717	2009427
其他制造业	1104	181309	1778923	425644
废弃资源综合利用业	341	87461	1182601	7911
金属制品、机械和设备修理业	524	108165	939178	121181
电力、热力、燃气及水生产和供应业	**2391**	**453983**	**2513172**	**33378**
电力、热力生产和供应业	2168	397665	2221948	33378
燃气生产和供应业	75	24204	158475	
水的生产和供应业	148	32115	132749	

7-5 分行业大型企业新产品开发、生产及销售情况

单位：万元

行业	新产品开发项目数(项)	新产品开发经费支出	新产品销售收入	#出口
合计	**118122**	**53177631**	**875686017**	**179893408**
采矿业	**3432**	**1256898**	**11018242**	**510911**
煤炭开采和洗选业	1888	793925	7672396	507530
石油和天然气开采业	721	232316	39103	580
黑色金属矿采选业	156	39323	115455	
有色金属矿采选业	69	49012	2952511	
非金属矿采选业	89	16099	227056	2801
开采辅助活动	509	126223	11722	
制造业	**113310**	**51689825**	**863300604**	**179382097**
农副食品加工业	1558	820601	8808926	545447
食品制造业	1176	335746	5182831	316903
酒、饮料和精制茶制造业	1141	600751	8467323	335480
烟草制品业	759	169999	15630714	61432
纺织业	3047	854649	26162369	3056482
纺织服装、服饰业	1728	400583	8475421	1622200
皮革、毛皮、羽毛及其制品和制鞋业	485	200209	3715321	739543
木材加工和木、竹、藤、棕、草制品业	187	73846	428616	62427
家具制造业	610	144644	2192979	820670
造纸和纸制品业	673	414321	9225093	604926
印刷和记录媒介复制业	429	78093	1370372	104594
文教、工美、体育和娱乐用品制造业	905	194162	4186591	896477
石油加工、炼焦和核燃料加工业	1191	958090	24356366	43924
化学原料和化学制品制造业	4458	2353594	41096805	4114626
医药制造业	6001	1432851	18219059	1708835
化学纤维制造业	889	603366	9584450	752691
橡胶和塑料制品业	2843	1150133	16261835	3918962
非金属矿物制品业	2092	684851	9396010	1362236
黑色金属冶炼和压延加工业	6113	5196372	68197545	6932802
有色金属冶炼和压延加工业	2288	1566558	32508085	2738937
金属制品业	3384	931384	11404867	1800547
通用设备制造业	7807	2760409	38416992	4841220
专用设备制造业	8802	2616468	32707761	5620272
汽车制造业	10550	5777804	129022438	4999223
铁路、船舶、航空航天和其他运输设备制造业	7137	3436571	39985253	8972650
电气机械和器材制造业	16202	5867905	84601267	16172322
计算机、通信和其他电子设备制造业	18405	11477121	207064943	105078311
仪器仪表制造业	1834	438229	4944163	822401
其他制造业	204	46107	777870	228550
废弃资源综合利用业	121	38024	188746	1828
金属制品、机械和设备修理业	291	66386	719595	105181
电力、热力、燃气及水生产和供应业	**1380**	**230908**	**1367170**	**400**
电力、热力生产和供应业	1318	215707	1367062	400
燃气生产和供应业	28	11946		
水的生产和供应业	34	3255	108	

7-6 分行业中型企业新产品开发、生产及销售情况

单位：万元

行　业	新产品开发项目数（项）	新产品开发经费支出	新产品销售收入	#出口
合　计	**104386**	**21228768**	**249933046**	**33038857**
采矿业	**207**	**59691**	**381722**	**2636**
煤炭开采和洗选业	52	6321	1348	
石油和天然气开采业	3	4594		
黑色金属矿采选业	21	7320	162249	
有色金属矿采选业	42	9553	76846	2000
非金属矿采选业	57	16168	134758	636
开采辅助活动	32	15736	6522	
制造业	**103697**	**21035676**	**248917860**	**33003243**
农副食品加工业	1679	568470	6186104	404024
食品制造业	1855	355906	3615074	687438
酒、饮料和精制茶制造业	990	156419	1771567	34235
烟草制品业	102	10787	159159	16
纺织业	2425	620087	8652287	1579838
纺织服装、服饰业	1405	310338	4204290	1168061
皮革、毛皮、羽毛及其制品和制鞋业	834	137264	2410412	706659
木材加工和木、竹、藤、棕、草制品业	524	109025	1505402	240382
家具制造业	802	76552	1012167	493445
造纸和纸制品业	766	246131	2928284	194097
印刷和记录媒介复制业	752	131433	1836360	152254
文教、工美、体育和娱乐用品制造业	1464	258086	2730146	828074
石油加工、炼焦和核燃料加工业	159	74242	761882	1983
化学原料和化学制品制造业	6507	1775205	29162588	2524138
医药制造业	8990	1236553	11689210	1022497
化学纤维制造业	483	208274	3713803	289074
橡胶和塑料制品业	4084	635575	7154328	1007175
非金属矿物制品业	3666	827887	8957603	946073
黑色金属冶炼和压延加工业	1171	523960	7696833	467680
有色金属冶炼和压延加工业	1669	561083	10371617	448408
金属制品业	3479	744151	9135677	1846522
通用设备制造业	11602	1916701	20735110	2639586
专用设备制造业	8476	1602033	14543670	1574241
汽车制造业	7995	1374213	15333032	893394
铁路、船舶、航空航天和其他运输设备制造业	2459	621597	5125398	631020
电气机械和器材制造业	12218	2556591	35440769	4522925
计算机、通信和其他电子设备制造业	12519	2585237	25277083	6665254
仪器仪表制造业	4043	695684	5741552	870092
其他制造业	414	74734	670977	155926
废弃资源综合利用业	59	16109	282528	
金属制品、机械和设备修理业	106	25350	112952	8733
电力、热力、燃气及水生产和供应业	**482**	**133402**	**633464**	**32978**
电力、热力生产和供应业	394	106007	517905	32978
燃气生产和供应业	18	7170	75179	
水的生产和供应业	70	20225	40379	

7-7 分行业国有及国有控股企业新产品开发、生产及销售情况

单位：万元

行　业	新产品开发项目数（项）	新产品开发经费支出	新产品销售收入	
				#出口
合　计	**86050**	**28417755**	**401096690**	**35925057**
采矿业	**3578**	**1229778**	**14586370**	**511373**
煤炭开采和洗选业	1964	761983	11372863	507418
石油和天然气开采业	729	234261	61155	580
黑色金属矿采选业	167	30466	24051	
有色金属矿采选业	93	53199	2833163	2000
非金属矿采选业	104	12977	283449	1375
开采辅助活动	521	136892	11689	
制造业	**80278**	**26777795**	**384499306**	**35381718**
农副食品加工业	268	113861	1851952	19850
食品制造业	605	111188	2191383	67348
酒、饮料和精制茶制造业	683	304421	4852345	334725
烟草制品业	900	188654	15745972	61432
纺织业	1033	182216	1964492	418333
纺织服装、服饰业	505	29820	263443	1407
皮革、毛皮、羽毛及其制品和制鞋业	59	8206	126808	6951
木材加工和木、竹、藤、棕、草制品业	23	4030	116431	1564
家具制造业	220	37661	324147	
造纸和纸制品业	328	144043	2053619	172183
印刷和记录媒介复制业	369	45760	1140086	10501
文教、工美、体育和娱乐用品制造业	132	17051	238682	20849
石油加工、炼焦和核燃料加工业	1043	686279	19397533	31852
化学原料和化学制品制造业	4074	1428535	20721781	1592205
医药制造业	3911	532585	5356394	764313
化学纤维制造业	338	154475	1530862	346351
橡胶和塑料制品业	1534	363963	3359125	623754
非金属矿物制品业	1976	321361	3338037	352623
黑色金属冶炼和压延加工业	4798	3755218	42679067	5119334
有色金属冶炼和压延加工业	1874	673187	18333830	879064
金属制品业	2400	507903	4688794	412834
通用设备制造业	7637	1734113	20485374	1222743
专用设备制造业	7160	1783200	22557354	3393075
汽车制造业	8517	4216841	96642237	2727874
铁路、船舶、航空航天和其他运输设备制造业	7174	3241128	32142014	5752855
电气机械和器材制造业	6944	2082125	22077370	2002402
计算机、通信和其他电子设备制造业	12367	3595418	36602837	8820496
仪器仪表制造业	2422	335313	2328445	76675
其他制造业	534	83032	511080	41992
废弃资源综合利用业	143	42479	211422	1828
金属制品、机械和设备修理业	307	53732	666392	104309
电力、热力、燃气及水生产和供应业	**2194**	**410182**	**2011015**	**31966**
电力、热力生产和供应业	2056	382171	1967348	31966
燃气生产和供应业	25	6581		
水的生产和供应业	113	21430	43667	

7-8 分行业内资企业新产品开发、生产及销售情况

单位：万元

行　业	新产品开发项目数（项）	新产品开发经费支出	新产品销售收入	#出口
合　计	**274397**	**68562481**	**837421640**	**95969592**
采矿业	**3814**	**1325316**	**15451719**	**514960**
煤炭开采和洗选业	2004	807903	11393446	507530
石油和天然气开采业	730	234491	61155	580
黑色金属矿采选业	186	34659	385563	
有色金属矿采选业	128	64389	3113696	2103
非金属矿采选业	220	41513	470795	4747
开采辅助活动	542	142081	27064	
制造业	**268328**	**66843013**	**819888166**	**95421253**
农副食品加工业	5544	1650799	18256725	851233
食品制造业	3443	685600	8228560	843728
酒、饮料和精制茶制造业	2500	804929	9322573	400296
烟草制品业	941	195302	15909334	61447
纺织业	7026	1486011	34345102	4210457
纺织服装、服饰业	2961	608061	10481566	1886318
皮革、毛皮、羽毛及其制品和制鞋业	1222	243827	4901917	1145119
木材加工和木、竹、藤、棕、草制品业	1014	242092	2614435	289766
家具制造业	1239	159685	2165577	614921
造纸和纸制品业	1388	484860	8053727	520599
印刷和记录媒介复制业	1483	233452	3003709	221950
文教、工美、体育和娱乐用品制造业	2650	416841	6108915	1163847
石油加工、炼焦和核燃料加工业	1546	1091788	25850136	55468
化学原料和化学制品制造业	18703	5008593	70275660	5939247
医药制造业	17229	2746619	28082566	2409903
化学纤维制造业	1380	615501	9625449	821433
橡胶和塑料制品业	8123	1539735	18622260	2928149
非金属矿物制品业	7966	1782413	18839885	1826173
黑色金属冶炼和压延加工业	8058	5445419	70630417	6671503
有色金属冶炼和压延加工业	5109	2115698	45342174	2920115
金属制品业	9992	1992666	20508418	2180511
通用设备制造业	27206	4852973	50841177	4787258
专用设备制造业	25572	4725918	47989519	4845823
汽车制造业	18046	4636272	60238195	4325822
铁路、船舶、航空航天和其他运输设备制造业	10769	3989856	40893642	6901758
电气机械和器材制造业	33476	7996642	100657855	13342193
计算机、通信和其他电子设备制造业	32555	9452480	73824785	21861049
仪器仪表制造业	9537	1329169	10921159	1013155
其他制造业	939	162759	1456389	356093
废弃资源综合利用业	312	79812	1092597	1878
金属制品、机械和设备修理业	399	67243	803740	24043
电力、热力、燃气及水生产和供应业	**2255**	**394152**	**2081755**	**33378**
电力、热力生产和供应业	2096	361609	1938637	33378
燃气生产和供应业	28	6242	45803	
水的生产和供应业	131	26301	97315	

7-9 分行业港澳台商投资企业新产品开发、生产及销售情况

单位：万元

行　业	新产品开发项目数(项)	新产品开发经费支出	新产品销售收入	#出口
合　计	**34247**	**9010132**	**140216756**	**47650020**
采矿业	**30**	**18427**	**547**	
煤炭开采和洗选业				
石油和天然气开采业	10	9146		
黑色金属矿采选业				
有色金属矿采选业				
非金属矿采选业	7	4853	547	
开采辅助活动	13	4428		
制造业	**34167**	**8957039**	**139906116**	**47650020**
农副食品加工业	652	312351	1786940	276714
食品制造业	410	115788	1010768	159488
酒、饮料和精制茶制造业	189	25981	565432	16794
烟草制品业	7	682	3796	
纺织业	1023	250058	3830449	683129
纺织服装、服饰业	584	162061	2724560	1014110
皮革、毛皮、羽毛及其制品和制鞋业	410	102774	1443245	318501
木材加工和木、竹、藤、棕、草制品业	249	28326	377517	153006
家具制造业	595	78768	889931	377059
造纸和纸制品业	437	179659	3351433	315471
印刷和记录媒介复制业	310	76895	988070	75527
文教、工美、体育和娱乐用品制造业	841	121446	1608880	581435
石油加工、炼焦和核燃料加工业	134	23210	490887	315
化学原料和化学制品制造业	2265	558293	8439384	598588
医药制造业	2516	419966	3308316	256421
化学纤维制造业	376	227568	3948279	325702
橡胶和塑料制品业	2636	388036	4813879	1251336
非金属矿物制品业	1021	238272	2961767	529429
黑色金属冶炼和压延加工业	528	335157	3858053	652428
有色金属冶炼和压延加工业	460	235809	3736804	215232
金属制品业	1211	230501	3149670	1150324
通用设备制造业	2403	470865	4438114	688321
专用设备制造业	2400	381663	4234620	972373
汽车制造业	1672	378154	5069088	547510
铁路、船舶、航空航天和其他运输设备制造业	352	146494	1763217	860125
电气机械和器材制造业	3696	905727	15584772	4273180
计算机、通信和其他电子设备制造业	5638	2393673	53823336	30814407
仪器仪表制造业	1035	144576	1472411	391879
其他制造业	76	10831	111943	57679
废弃资源综合利用业	11	3366	29418	6033
金属制品、机械和设备修理业	30	10087	91138	87503
电力、热力、燃气及水生产和供应业	**50**	**34666**	**310092**	
电力、热力生产和供应业	30	30448	274796	
燃气生产和供应业	15	3174		
水的生产和供应业	5	1044	35296	

7-10 分行业外商投资企业新产品开发、生产及销售情况

单位：万元

行　业	新产品开发项目数(项)	新产品开发经费支出	新产品销售收入	#出口
合　计	**49643**	**14894823**	**306968508**	**84915072**
采矿业	**29**	**20727**	**4191**	**1426**
煤炭开采和洗选业				
石油和天然气开采业				
黑色金属矿采选业	7	14772		
有色金属矿采选业	2	755		
非金属矿采选业	15	4708	4191	1426
开采辅助活动	5	491		
制造业	**49528**	**14848931**	**306842993**	**84913646**
农副食品加工业	620	177537	1172789	210499
食品制造业	1129	247733	1729077	277137
酒、饮料和精制茶制造业	280	110997	1449687	16683
烟草制品业				
纺织业	565	169497	2337019	684515
纺织服装、服饰业	763	90231	1560010	459581
皮革、毛皮、羽毛及其制品和制鞋业	254	67609	1044246	354429
木材加工和木、竹、藤、棕、草制品业	72	29984	363721	80821
家具制造业	225	44865	855177	532363
造纸和纸制品业	287	130849	2417359	30497
印刷和记录媒介复制业	120	17774	368227	21463
文教、工美、体育和娱乐用品制造业	531	127697	1003912	518311
石油加工、炼焦和核燃料加工业	27	16381	128392	1983
化学原料和化学制品制造业	2622	725580	12661253	1598990
医药制造业	6778	478421	4670793	501930
化学纤维制造业	224	96288	1519660	43898
橡胶和塑料制品业	1522	487577	5880477	1496451
非金属矿物制品业	949	172836	2306477	422671
黑色金属冶炼和压延加工业	385	279666	5230695	221956
有色金属冶炼和压延加工业	562	277504	2836664	442833
金属制品业	1150	250262	3561579	1140796
通用设备制造业	4716	1232134	17414322	3396413
专用设备制造业	3341	779685	6722926	2461892
汽车制造业	5656	2964712	85533677	1579696
铁路、船舶、航空航天和其他运输设备制造业	774	262663	4904736	2119070
电气机械和器材制造业	6819	1550880	22362430	4897626
计算机、通信和其他电子设备制造业	7197	3711885	113987065	60775245
仪器仪表制造业	1758	304847	2505147	604393
其他制造业	89	7720	210591	11872
废弃资源综合利用业	18	4283	60586	
金属制品、机械和设备修理业	95	30835	44300	9635
电力、热力、燃气及水生产和供应业	**86**	**25165**	**121325**	
电力、热力生产和供应业	42	5608	8515	
燃气生产和供应业	32	14787	112672	
水的生产和供应业	12	4771	138	

7-11 各地区企业新产品开发、生产及销售情况

单位：万元

地区	新产品开发项目数(项)	新产品开发经费支出	新产品销售收入	#出口
全国	**358287**	**92467436**	**1284606903**	**228534683**
东部地区	245632	64651932	903413129	188371707
中部地区	55600	14151621	222598436	29556575
西部地区	38533	8779643	104806663	6095808
东北地区	18522	4884241	53788675	4510594
北京	13310	2931908	36727656	5396851
天津	11977	2459585	55696886	11917154
河北	7194	2025041	29160256	2931865
山西	2938	991958	10272735	1266926
内蒙古	1581	619217	6285040	330766
辽宁	8568	3360539	40931774	3727414
吉林	6516	740849	7031878	388829
黑龙江	3438	782854	5825023	394351
上海	17295	5282586	76883835	7747274
江苏	58353	16693195	197142112	43198702
浙江	47778	8216556	148820993	29813756
安徽	17320	3244687	43790809	2774115
福建	10534	2656091	34400997	9442428
江西	4381	977849	16829309	1575374
山东	31100	10206343	142841782	17337126
河南	11150	2660106	47914474	19677786
湖北	10722	3317175	46544784	2021102
湖南	9089	2959845	57246324	2241272
广东	47387	14065712	180137410	60393855
广西	3332	849395	15866038	507265
海南	704	114916	1601202	192696
重庆	6820	1438649	26961130	1344651
四川	12681	2135771	24758761	2035726
贵州	1908	403004	3683200	365375
云南	1903	496845	4433810	208578
西藏	8	1177	23454	141
陕西	6491	1799803	10154791	306558
甘肃	1629	403460	6185275	437917
青海	111	87949	125430	
宁夏	966	149924	2796416	362083
新疆	1103	394450	3533318	196748

7-12 各地区大型企业新产品开发、生产及销售情况

单位：万元

地 区	新产品开发项目数（项）	新产品开发经费支出	新产品销售收入	#出口
全 国	**118122**	**53177631**	**875686017**	**179893408**
东部地区	70634	35181973	596869506	144115009
中部地区	22257	8527410	157708984	26824785
西部地区	18378	5822588	80196513	4834419
东北地区	6853	3645660	40911014	4119195
北 京	3285	1241293	19096136	4554199
天 津	3070	1109643	37427257	10419977
河 北	3798	1478108	23803073	2625210
山 西	1688	737710	8970338	1225550
内蒙古	1005	431655	5433546	289808
辽 宁	3819	2510880	31313709	3419434
吉 林	792	531634	4843520	352810
黑龙江	2242	603147	4753785	346951
上 海	5676	3321623	59465706	5920669
江 苏	13166	7889390	119318370	34621926
浙 江	6071	2659055	54441189	11303870
安 徽	4915	1683652	26504323	1694212
福 建	2594	1276267	21291901	7211416
江 西	1707	577747	11924739	1382175
山 东	15413	6618420	119238262	15175231
河 南	5607	1709211	41439728	19377086
湖 北	3971	2024561	31776183	1317083
湖 南	4369	1794530	37093673	1828679
广 东	17495	9537032	141707162	52098105
广 西	1163	559742	12885462	353024
海 南	66	51142	1080450	184407
重 庆	2659	993615	20291671	966244
四 川	6816	1353184	18962751	1738257
贵 州	881	243089	2625928	320351
云 南	501	251805	2597084	146695
西 藏				
陕 西	3587	1345566	7721192	241206
甘 肃	975	296173	5740643	407189
青 海	24	16922	66753	
宁 夏	310	66615	2303150	318414
新 疆	457	264223	1568335	53231

7-13 各地区中型企业新产品开发、生产及销售情况

单位：万元

地 区	新产品开发项目数(项)	新产品开发经费支出	新产品销售收入	#出口
全 国	**104386**	**21228768**	**249933046**	**33038857**
东部地区	75807	16051011	188413411	30043824
中部地区	13480	2921271	36116622	1683478
西部地区	11314	1610420	16541021	1011108
东北地区	3785	646066	8861992	300447
北 京	3832	1057580	8632833	552004
天 津	4151	624456	9278604	823144
河 北	1831	326803	3934070	247539
山 西	717	155870	959250	30824
内蒙古	287	102717	488543	37326
辽 宁	2239	425257	6825277	236787
吉 林	960	125033	1429772	28668
黑龙江	586	95776	606943	34992
上 海	5328	1188510	12098445	1385523
江 苏	18246	4571266	48032502	6133472
浙 江	14057	2754871	54560004	11028750
安 徽	3668	679689	9209392	587256
福 建	3830	795919	8803881	1436857
江 西	1381	193631	2294361	127665
山 东	8358	1901088	15391844	1442024
河 南	2823	643303	4863588	189309
湖 北	3031	651793	8007765	465093
湖 南	1860	596987	10782267	283331
广 东	15726	2786798	27443498	6989497
广 西	1273	163121	2139751	140204
海 南	448	43721	237730	5015
重 庆	2922	289333	4853510	321049
四 川	3239	442863	3667497	235079
贵 州	326	64959	614683	23533
云 南	506	115500	1063841	24583
西 藏	5	805		
陕 西	1700	238918	1456215	49040
甘 肃	297	45387	220980	5981
青 海	29	17101	13739	
宁 夏	343	46029	363139	36844
新 疆	387	83687	1659123	137470

7-14 各地区国有及国有控股企业新产品开发、生产及销售情况

单位：万元

地区	新产品开发项目数(项)	新产品开发经费支出	新产品销售收入	#出口
全国	**86050**	**28417755**	**401096690**	**35925057**
东部地区	38788	13617568	203079594	23330407
中部地区	18886	6261712	97198439	5621231
西部地区	21420	5465724	66069168	3016496
东北地区	6956	3072752	34749490	3956923
北京	6858	1535442	15561437	599432
天津	4160	843957	19666166	1504973
河北	2664	804705	11853085	2040154
山西	1935	767239	8642933	1201764
内蒙古	912	332174	3948828	195365
辽宁	3897	2206768	27342581	3290705
吉林	711	268581	3530969	354032
黑龙江	2348	597402	3875940	312186
上海	5420	2554550	52116992	2506424
江苏	5162	2042643	22474549	2991874
浙江	1892	531027	7687099	1048319
安徽	4426	1257103	18810535	1133047
福建	932	276135	4258664	540690
江西	1347	428838	8715892	528489
山东	6524	2427904	37576764	3895861
河南	3596	990457	10281604	873917
湖北	4159	1688848	23905072	1012328
湖南	3423	1129227	26842403	871686
广东	5124	2592530	31862290	8200007
广西	938	438105	9933475	302417
海南	52	8676	22548	2673
重庆	3517	716914	15329718	424741
四川	7104	1246938	15091659	989886
贵州	1440	344387	2904427	341420
云南	721	262810	2638265	98636
西藏	5	805		
陕西	4752	1483957	8113687	247196
甘肃	1005	290000	5576085	305535
青海	60	44906	70088	
宁夏	200	33669	1552763	103446
新疆	766	271059	910173	7854

7-15 各地区内资企业新产品开发、生产及销售情况

单位：万元

地 区	新产品开发项目数(项)	新产品开发经费支出	新产品销售收入	#出口
全 国	**274397**	**68562481**	**837421640**	**95969592**
东部地区	176154	44046902	532844298	77246925
中部地区	50702	12503000	174021923	10295281
西部地区	35450	7861351	85549181	5215604
东北地区	12091	4151228	45006238	3211783
北 京	11161	2071154	20952190	662017
天 津	9621	1781604	28068285	2135532
河 北	5586	1624257	22865452	2466793
山 西	2814	965864	9929066	1234836
内蒙古	1423	553318	5824286	246898
辽 宁	7192	2963903	34174635	2480258
吉 林	1753	477650	5763892	375553
黑龙江	3146	709674	5067711	355973
上 海	9119	2466643	25546257	2600095
江 苏	40341	10620809	109225487	9964094
浙 江	36777	5898804	106661691	19342798
安 徽	15958	2902067	38317829	2351965
福 建	6078	1225061	11802658	1571562
江 西	3991	849155	14537411	1227108
山 东	27574	8929988	127122111	13071484
河 南	10253	2392236	27224044	1824320
湖 北	9178	2706003	32592756	1605336
湖 南	8508	2687676	51420819	2051716
广 东	29375	9335372	79173300	25239854
广 西	2670	575486	8815590	337161
海 南	522	93212	1426867	192696
重 庆	6073	1105639	17707378	1053200
四 川	11970	2036950	23679198	1748374
贵 州	1863	393986	3545498	365375
云 南	1487	455397	4098880	205271
西 藏	8	1177	23454	141
陕 西	6271	1735157	9454687	299928
甘 肃	1610	401612	6169162	437917
青 海	110	79751	125430	
宁 夏	871	129496	2630243	325190
新 疆	1094	393382	3475375	196148

7-16 各地区港澳台商投资企业新产品开发、生产及销售情况

单位：万元

地 区	新产品开发项目数(项)	新产品开发经费支出	新产品销售收入	#出口
全 国	**34247**	**9010132**	**140216756**	**47650020**
东部地区	30365	7821531	107475922	28827616
中部地区	1975	600047	25998322	18321172
西部地区	1085	208998	2388741	393465
东北地区	822	379557	4353771	107767
北 京	675	258204	6542946	334517
天 津	795	108220	1706188	165292
河 北	763	212906	2512668	104080
山 西	54	18427	101852	24833
内蒙古	3	27889		
辽 宁	562	186514	3987322	106182
吉 林	177	176216	154825	1575
黑龙江	83	16827	211624	10
上 海	1958	489378	4667399	1177707
江 苏	6519	2025393	22963650	7167861
浙 江	5760	1251257	21161246	5775290
安 徽	520	124109	1895545	208989
福 建	2636	785892	11188912	3295616
江 西	247	90374	1352182	120774
山 东	1129	322309	4495790	1211554
河 南	283	78206	18572761	17642417
湖 北	474	151334	1988953	251131
湖 南	397	137597	2087030	73028
广 东	10084	2364997	32162508	9595699
广 西	164	30545	392916	38819
海 南	46	2976	74616	
重 庆	287	68503	953843	77743
四 川	145	33942	650249	261079
贵 州	11	1180	20373	
云 南	351	28089	287343	1779
西 藏				
陕 西	55	12086	27839	2794
甘 肃	13	192		
青 海				
宁 夏	49	5652	54680	10651
新 疆	7	918	1500	600

7-17 各地区外商投资企业新产品开发、生产及销售情况

单位：万元

地区	新产品开发项目数(项)	新产品开发经费支出	新产品销售收入	#出口
全国	**49643**	**14894823**	**306968508**	**84915072**
东部地区	39113	12783498	263092910	82297166
中部地区	2923	1048574	22578190	940122
西部地区	1998	709294	16868741	486740
东北地区	5609	353456	4428667	1191044
北京	1474	602549	9232521	4400317
天津	1561	569761	25922413	9616330
河北	845	187879	3782137	360992
山西	70	7668	241817	7257
内蒙古	155	38010	460754	83867
辽宁	814	210122	2769818	1140975
吉林	4586	86983	1113160	11701
黑龙江	209	56352	545688	38369
上海	6218	2326566	46670179	3969472
江苏	11493	4046993	64952976	26066747
浙江	5241	1066495	20998057	4695669
安徽	842	218512	3577436	213161
福建	1820	645138	11409426	4575251
江西	143	38320	939717	227492
山东	2397	954047	11223882	3054087
河南	614	189664	2117670	211050
湖北	1070	459838	11963076	164635
湖南	184	134572	3738476	116528
广东	7928	2365343	68801603	25558303
广西	498	243363	6657533	131285
海南	136	18728	99718	
重庆	460	264507	8299910	213708
四川	566	64878	429315	26272
贵州	34	7838	117329	
云南	65	13359	47586	1528
西藏				
陕西	165	52560	672265	3837
甘肃	6	1656	16113	
青海	1	8198		
宁夏	46	14775	111493	26243
新疆	2	150	56444	

八、工业企业自主知识产权及相关情况

（2013）

8-1 分登记注册类型企业自主知识产权及相关情况

登记注册类型	专利申请数(件)	#发明专利	有效发明专利数(件)	专利所有权转让及许可数(件)	专利所有权转让及许可收入(万元)	拥有注册商标数(件)	形成国家或行业标准数(项)
合　计	**560918**	**205146**	**335401**	**10807**	**477413**	**341621**	**23348**
国有及国有控股	**128099**	**53455**	**83443**	**1812**	**104619**	**82530**	**6473**
内资企业	**437396**	**158978**	**260828**	**8498**	**399390**	**269840**	**19849**
国有企业	23124	9319	10508	299	15019	10321	1191
集体企业	2471	1134	1157	180	5499	580	369
股份合作企业	738	215	327	5		566	61
联营企业	358	209	119			172	
国有联营企业	335	201	113			170	
集体联营企业	3	1	1				
国有与集体联营企业	20	7	5			2	
其他联营企业							
有限责任公司	147026	59995	108529	2375	115534	81570	6915
国有独资公司	24965	9761	13502	148	5671	12336	1474
其他有限责任公司	122061	50234	95027	2227	109863	69234	5441
股份有限公司	88111	36973	64653	1718	164555	87991	5344
私营企业	174650	50653	74757	3908	98783	88325	5956
私营独资企业	2454	673	1065	100	55	569	66
私营合伙企业	314	92	134	8		72	1
私营有限责任公司	153348	43766	62655	3399	93100	73828	5096
私营股份有限公司	18534	6122	10903	401	5629	13856	793
其他企业	918	480	778	13		315	13
港、澳、台商投资企业	**57155**	**18124**	**31086**	**1036**	**31124**	**33553**	**1703**
合资经营企业	25310	7023	13559	250	8485	13996	978
合作经营企业	955	277	435	34		357	22
港、澳、台商独资经营企业	27492	9618	15025	706	19478	16252	564
港、澳、台商投资股份有限公司	3363	1199	2000	46	3161	2734	137
其他港澳台投资企业	35	7	67			214	2
外商投资企业	**66367**	**28044**	**43487**	**1273**	**46899**	**38228**	**1796**
中外合资经营企业	33604	13112	16552	732	33562	21127	997
中外合作经营企业	956	458	337	7	26	531	43
外资企业	29203	13076	23992	469	13302	11126	591
外商投资股份有限公司	2552	1374	2574	65	9	5220	161
其他外商投资企业	52	24	32			224	4

8-2 分登记注册类型大型企业自主知识产权及相关情况

登记注册类型	专 利 申请数 (件)	#发明专利	有效发明 专利数 (件)	专利所有权转 让及许可数 (件)	专利所有权转 让及许可收入 (万元)	拥有注册 商标数 (件)	形成国家或 行业标准数 (项)
合　计	**217256**	**94807**	**166295**	**3022**	**259468**	**170483**	**9171**
国有及国有控股	**95511**	**39658**	**62453**	**1081**	**82516**	**69834**	**4550**
内资企业	**160797**	**68962**	**125268**	**2278**	**226245**	**134184**	**7880**
国有企业	17288	7117	7762	174	3842	9190	750
集体企业	1896	941	977	157	5499	397	349
股份合作企业	9						
联营企业	311	184	41			167	
国有联营企业	311	184	41			167	
集体联营企业							
国有与集体联营企业							
其他联营企业							
有限责任公司	69051	32547	66082	505	53438	44101	3093
国有独资公司	19435	7380	11361	114	5341	10599	1166
其他有限责任公司	49616	25167	54721	391	48097	33502	1927
股份有限公司	54457	23156	40985	910	145906	58640	2870
私营企业	17520	4839	9230	532	17561	21508	817
私营独资企业	65	32	309			7	3
私营合伙企业	42	22	6			3	
私营有限责任公司	12249	3157	5717	382	16836	15434	605
私营股份有限公司	5164	1628	3198	150	725	6064	209
其他企业	265	178	191			181	1
港、澳、台商投资企业	**23631**	**8976**	**16237**	**270**	**14921**	**15233**	**668**
合资经营企业	8435	2366	6124	55	1641	5035	353
合作经营企业	34	1	3	26		17	5
港、澳、台商独资经营企业	12879	5828	8897	179	10121	8412	242
港、澳、台商投资股份有限公司	2280	778	1179	10	3159	1632	68
其他港澳台投资企业	3	3	34			137	
外商投资企业	**32828**	**16869**	**24790**	**474**	**18303**	**21066**	**623**
中外合资经营企业	15301	6843	6603	278	18043	11608	242
中外合作经营企业	173	28	19			149	18
外资企业	15181	8815	16024	143	250	4494	211
外商投资股份有限公司	2162	1177	2128	53	9	4814	149
其他外商投资企业	11	6	16			1	3

8-3 分登记注册类型中型企业自主知识产权及相关情况

登记注册类型	专利申请数(件)	#发明专利	有效发明专利数(件)	专利所有权转让及许可数(件)	专利所有权转让及许可收入(万元)	拥有注册商标数(件)	形成国家或行业标准数(项)
合　计	**142535**	**44916**	**77880**	**3400**	**90390**	**95566**	**7345**
国有及国有控股	**19505**	**8333**	**13381**	**444**	**17111**	**8542**	**1275**
内资企业	**107339**	**34591**	**59496**	**2438**	**78268**	**70828**	**6066**
国有企业	3526	1268	1750	95	11049	837	308
集体企业	252	58	100			116	6
股份合作企业	211	82	111			438	36
联营企业	6	2					
国有联营企业	1	1					
集体联营企业							
国有与集体联营企业	5	1					
其他联营企业							
有限责任公司	34615	11678	19543	713	29471	20097	1958
国有独资公司	3104	1173	1450	15		1230	217
其他有限责任公司	31511	10505	18093	698	29471	18867	1741
股份有限公司	20340	7558	15700	556	16711	20864	1958
私营企业	48238	13882	22129	1070	21037	28461	1799
私营独资企业	524	142	277	24	55	164	4
私营合伙企业	11	8	57			19	
私营有限责任公司	40869	11358	18154	989	18368	23651	1494
私营股份有限公司	6834	2374	3641	57	2614	4627	301
其他企业	151	63	163	4		15	1
港、澳、台商投资企业	**18023**	**4637**	**9096**	**552**	**5512**	**13510**	**584**
合资经营企业	8923	2346	4270	97	1709	6485	354
合作经营企业	513	78	213	4		194	12
港、澳、台商独资经营企业	7871	1937	3883	418	3801	5786	155
港、澳、台商投资股份有限公司	688	273	703	33	2	973	61
其他港澳台投资企业	28	3	27			72	2
外商投资企业	**17173**	**5688**	**9288**	**410**	**6610**	**11228**	**695**
中外合资经营企业	9342	3139	5041	231	5020	6221	449
中外合作经营企业	507	332	124	2		209	13
外资企业	7092	2099	3804	171	1590	4231	223
外商投资股份有限公司	228	114	315	6		354	9
其他外商投资企业	4	4	4			213	1

8-4 分行业企业自主知识产权及相关情况

行 业	专利申请数（件）	#发明专利	有效发明专利数（件）	专利所有权转让及许可数（件）	专利所有权转让及许可收入（万元）	拥有注册商标数（件）	形成国家或行业标准数（项）
合 计	**560918**	**205146**	**335401**	**10807**	**477413**	**341621**	**23348**
采矿业	**7638**	**2477**	**3346**	**168**	**4262**	**1035**	**729**
煤炭开采和洗选业	2857	708	835	31	3643	645	78
石油和天然气开采业	2628	888	1198	19	219	93	272
黑色金属矿采选业	588	255	540	6		84	7
有色金属矿采选业	254	85	140	11		15	8
非金属矿采选业	387	179	221	48	400	109	42
开采辅助活动	920	361	410	53		89	322
制造业	**535365**	**195803**	**328266**	**10484**	**473037**	**340177**	**22502**
农副食品加工业	7344	3090	3221	227	10101	8861	479
食品制造业	5421	2147	3105	276	1116	20795	371
酒、饮料和精制茶制造业	3863	937	1538	76	5248	19730	237
烟草制品业	2634	965	1168	29	3	10385	153
纺织业	11457	2220	2587	51	4910	6147	431
纺织服装、服饰业	6347	946	1977	40	1088	9764	172
皮革、毛皮、羽毛及其制品和制鞋业	3538	604	712	24	63	3930	118
木材加工和木、竹、藤、棕、草制品业	2603	687	1011	22	846	1507	153
家具制造业	4826	593	880	75	1014	2709	104
造纸和纸制品业	3278	1122	1282	46	1161	3116	148
印刷和记录媒介复制业	2867	882	1404	60	6686	978	76
文教、工美、体育和娱乐用品制造业	10885	1331	3355	81	3851	9324	252
石油加工、炼焦和核燃料加工业	1600	814	1710	60	6570	1498	145
化学原料和化学制品制造业	27165	14883	22005	643	43862	34522	2224
医药制造业	17124	10475	19558	484	25453	51588	3145
化学纤维制造业	3177	1090	1288	36	2	1207	118
橡胶和塑料制品业	15427	4168	6086	402	12040	7162	632
非金属矿物制品业	15369	4932	8941	353	31854	7868	799
黑色金属冶炼和压延加工业	13874	5767	7018	444	1179	3907	403
有色金属冶炼和压延加工业	9022	3464	6753	164	3609	4387	735
金属制品业	18318	5152	9656	465	20339	7153	1022
通用设备制造业	49305	14292	23994	1176	40434	15687	2075
专用设备制造业	53037	17528	28145	796	34718	15018	1766
汽车制造业	38237	9041	14106	530	18382	21370	743
铁路、船舶、航空航天和其他运输设备制造业	19140	5897	9461	362	1452	6992	1079
电气机械和器材制造业	78154	25283	38601	1372	14489	33863	2789
计算机、通信和其他电子设备制造业	88960	50516	97994	1713	52927	23552	1165
仪器仪表制造业	19507	5950	9236	463	129610	6071	854
其他制造业	1751	630	933	10	12	898	91
废弃资源综合利用业	438	205	277	4	19	136	11
金属制品、机械和设备修理业	697	192	264			52	12
电力、热力、燃气及水生产和供应业	**17915**	**6866**	**3789**	**155**	**114**	**409**	**117**
电力、热力生产和供应业	17537	6742	3602	149	36	165	103
燃气生产和供应业	84	22	49			165	3
水的生产和供应业	294	102	138	6	78	79	11

8-5 分行业大型企业自主知识产权及相关情况

行业	专利申请数(件)	#发明专利	有效发明专利数(件)	专利所有权转让及许可数(件)	专利所有权转让及许可收入(万元)	拥有注册商标数(件)	形成国家或行业标准数(项)
合　计	**217256**	**94807**	**166295**	**3022**	**259468**	**170483**	**9171**
采矿业	**6844**	**2154**	**2956**	**64**	**4232**	**909**	**707**
煤炭开采和洗选业	2601	621	764	29	3643	638	72
石油和天然气开采业	2601	878	1164	19	219	93	272
黑色金属矿采选业	544	230	522	6		77	5
有色金属矿采选业	150	43	102			4	5
非金属矿采选业	120	63	92	2	370	64	34
开采辅助活动	828	319	312	8		33	319
制造业	**198217**	**87989**	**160440**	**2852**	**255231**	**169327**	**8370**
农副食品加工业	1177	478	808	54	8435	2384	109
食品制造业	1366	503	1060	122	679	10811	88
酒、饮料和精制茶制造业	1336	197	684	22	4128	12545	88
烟草制品业	2230	790	981	29	3	9811	140
纺织业	2678	705	794	22	51	3220	160
纺织服装、服饰业	1823	388	363	12	30	7009	97
皮革、毛皮、羽毛及其制品和制鞋业	914	178	244	4		2292	46
木材加工和木、竹、藤、棕、草制品业	188	62	109	6	842	365	35
家具制造业	1371	71	108	1		1359	55
造纸和纸制品业	798	372	520	11	359	1468	61
印刷和记录媒介复制业	198	70	185	7	0	30	24
文教、工美、体育和娱乐用品制造业	2675	160	1440	30	0	5063	86
石油加工、炼焦和核燃料加工业	929	485	1316	41	6540	1008	120
化学原料和化学制品制造业	5554	3296	6267	71	7114	8310	404
医药制造业	4343	3208	6904	158	3280	22648	710
化学纤维制造业	1908	614	628	14		768	50
橡胶和塑料制品业	2990	737	1102	80	880	3221	229
非金属矿物制品业	3929	857	1501	109	10810	3617	163
黑色金属冶炼和压延加工业	10564	4462	5652	343	1159	2639	264
有色金属冶炼和压延加工业	3356	1382	2762	63	2202	3124	453
金属制品业	4150	1297	3431	137	17296	2254	504
通用设备制造业	10801	3548	5018	102	933	3886	513
专用设备制造业	14496	5605	7994	36	9822	5526	588
汽车制造业	19760	4383	6749	144	8155	17563	372
铁路、船舶、航空航天和其他运输设备制造业	12288	4091	6198	148	1380	4433	883
电气机械和器材制造业	29854	11402	17347	545	7558	19071	1355
计算机、通信和其他电子设备制造业	51892	36564	77706	510	39391	13746	439
仪器仪表制造业	3802	1703	1927	31	124172	761	271
其他制造业	453	210	396		12	301	56
废弃资源综合利用业	123	73	125			75	
金属制品、机械和设备修理业	271	98	121			19	7
电力、热力、燃气及水生产和供应业	**12195**	**4664**	**2899**	**106**	**6**	**247**	**94**
电力、热力生产和供应业	12127	4644	2831	106	6	84	89
燃气生产和供应业	36	12	24			160	3
水的生产和供应业	32	8	44			3	2

8-6 分行业中型企业自主知识产权及相关情况

行业	专利申请数（件）	#发明专利	有效发明专利数（件）	专利所有权转让及许可数（件）	专利所有权转让及许可收入（万元）	拥有注册商标数（件）	形成国家或行业标准数（项）
合　计	**142535**	**44916**	**77880**	**3400**	**90390**	**95566**	**7345**
采矿业	**256**	**147**	**207**	**55**		**88**	**12**
煤炭开采和洗选业	28	15	8	1		4	5
石油和天然气开采业	18	10	14				
黑色金属矿采选业	33	21	16			3	2
有色金属矿采选业	58	30	29	6		7	2
非金属矿采选业	63	44	59	3		25	3
开采辅助活动	56	27	81	45		49	
制造业	**139797**	**43902**	**77259**	**3318**	**90390**	**95434**	**7326**
农副食品加工业	1950	761	845	35	151	1659	85
食品制造业	1689	641	903	130	303	6459	137
酒、饮料和精制茶制造业	1201	287	366	9	0	4875	55
烟草制品业	124	56	118			225	9
纺织业	3932	691	1031	14	1814	1399	153
纺织服装、服饰业	2689	339	1152	20	36	2070	55
皮革、毛皮、羽毛及其制品和制鞋业	1255	273	322	14	23	1257	63
木材加工和木、竹、藤、棕、草制品业	857	211	382	10	4	674	66
家具制造业	1668	175	383	36	1014	697	30
造纸和纸制品业	1284	395	438	4	100	1148	63
印刷和记录媒介复制业	1309	377	561	25	3619	682	33
文教、工美、体育和娱乐用品制造业	4086	478	953	21		3164	97
石油加工、炼焦和核燃料加工业	181	72	89	11		144	7
化学原料和化学制品制造业	6914	3742	6055	217	20322	14967	700
医药制造业	5700	3446	5891	191	11234	17325	1709
化学纤维制造业	594	210	338	5		139	30
橡胶和塑料制品业	4764	1330	2400	121	9615	2194	180
非金属矿物制品业	4960	1687	4268	119	14134	2187	297
黑色金属冶炼和压延加工业	1121	399	683	32	20	640	53
有色金属冶炼和压延加工业	2360	799	1966	29	1076	604	150
金属制品业	5185	1372	2461	107	2015	2296	255
通用设备制造业	14104	3663	7979	312	2379	5493	826
专用设备制造业	13675	4311	7887	270	13526	4320	538
汽车制造业	8670	2131	3980	174	2837	1985	217
铁路、船舶、航空航天和其他运输设备制造业	3396	827	1525	77		1446	127
电气机械和器材制造业	19804	5284	9269	458	1963	8251	725
计算机、通信和其他电子设备制造业	19219	7991	11469	679	3461	5828	316
仪器仪表制造业	6348	1719	3211	198	745	2951	325
其他制造业	484	161	217			329	19
废弃资源综合利用业	37	21	15			8	4
金属制品、机械和设备修理业	237	53	102			18	2
电力、热力、燃气及水生产和供应业	**2482**	**867**	**414**	**27**		**44**	**7**
电力、热力生产和供应业	2376	841	368	27		15	5
燃气生产和供应业	11		1				
水的生产和供应业	95	26	45			29	2

8-7 分行业国有及国有控股企业自主知识产权及相关情况

行 业	专 利申请数(件)	#发明专利	有 效发 明专利数(件)	专利所有权转让及许可数(件)	专利所有权转让及许可收入(万元)	拥 有注 册商标数(件)	形成国家或行业标准数(项)
合 计	**128099**	**53455**	**83443**	**1812**	**104619**	**82530**	**6473**
采矿业	**6806**	**2186**	**3012**	**70**	**4156**	**912**	**668**
煤炭开采和洗选业	2633	643	774	29	3643	635	72
石油和天然气开采业	2499	839	1182	15	203	93	269
黑色金属矿采选业	476	231	514	6		75	
有色金属矿采选业	213	63	110	11		7	6
非金属矿采选业	156	86	105	1	310	55	2
开采辅助活动	829	324	327	8		47	319
制造业	**103858**	**44557**	**76859**	**1593**	**100427**	**81354**	**5699**
农副食品加工业	186	73	124	10		806	17
食品制造业	599	251	645	30	5	6273	36
酒、饮料和精制茶制造业	952	154	444	23	4148	8687	78
烟草制品业	2583	951	1130	29	3	10337	153
纺织业	568	194	337	1		356	98
纺织服装、服饰业	299	91	123	2		93	29
皮革、毛皮、羽毛及其制品和制鞋业	231	63	62			29	1
木材加工和木、竹、藤、棕、草制品业	18	7	3	1		69	1
家具制造业	104	29	53			52	1
造纸和纸制品业	185	119	230	8	350	436	30
印刷和记录媒介复制业	299	140	390	2	0	31	16
文教、工美、体育和娱乐用品制造业	195	36	136	1	0	445	11
石油加工、炼焦和核燃料加工业	856	474	1296	33	4460	290	107
化学原料和化学制品制造业	4700	2747	5938	132	16195	3824	451
医药制造业	1756	1213	3219	36	2734	10085	296
化学纤维制造业	448	215	400			227	18
橡胶和塑料制品业	913	351	487	19		1271	106
非金属矿物制品业	1822	625	1291	83	13635	1218	213
黑色金属冶炼和压延加工业	9285	3986	5055	297	779	2011	215
有色金属冶炼和压延加工业	2729	1229	3130	53	505	1367	363
金属制品业	2282	1014	2278	33	17293	497	404
通用设备制造业	7895	2589	3721	176	352	1088	405
专用设备制造业	9092	3312	4816	87	5558	3197	644
汽车制造业	15509	3463	5282	114	1868	12221	255
铁路、船舶、航空航天和其他运输设备制造业	9481	4061	5834	144	1084	1949	939
电气机械和器材制造业	9218	3923	3744	45	2	8417	263
计算机、通信和其他电子设备制造业	18261	11573	23896	211	31436	5533	288
仪器仪表制造业	2555	1287	2070	23	20	432	232
其他制造业	423	201	492			28	20
废弃资源综合利用业	150	93	162			78	2
金属制品、机械和设备修理业	264	93	71			7	7
电力、热力、燃气及水生产和供应业	**17435**	**6712**	**3572**	**149**	**36**	**264**	**106**
电力、热力生产和供应业	17342	6685	3507	149	36	119	103
燃气生产和供应业	3	2	2			139	
水的生产和供应业	90	25	63			6	3

8-8　分行业内资企业自主知识产权及相关情况

行　业	专　利申请数（件）	#发明专利	有　效发　明专利数（件）	专利所有权转让及许可数（件）	专利所有权转让及许可收入（万元）	拥　有注　册商标数（件）	形成国家或行业标准数（项）
合　计	**437396**	**158978**	**260828**	**8498**	**399390**	**269840**	**19849**
采矿业	**7430**	**2398**	**3219**	**118**	**4186**	**989**	**686**
煤炭开采和洗选业	2857	708	835	31	3643	645	78
石油和天然气开采业	2499	839	1182	15	203	93	269
黑色金属矿采选业	586	253	533	6		80	2
有色金属矿采选业	252	83	138	11		13	6
非金属矿采选业	355	170	190	47	340	94	9
开采辅助活动	877	344	339	8		64	322
制造业	**412182**	**149763**	**253871**	**8225**	**395089**	**268607**	**19052**
农副食品加工业	6595	2751	2812	218	6867	7560	433
食品制造业	4262	1743	2481	173	783	12777	330
酒、饮料和精制茶制造业	3511	859	1397	76	5248	16609	204
烟草制品业	2625	961	1167	29	3	10385	153
纺织业	8239	1683	2119	49	1881	4707	355
纺织服装、服饰业	3988	714	1409	35	1088	7783	142
皮革、毛皮、羽毛及其制品和制鞋业	2465	360	472	24	63	2392	98
木材加工和木、竹、藤、棕、草制品业	2177	528	786	17	616	1321	111
家具制造业	3124	360	645	67	1014	1921	73
造纸和纸制品业	2185	774	915	22	1150	1565	105
印刷和记录媒介复制业	2237	742	1185	44	67	852	53
文教、工美、体育和娱乐用品制造业	7563	906	2489	34	3731	6308	167
石油加工、炼焦和核燃料加工业	1442	732	1480	57	3411	1216	139
化学原料和化学制品制造业	22837	12416	18325	548	42230	29755	1975
医药制造业	13895	8366	15857	412	19660	38705	2557
化学纤维制造业	2705	936	859	34	2	854	102
橡胶和塑料制品业	11007	3103	4313	294	9078	4800	500
非金属矿物制品业	12926	4241	7613	268	31524	6789	694
黑色金属冶炼和压延加工业	12856	5411	6513	417	1179	3263	359
有色金属冶炼和压延加工业	7983	3097	6052	162	3609	3772	654
金属制品业	14726	4193	7797	320	3370	5745	877
通用设备制造业	39598	11461	19146	897	33520	12853	1762
专用设备制造业	44752	15001	23680	678	25100	12725	1594
汽车制造业	29595	7286	11174	376	15042	18482	542
铁路、船舶、航空航天和其他运输设备制造业	17739	5562	8795	337	1452	5633	1056
电气机械和器材制造业	59387	20353	27331	1136	13922	27730	2298
计算机、通信和其他电子设备制造业	54082	29521	68388	1132	39863	17157	919
仪器仪表制造业	15283	4842	7335	365	129606	4167	695
其他制造业	1441	511	859	3		611	85
废弃资源综合利用业	371	188	236	1	10	135	10
金属制品、机械和设备修理业	586	162	241			35	10
电力、热力、燃气及水生产和供应业	**17784**	**6817**	**3738**	**155**	**114**	**244**	**111**
电力、热力生产和供应业	17495	6722	3585	149	36	162	103
燃气生产和供应业	43	11	27			5	
水的生产和供应业	246	84	126	6	78	77	8

8-9　分行业港澳台商投资企业自主知识产权及相关情况

行　业	专　利 申请数 (件)	#发明 专利	有　效 发　明 专利数 (件)	专利所有 权转让及 许可数 (件)	专利所有 权转让及 许可收入 (万元)	拥　有 注　册 商标数 (件)	形成国家 或行业 标准数 (项)
合　计	**57155**	**18124**	**31086**	**1036**	**31124**	**33553**	**1703**
采矿业	**165**	**69**	**92**	**49**	**16**	**27**	**3**
煤炭开采和洗选业							
石油和天然气开采业	126	49	16	4	16		3
黑色金属矿采选业							
有色金属矿采选业							
非金属矿采选业	12	6	5			2	
开采辅助活动	27	14	71	45		25	
制造业	**56939**	**18025**	**30962**	**987**	**31108**	**33381**	**1699**
农副食品加工业	412	195	239	8	3233	838	23
食品制造业	588	137	201	7	18	2399	26
酒、饮料和精制茶制造业	211	40	72			995	14
烟草制品业	9	4	1				
纺织业	2199	386	292	1	13	502	63
纺织服装、服饰业	891	79	176	4		967	17
皮革、毛皮、羽毛及其制品和制鞋业	492	84	132			1109	6
木材加工和木、竹、藤、棕、草制品业	312	80	155	5	230	72	20
家具制造业	871	201	182	6		592	21
造纸和纸制品业	519	89	143	10	2	632	27
印刷和记录媒介复制业	493	117	158	7	0	103	23
文教、工美、体育和娱乐用品制造业	2002	183	568	4		2003	35
石油加工、炼焦和核燃料加工业	110	64	212	3	3159	259	5
化学原料和化学制品制造业	1931	1026	1387	28	1500	2437	98
医药制造业	1693	1053	1850	49	5000	5954	395
化学纤维制造业	355	112	318	1		314	5
橡胶和塑料制品业	2552	607	936	97	2281	1576	71
非金属矿物制品业	1416	369	605	44	330	624	77
黑色金属冶炼和压延加工业	541	121	153			131	26
有色金属冶炼和压延加工业	637	193	367	1		372	49
金属制品业	1961	514	914	82	1	603	76
通用设备制造业	3141	930	1636	99	1053	1066	151
专用设备制造业	3988	1051	1652	17	241	914	75
汽车制造业	2702	585	740	43	1200	476	13
铁路、船舶、航空航天和其他运输设备制造业	436	89	185	1		534	2
电气机械和器材制造业	11356	2624	6636	96	21	3021	164
计算机、通信和其他电子设备制造业	12956	6629	10163	297	12814	3670	139
仪器仪表制造业	1939	382	823	74	4	1053	73
其他制造业	181	66	43			151	5
废弃资源综合利用业	28	13	22	3	9	1	
金属制品、机械和设备修理业	17	2	1			13	
电力、热力、燃气及水生产和供应业	**51**	**30**	**32**			**145**	**1**
电力、热力生产和供应业	32	18	13			3	
燃气生产和供应业	5	4	15			142	
水的生产和供应业	14	8	4				1

8-10 分行业外商投资企业自主知识产权及相关情况

行业	专利申请数(件)	#发明专利	有效发明专利数(件)	专利所有权转让及许可数(件)	专利所有权转让及许可收入(万元)	拥有注册商标数(件)	形成国家或行业标准数(项)
合　计	**66367**	**28044**	**43487**	**1273**	**46899**	**38228**	**1796**
采矿业	**43**	**10**	**35**	**1**	**60**	**19**	**40**
煤炭开采和洗选业							
石油和天然气开采业	3						
黑色金属矿采选业	2	2	7			4	5
有色金属矿采选业	2	2	2			2	2
非金属矿采选业	20	3	26	1	60	13	33
开采辅助活动	16	3					
制造业	**66244**	**28015**	**43433**	**1272**	**46839**	**38189**	**1751**
农副食品加工业	337	144	170	1		463	23
食品制造业	571	267	423	96	315	5619	15
酒、饮料和精制茶制造业	141	38	69			2126	19
烟草制品业							
纺织业	1019	151	176	1	3016	938	13
纺织服装、服饰业	1468	153	392	1		1014	13
皮革、毛皮、羽毛及其制品和制鞋业	581	160	108			429	14
木材加工和木、竹、藤、棕、草制品业	114	79	70			114	22
家具制造业	831	32	53	2		196	10
造纸和纸制品业	574	259	224	14	9	919	16
印刷和记录媒介复制业	137	23	61	9	6619	23	
文教、工美、体育和娱乐用品制造业	1320	242	298	43	120	1013	50
石油加工、炼焦和核燃料加工业	48	18	18			23	1
化学原料和化学制品制造业	2397	1441	2293	67	132	2330	151
医药制造业	1536	1056	1851	23	793	6929	193
化学纤维制造业	117	42	111	1		39	11
橡胶和塑料制品业	1868	458	837	11	681	786	61
非金属矿物制品业	1027	322	723	41		455	28
黑色金属冶炼和压延加工业	477	235	352	27		513	18
有色金属冶炼和压延加工业	402	174	334	1		243	32
金属制品业	1631	445	945	63	16968	805	69
通用设备制造业	6566	1901	3212	180	5862	1768	162
专用设备制造业	4297	1476	2813	101	9377	1379	97
汽车制造业	5940	1170	2192	111	2140	2412	188
铁路、船舶、航空航天和其他运输设备制造业	965	246	481	24		825	21
电气机械和器材制造业	7411	2306	4634	140	546	3112	327
计算机、通信和其他电子设备制造业	21922	14366	19443	284	251	2725	107
仪器仪表制造业	2285	726	1078	24		851	86
其他制造业	129	53	31	7	12	136	1
废弃资源综合利用业	39	4	19				1
金属制品、机械和设备修理业	94	28	22			4	2
电力、热力、燃气及水生产和供应业	**80**	**19**	**19**			**20**	**5**
电力、热力生产和供应业	10	2	4				
燃气生产和供应业	36	7	7			18	3
水的生产和供应业	34	10	8			2	2

8-11 各地区企业自主知识产权及相关情况

地区	专利申请数(件)	#发明专利	有效发明专利数(件)	专利所有权转让及许可数(件)	专利所有权转让及许可收入(万元)	拥有注册商标数(件)	形成国家或行业标准数(项)
全国	**560918**	**205146**	**335401**	**10807**	**477413**	**341621**	**23348**
东部地区	397326	146574	249272	7650	394097	239338	15033
中部地区	91030	31523	44650	1542	30320	41778	3907
西部地区	54132	19169	29229	1376	45363	46336	3079
东北地区	18430	7880	12250	239	7633	14169	1329
北京	19210	9240	16402	243	8207	20162	395
天津	16302	6446	10191	93	1396	7378	571
河北	9171	3054	4049	198	24555	9751	560
山西	5083	1807	3008	28	1540	2513	317
内蒙古	2062	981	1444	6	20	6915	131
辽宁	11628	5226	6923	158	2069	3708	631
吉林	2520	971	2985	30	289	3677	621
黑龙江	4282	1683	2342	51	5275	6784	77
上海	25738	11377	20140	782	35482	12788	706
江苏	93518	33090	52718	2162	39480	36200	3389
浙江	77067	15036	22578	1228	21291	46904	3375
安徽	32909	10866	13582	734	12164	9335	1190
福建	18896	5475	7119	312	10329	16901	696
江西	4893	1669	2333	96	1439	4979	218
山东	40030	15254	18340	972	57015	24870	3047
河南	14400	4182	6470	76	5428	7905	510
湖北	16321	6119	8745	416	2102	8258	877
湖南	17424	6880	10512	192	7648	8788	795
广东	96646	47213	97052	1623	196342	62296	2117
广西	4468	2234	1889	71	2302	2987	190
海南	748	389	683	37		2088	177
重庆	12221	2509	4792	142	3222	8392	443
四川	15713	5666	9043	513	34159	11721	778
贵州	3446	1516	1985	26		1627	165
云南	2793	1167	2280	152	2291	5642	208
西藏	9	8	32	1		2	6
陕西	7258	3161	5449	236	2703	4772	692
甘肃	2440	638	1028	150	132	914	199
青海	334	132	205			224	6
宁夏	1132	607	387	21	188	1876	102
新疆	2256	550	695	58	345	1264	159

8-12 各地区大型企业自主知识产权及相关情况

地区	专利申请数(件)	#发明专利	有效发明专利数(件)	专利所有权转让及许可数(件)	专利所有权转让及许可收入(万元)	拥有注册商标数(件)	形成国家或行业标准数(项)
全国	**217256**	**94807**	**166295**	**3022**	**259468**	**170483**	**9171**
东部地区	143533	68057	126442	2197	242327	107483	5358
中部地区	37734	13692	18311	335	4952	24839	1831
西部地区	27249	9494	15184	439	9865	31318	1586
东北地区	8740	3564	6358	51	2325	6843	396
北京	10480	5332	7297	17	504	8955	174
天津	4203	2039	2779	38	33	1076	172
河北	5766	1847	1923	73	1249	6058	195
山西	2493	924	2045	5	30	1552	215
内蒙古	1415	677	1115	1		6489	91
辽宁	4892	2039	2885	17	52	1645	234
吉林	1445	466	2159	14	214	2136	119
黑龙江	2403	1059	1314	20	2059	3062	43
上海	9378	5021	8066	447	33748	3693	234
江苏	24827	9192	16558	566	10927	16014	834
浙江	12069	3576	5991	136	24	16273	777
安徽	10524	3687	3184	67	159	3209	464
福建	6483	1769	2450	13		8228	208
江西	2124	740	1085	31		3635	63
山东	18367	7017	8478	432	46090	15519	1889
河南	7413	2280	3125	47	2072	5267	251
湖北	7095	2712	4345	118	550	5802	389
湖南	8085	3349	4527	67	2140	5374	449
广东	51774	32229	72697	475	149753	31661	874
广西	2409	1088	653	53	122	1839	69
海南	186	35	203			6	1
重庆	6194	1243	2510	38	737	5873	123
四川	7524	2977	5151	213	7855	8243	484
贵州	1329	528	902	1		1193	29
云南	1191	537	996	60	691	4657	58
西藏							
陕西	3617	1457	2657	53	308	1929	475
甘肃	1406	375	560	7		455	98
青海	172	46	144			9	2
宁夏	487	273	181			185	30
新疆	1505	293	315	13	151	446	127

8-13 各地区中型企业自主知识产权及相关情况

地区	专利申请数(件)	#发明专利	有效发明专利数(件)	专利所有权转让及许可数(件)	专利所有权转让及许可收入(万元)	拥有注册商标数(件)	形成国家或行业标准数(项)
全　国	**142535**	**44916**	**77880**	**3400**	**90390**	**95566**	**7345**
东部地区	106140	32853	56856	2504	65937	76247	4985
中部地区	20685	6541	12098	381	9060	7485	1022
西部地区	12600	4281	6781	422	15205	8378	742
东北地区	3110	1241	2145	93	188	3456	596
北　京	4337	2290	5103	126	5410	5619	95
天　津	4162	1581	2312	23	216	3908	174
河　北	1810	601	1253	38	6797	2087	198
山　西	1523	520	399	2	280	541	67
内蒙古	324	164	187			194	23
辽　宁	1840	779	1452	70	2	1205	240
吉　林	523	242	382	1		912	337
黑龙江	747	220	311	22	186	1339	19
上　海	6921	2792	5883	96	1071	6058	227
江　苏	25949	8860	15044	677	8996	9636	1252
浙　江	22401	3972	6648	337	1993	16191	1178
安　徽	6711	2200	3697	210	4167	2148	316
福　建	6667	2064	2564	136	3086	5099	319
江　西	1319	393	658	25	60	658	78
山　东	9717	3635	4870	212	3421	6129	701
河　南	3766	1002	2176	8	2378	1454	194
湖　北	3535	1185	2014	80	120	992	241
湖　南	3831	1241	3154	56	2056	1692	126
广　东	23896	6839	12883	823	34947	20079	674
广　西	988	606	563	12	500	417	89
海　南	280	219	296	36		1441	167
重　庆	3375	615	1228	77	4	1797	228
四　川	3794	1206	1869	99	12710	2242	136
贵　州	891	391	436	19		259	50
云　南	561	227	627	40	750	423	64
西　藏	5	4	4			1	
陕　西	1576	730	1356	23	1229	1262	103
甘　肃	458	69	209	115	12	195	14
青　海	22	12	19			19	2
宁　夏	330	153	105	7		1249	22
新　疆	276	104	178	30		320	11

8-14 各地区国有及国有控股企业自主知识产权及相关情况

地 区	专 利 申请数 (件)		有效发明 专 利 数 (件)	专利所有权转 让及许可数 (件)	专利所有权转 让及许可收入 (万元)	拥有注册 商 标 数 (件)	形成国家或 行业标准数 (项)
		#发明专利					
全 国	**128099**	**53455**	**83443**	**1812**	**104619**	**82530**	**6473**
东部地区	60994	27578	46530	1000	79175	41079	2618
中部地区	31694	11722	15444	270	2974	14748	1716
西部地区	26049	10133	15729	487	22395	21259	1682
东北地区	9362	4022	5740	55	75	5444	457
北 京	9010	3911	7201	73	6209	8315	208
天 津	4484	1651	2398	45	157	1659	245
河 北	4162	1246	1417	96	1526	1386	158
山 西	3438	1198	1864			1322	206
内蒙古	1323	659	1110	2	20	4154	96
辽 宁	5725	2495	2364	30	66	1061	268
吉 林	1216	408	1983	9		1565	132
黑龙江	2421	1119	1393	16	9	2818	57
上 海	7791	3898	6753	357	34246	3783	262
江 苏	8800	4052	5855	118	3080	2804	384
浙 江	2873	1156	1484	24	10	1969	89
安 徽	8228	2903	2419	54	445	2274	418
福 建	2062	1023	1166			2095	75
江 西	1447	484	723	25		1933	71
山 东	11260	4255	4280	163	16972	6562	929
河 南	5436	1874	2526	19	446	1222	179
湖 北	7072	2798	4387	107	554	3728	372
湖 南	6073	2465	3525	65	1529	4269	470
广 东	10503	6363	15927	124	16975	12315	265
广 西	1697	883	647	54	1802	918	107
海 南	49	23	49			191	3
重 庆	3509	1134	1781	27	32	3188	204
四 川	7175	2784	4630	105	18408	5720	362
贵 州	2381	1021	1109	19		806	101
云 南	1441	625	1195	44	17	4249	82
西 藏	7	6	5			2	
陕 西	4738	2039	3789	89	1807	1489	565
甘 肃	1495	385	711	114		502	107
青 海	290	96	184			24	2
宁 夏	385	183	151	1	30	32	28
新 疆	1608	318	417	32	279	175	28

8-15 各地区内资企业自主知识产权及相关情况

地 区	专 利 申请数 (件)		有效发明 专 利 数 (件)	专利所有权转 让及许可数 (件)	专利所有权转 让及许可收入 (万元)	拥有注册 商 标 数 (件)	形成国家或 行业标准数 (项)
		#发明专利					
全 国	**437396**	**158978**	**260828**	**8498**	**399390**	**269840**	**19849**
东部地区	287315	105111	181406	5565	324044	180005	12263
中部地区	83553	28971	41175	1421	25502	38506	3534
西部地区	50013	17883	27425	1339	45213	41308	2885
东北地区	16515	7013	10822	173	4631	10021	1167
北 京	13260	5998	11755	175	6484	15512	315
天 津	14070	5613	8734	91	1395	5029	492
河 北	8148	2771	3237	170	23353	7269	472
山 西	4931	1750	2936	28	1540	2249	312
内蒙古	1826	884	1365	6	20	4829	114
辽 宁	10175	4584	5868	99	2067	2791	553
吉 林	2315	892	2779	29	289	3536	540
黑龙江	4025	1537	2175	45	2275	3694	74
上 海	16469	6574	13311	525	31688	8693	524
江 苏	67220	24177	37494	1546	26060	27171	2814
浙 江	58381	11197	15956	1001	5953	39207	2796
安 徽	30082	9798	12362	691	8441	9002	1083
福 建	12116	3204	3711	191	6817	9204	476
江 西	4401	1479	1979	86	1394	4861	202
山 东	36619	13989	15622	818	56075	19618	2827
河 南	13520	4003	6046	58	4828	6513	460
湖 北	14580	5464	7924	383	2022	7415	735
湖 南	16039	6477	9928	175	7278	8466	742
广 东	60401	31238	70961	1015	166220	46617	1371
广 西	3271	1807	1634	70	2302	2495	173
海 南	631	350	625	33		1685	176
重 庆	11357	2383	4341	133	3222	7535	424
四 川	14450	5253	8416	494	34009	11453	700
贵 州	3323	1471	1931	24		1475	136
云 南	2691	1128	2119	149	2291	5520	193
西 藏	9	8	32	1		2	6
陕 西	7119	3114	5329	236	2703	4522	682
甘 肃	2418	638	1023	150	132	914	199
青 海	333	131	205			224	6
宁 夏	971	517	336	21	188	1078	93
新 疆	2245	549	694	55	345	1261	159

8-16 各地区港澳台商投资企业自主知识产权及相关情况

地　区	专　利 申请数 (件)	#发明专利	有效发明 专 利 数 (件)	专利所有权转 让及许可数 (件)	专利所有权转 让及许可收入 (万元)	拥有注册 商 标 数 (件)	形成国家或 行业标准数 (项)
全　国	**57155**	**18124**	**31086**	**1036**	**31124**	**33553**	**1703**
东部地区	51569	16129	28630	949	30452	30222	1339
中部地区	3577	1241	1584	33	670	1425	179
西部地区	1466	444	550	18		605	69
东北地区	543	310	322	36	2	1301	116
北　京	2910	2219	2467	46		3124	46
天　津	852	265	275			541	38
河　北	508	119	422	23	1200	1479	33
山　西	107	48	58			256	3
内蒙古	6	3	3			74	
辽　宁	430	236	238	36	2	321	62
吉　林	48	27	53			106	53
黑龙江	65	47	31			874	1
上　海	2524	1351	1932	40	3767	915	27
江　苏	11239	3671	5433	228	3586	4295	220
浙　江	10602	2211	4249	53	6675	3339	286
安　徽	986	388	418	6	103	197	45
福　建	3612	983	1464	97	2783	4670	110
江　西	300	111	195	10	45	67	6
山　东	1149	355	791	24	260	1252	83
河　南	382	52	157	2	200	681	35
湖　北	867	393	379	7		113	67
湖　南	935	249	377	8	322	111	23
广　东	18104	4927	11554	434	12182	10590	495
广　西	125	57	48			31	
海　南	69	28	43	4		17	1
重　庆	412	53	126	8		362	5
四　川	675	229	168	6		80	22
贵　州	34	12	24	2			29
云　南	70	24	127	2		46	5
西　藏							
陕　西	28	13	34			6	4
甘　肃	5						
青　海							
宁　夏	101	52	19			4	4
新　疆	10	1	1			2	

8-17 各地区外商投资企业自主知识产权及相关情况

地 区	专 利 申请数 (件)	#发明专利	有效发明 专 利 数 (件)	专利所有权转 让及许可数 (件)	专利所有权转 让及许可收入 (万元)	拥有注册 商 标 数 (件)	形成国家或 行业标准数 (项)
全 国	**66367**	**28044**	**43487**	**1273**	**46899**	**38228**	**1796**
东部地区	58442	25334	39236	1136	39601	29111	1431
中部地区	3900	1311	1891	88	4149	1847	194
西部地区	2653	842	1254	19	150	4423	125
东北地区	1372	557	1106	30	3000	2847	46
北 京	3040	1023	2180	22	1724	1526	34
天 津	1380	568	1182	2	1	1808	41
河 北	515	164	390	5	2	1003	55
山 西	45	9	14			8	2
内蒙古	230	94	76			2012	17
辽 宁	1023	406	817	23	0	596	16
吉 林	157	52	153	1		35	28
黑龙江	192	99	136	6	3000	2216	2
上 海	6745	3452	4897	217	27	3180	155
江 苏	15059	5242	9791	388	9834	4734	355
浙 江	8084	1628	2373	174	8663	4358	293
安 徽	1841	680	802	37	3620	136	62
福 建	3168	1288	1944	24	730	3027	110
江 西	192	79	159			51	10
山 东	2262	910	1927	130	680	4000	137
河 南	498	127	267	16	400	711	15
湖 北	874	262	442	26	80	730	75
湖 南	450	154	207	9	49	211	30
广 东	18141	11048	14537	174	17940	5089	251
广 西	1072	370	207	1		461	17
海 南	48	11	15			386	
重 庆	452	73	325	1		495	14
四 川	588	184	459	13	150	188	56
贵 州	89	33	30			152	
云 南	32	15	34	1		76	10
西 藏							
陕 西	111	34	86			244	6
甘 肃	17		5				
青 海	1	1					
宁 夏	60	38	32			794	5
新 疆	1			3		1	

九、工业企业政府相关政策落实情况

（2013）

9-1 分登记注册类型企业政府相关政策落实情况

单位：万元

登记注册类型	使用来自政府部门的科技活动资金	研究开发费用加计扣除减免税	高新技术企业减免税
合　计	**4589829**	**3336954**	**5855110**
国有及国有控股	**2522201**	**1328855**	**1523928**
内资企业	**4098793**	**2577838**	**3907442**
国有企业	353394	337527	110340
集体企业	11670	2751	30419
股份合作企业	2093	797	2246
联营企业	201	1836	180
国有联营企业	69	1793	
集体联营企业	10	13	178
国有与集体联营企业		30	2
其他联营企业	122		
有限责任公司	2143554	1053706	1319899
国有独资公司	549690	225227	209700
其他有限责任公司	1593864	828478	1110199
股份有限公司	842359	626340	1514836
私营企业	735229	547903	924743
私营独资企业	10452	3308	8816
私营合伙企业	2150	1180	2659
私营有限责任公司	598401	459739	692787
私营股份有限公司	124227	83676	220481
其他企业	10293	6979	4779
港、澳、台商投资企业	**233860**	**301735**	**860596**
合资经营企业	91140	120853	313815
合作经营企业	3278	3184	9583
港、澳、台商独资经营企业	118813	131195	407323
港、澳、台商投资股份有限公司	20388	46214	128048
其他港澳台投资企业	240	291	1828
外商投资企业	**257177**	**457381**	**1087072**
中外合资经营企业	149588	250814	644185
中外合作经营企业	17281	3817	13388
外资企业	69004	164073	384767
外商投资股份有限公司	20272	38319	44423
其他外商投资企业	1033	358	309

9-2 分登记注册类型大型企业政府相关政策落实情况

单位：万元

登记注册类型	使用来自政府部门的科技活动资金	研究开发费用加计扣除减免税	高新技术企业减免税
合　计	**2617256**	**2102509**	**3315006**
国有及国有控股	**1917766**	**1152175**	**1185010**
内资企业	**2342261**	**1598074**	**2111131**
国有企业	285022	322514	85127
集体企业	9339	1947	29105
股份合作企业			
联营企业	55		
国有联营企业	55		
集体联营企业			
国有与集体联营企业			
其他联营企业			
有限责任公司	1375176	705963	705107
国有独资公司	480282	208376	178293
其他有限责任公司	894894	497587	526814
股份有限公司	556651	441105	1052028
私营企业	108930	122257	238254
私营独资企业	735	89	2796
私营合伙企业	70	932	932
私营有限责任公司	61522	91955	148103
私营股份有限公司	46603	29281	86424
其他企业	7088	4289	1510
港、澳、台商投资企业	**139136**	**176827**	**531490**
合资经营企业	36023	47270	154564
合作经营企业	280		
港、澳、台商独资经营企业	90677	92586	274636
港、澳、台商投资股份有限公司	12156	36971	102290
其他港澳台投资企业			
外商投资企业	**135859**	**327607**	**672385**
中外合资经营企业	70559	178303	400195
中外合作经营企业	1011	1117	8651
外资企业	45881	112608	230151
外商投资股份有限公司	18141	35398	33316
其他外商投资企业	269	181	72

9-3 分登记注册类型中型企业政府相关政策落实情况

单位：万元

登记注册类型	使用来自政府部门的科技活动资金	研究开发费用加计扣除减免税	高新技术企业减免税
合 计	**1077107**	**728276**	**1624770**
国有及国有控股	**449169**	**121204**	**232477**
内资企业	**947886**	**558586**	**1083577**
国有企业	51424	11343	20583
集体企业	1323	325	105
股份合作企业	730	363	1137
联营企业			
国有联营企业			
集体联营企业			
国有与集体联营企业			
其他联营企业			
有限责任公司	460160	196224	321589
国有独资公司	49490	11601	15844
其他有限责任公司	410670	184623	305745
股份有限公司	202039	147462	366624
私营企业	231044	201454	371332
私营独资企业	3040	1428	5307
私营合伙企业	787	70	1477
私营有限责任公司	180472	163741	266377
私营股份有限公司	46745	36215	98172
其他企业	1166	1416	2207
港、澳、台商投资企业	**56615**	**88418**	**233610**
合资经营企业	33755	54124	110112
合作经营企业	824	785	5609
港、澳、台商独资经营企业	15783	25631	93587
港、澳、台商投资股份有限公司	6013	7608	22646
其他港澳台投资企业	240	270	1655
外商投资企业	**72606**	**81272**	**307583**
中外合资经营企业	42260	47447	189654
中外合作经营企业	15157	1996	3006
外资企业	14023	29808	107986
外商投资股份有限公司	1021	1844	6938
其他外商投资企业	146	177	

9-4 分行业企业政府相关政策落实情况

单位：万元

行　业	使用来自政府部门的科技活动资金	研究开发费用加计扣除减免税	高新技术企业减免税
合　计	**4589829**	**3336954**	**5855110**
采矿业	**141041**	**106205**	**57436**
煤炭开采和洗选业	25043	62307	41370
石油和天然气开采业	85040	35024	2589
黑色金属矿采选业	4081	555	66
有色金属矿采选业	10083	1656	6120
非金属矿采选业	3936	3654	1461
开采辅助活动	12858	3010	5832
制造业	**4422608**	**3209035**	**5767073**
农副食品加工业	93572	20842	21300
食品制造业	46750	24202	46934
酒、饮料和精制茶制造业	49007	24108	22570
烟草制品业	512	2808	13457
纺织业	48487	47287	52295
纺织服装、服饰业	12343	10891	37118
皮革、毛皮、羽毛及其制品和制鞋业	5514	4029	11428
木材加工和木、竹、藤、棕、草制品业	12242	9723	12600
家具制造业	2297	26103	27580
造纸和纸制品业	17179	24740	41862
印刷和记录媒介复制业	5660	10962	50174
文教、工美、体育和娱乐用品制造业	15108	13349	17719
石油加工、炼焦和核燃料加工业	26977	17776	23576
化学原料和化学制品制造业	238566	184508	409176
医药制造业	259343	183299	658448
化学纤维制造业	13268	17866	41980
橡胶和塑料制品业	51576	57342	141777
非金属矿物制品业	98367	57085	131626
黑色金属冶炼和压延加工业	68992	232546	53111
有色金属冶炼和压延加工业	129424	46930	82880
金属制品业	133917	88964	173171
通用设备制造业	344501	247066	576471
专用设备制造业	321336	238227	563989
汽车制造业	285381	499390	506156
铁路、船舶、航空航天和其他运输设备制造业	958202	200338	263747
电气机械和器材制造业	327647	352024	835765
计算机、通信和其他电子设备制造业	696128	438346	748631
仪器仪表制造业	126262	117097	185347
其他制造业	22017	7889	11898
废弃资源综合利用业	9539	1122	495
金属制品、机械和设备修理业	2493	2178	3792
电力、热力、燃气及水生产和供应业	**26180**	**21714**	**30601**
电力、热力生产和供应业	19849	19638	15586
燃气生产和供应业	1158	1005	12914
水的生产和供应业	5174	1071	2101

9-5 分行业大型企业政府相关政策落实情况

单位：万元

行　业	使用来自政府部门的科技活动资金	研究开发费用加计扣除减免税	高新技术企业减免税
合　计	**2617256**	**2102509**	**3315006**
采矿业	**116818**	**98960**	**52480**
煤炭开采和洗选业	23841	61977	41368
石油和天然气开采业	71406	33656	452
黑色金属矿采选业	2530	61	
有色金属矿采选业	7390	1335	5340
非金属矿采选业	1535	1138	257
开采辅助活动	10116	794	5064
制造业	**2487229**	**1992547**	**3247454**
农副食品加工业	24437	2869	5272
食品制造业	11001	5711	19622
酒、饮料和精制茶制造业	24805	16586	17793
烟草制品业	472	2390	
纺织业	19372	18920	35387
纺织服装、服饰业	4091	8343	24454
皮革、毛皮、羽毛及其制品和制鞋业	2620	1504	8494
木材加工和木、竹、藤、棕、草制品业	4699	6074	6888
家具制造业	168	21441	23527
造纸和纸制品业	6317	19656	24157
印刷和记录媒介复制业	426	634	21285
文教、工美、体育和娱乐用品制造业	5035	8985	9294
石油加工、炼焦和核燃料加工业	22541	14274	6872
化学原料和化学制品制造业	75259	60256	132368
医药制造业	108284	89470	345313
化学纤维制造业	9250	8807	15253
橡胶和塑料制品业	10347	31757	81422
非金属矿物制品业	18450	24948	48773
黑色金属冶炼和压延加工业	51199	222746	32465
有色金属冶炼和压延加工业	72740	27029	50612
金属制品业	80176	43598	57948
通用设备制造业	179070	121264	331139
专用设备制造业	128254	106869	279308
汽车制造业	214905	421049	369628
铁路、船舶、航空航天和其他运输设备制造业	768337	166220	198822
电气机械和器材制造业	170011	186317	582538
计算机、通信和其他电子设备制造业	431092	298064	456034
仪器仪表制造业	31621	51447	56738
其他制造业	6673	3286	4460
废弃资源综合利用业	4732	370	
金属制品、机械和设备修理业	847	1664	1591
电力、热力、燃气及水生产和供应业	**13209**	**11002**	**15072**
电力、热力生产和供应业	10402	10819	2178
燃气生产和供应业	700	134	12797
水的生产和供应业	2108	50	96

9-6 分行业中型企业政府相关政策落实情况

单位：万元

行　业	使用来自政府部门的科技活动资金	研究开发费用加计扣除减免税	高新技术企业减免税
合　计	**1077107**	**728276**	**1624770**
采矿业	**17455**	**3363**	**2072**
煤炭开采和洗选业	575	130	
石油和天然气开采业	13590		
黑色金属矿采选业	894	477	
有色金属矿采选业	1351	250	780
非金属矿采选业	718	290	1127
开采辅助活动	328	2216	165
制造业	**1055535**	**721517**	**1619699**
农副食品加工业	28780	7205	4386
食品制造业	13054	14033	17918
酒、饮料和精制茶制造业	10153	4769	3216
烟草制品业		90	2005
纺织业	20770	23937	13241
纺织服装、服饰业	5621	1905	12375
皮革、毛皮、羽毛及其制品和制鞋业	1484	2103	2784
木材加工和木、竹、藤、棕、草制品业	4216	1473	5075
家具制造业	1428	3618	2521
造纸和纸制品业	8079	3703	13839
印刷和记录媒介复制业	1662	6065	19908
文教、工美、体育和娱乐用品制造业	3788	3101	6530
石油加工、炼焦和核燃料加工业	1946	1853	7226
化学原料和化学制品制造业	66672	64469	161557
医药制造业	75115	60376	235469
化学纤维制造业	1576	6176	25372
橡胶和塑料制品业	17786	16009	40668
非金属矿物制品业	44218	18989	52752
黑色金属冶炼和压延加工业	6290	6174	15613
有色金属冶炼和压延加工业	33677	13590	18341
金属制品业	22060	21640	40014
通用设备制造业	83140	76645	174808
专用设备制造业	82874	58149	145313
汽车制造业	39824	53088	110557
铁路、船舶、航空航天和其他运输设备制造业	164015	16564	40052
电气机械和器材制造业	73087	105620	170660
计算机、通信和其他电子设备制造业	180660	88904	193284
仪器仪表制造业	51160	38572	77927
其他制造业	9525	2488	5402
废弃资源综合利用业	1914	98	63
金属制品、机械和设备修理业	964	113	825
电力、热力、燃气及水生产和供应业	**4118**	**3396**	**2999**
电力、热力生产和供应业	2414	2539	2941
燃气生产和供应业	7	847	
水的生产和供应业	1697	10	59

9-7 分行业国有及国有控股企业政府相关政策落实情况

单位：万元

行　业	使用来自政府部门的科技活动资金	研究开发费用加计扣除减免税	高新技术企业减免税
合　计	**2522201**	**1328855**	**1523928**
采矿业	**128013**	**75633**	**54490**
煤炭开采和洗选业	23133	45982	41368
石油和天然气开采业	82053	26262	2362
黑色金属矿采选业	1494	328	
有色金属矿采选业	8617	1341	5340
非金属矿采选业	1173	927	357
开采辅助活动	11544	794	5064
制造业	**2372715**	**1233665**	**1454784**
农副食品加工业	6114	735	781
食品制造业	7320	2511	873
酒、饮料和精制茶制造业	15081	10984	6571
烟草制品业	472	2480	2005
纺织业	6122	3186	7121
纺织服装、服饰业	1471	4025	2042
皮革、毛皮、羽毛及其制品和制鞋业	72	101	1116
木材加工和木、竹、藤、棕、草制品业	617	32	
家具制造业	337	1586	12981
造纸和纸制品业	3620	4715	5951
印刷和记录媒介复制业	1205	1820	16831
文教、工美、体育和娱乐用品制造业	323	386	2219
石油加工、炼焦和核燃料加工业	19757	12919	1141
化学原料和化学制品制造业	75567	55529	50335
医药制造业	47906	25989	130561
化学纤维制造业	6360	1137	24435
橡胶和塑料制品业	6567	5577	16380
非金属矿物制品业	33275	14142	21985
黑色金属冶炼和压延加工业	39252	206656	13625
有色金属冶炼和压延加工业	79811	16641	29355
金属制品业	89971	15406	21687
通用设备制造业	195532	75638	193193
专用设备制造业	128321	69676	158280
汽车制造业	161944	372336	194882
铁路、船舶、航空航天和其他运输设备制造业	923071	146746	174117
电气机械和器材制造业	116325	73433	180918
计算机、通信和其他电子设备制造业	344658	89477	145027
仪器仪表制造业	40480	13298	30109
其他制造业	14873	4983	8531
废弃资源综合利用业	5981	468	
金属制品、机械和设备修理业	313	1054	1735
电力、热力、燃气及水生产和供应业	**21472**	**19557**	**14654**
电力、热力生产和供应业	17141	19497	14362
燃气生产和供应业	449		
水的生产和供应业	3882	60	292

9-8 分行业内资企业政府相关政策落实情况

单位：万元

行　业	使用来自政府部门的科技活动资金	研究开发费用加计扣除减免税	高新技术企业减免税
合　计	**4098793**	**2577838**	**3907442**
采矿业	**136272**	**94933**	**57044**
煤炭开采和洗选业	25043	62307	41370
石油和天然气开采业	82053	26262	2362
黑色金属矿采选业	3131	555	66
有色金属矿采选业	10083	1656	6120
非金属矿采选业	3171	3202	1461
开采辅助活动	12791	951	5666
制造业	**3938883**	**2463173**	**3833927**
农副食品加工业	80482	19315	17391
食品制造业	39754	20044	27262
酒、饮料和精制茶制造业	43460	23310	15434
烟草制品业	512	2808	13457
纺织业	40598	23501	22345
纺织服装、服饰业	9450	8656	20973
皮革、毛皮、羽毛及其制品和制鞋业	3916	3563	5081
木材加工和木、竹、藤、棕、草制品业	10790	9295	11666
家具制造业	1968	3976	13229
造纸和纸制品业	13601	11883	12570
印刷和记录媒介复制业	4768	6936	32269
文教、工美、体育和娱乐用品制造业	11911	7981	8212
石油加工、炼焦和核燃料加工业	25938	16500	20479
化学原料和化学制品制造业	216080	158116	311355
医药制造业	207882	120033	431069
化学纤维制造业	10745	11013	10463
橡胶和塑料制品业	45422	26216	72718
非金属矿物制品业	88382	43328	98527
黑色金属冶炼和压延加工业	65019	224670	28940
有色金属冶炼和压延加工业	117826	37567	71128
金属制品业	129311	76950	126350
通用设备制造业	301586	194202	339156
专用设备制造业	283909	190366	452444
汽车制造业	245362	365989	324534
铁路、船舶、航空航天和其他运输设备制造业	955950	191600	198385
电气机械和器材制造业	287088	280478	642689
计算机、通信和其他电子设备制造业	553098	304599	363477
仪器仪表制造业	110602	71272	127566
其他制造业	21851	6606	10863
废弃资源综合利用业	9282	1092	427
金属制品、机械和设备修理业	2341	1311	3471
电力、热力、燃气及水生产和供应业	**23637**	**19732**	**16472**
电力、热力生产和供应业	17802	19609	15586
燃气生产和供应业	789	24	369
水的生产和供应业	5047	99	517

9-9 分行业港澳台商投资企业政府相关政策落实情况

单位：万元

行　业	使用来自政府部门的科技活动资金	研究开发费用加计扣除减免税	高新技术企业减免税
合　计	**233860**	**301735**	**860596**
采矿业	**3622**	**10821**	**165**
煤炭开采和洗选业			
石油和天然气开采业	2987	8762	
黑色金属矿采选业			
有色金属矿采选业			
非金属矿采选业	600		
开采辅助活动	35	2059	165
制造业	**230158**	**290206**	**858942**
农副食品加工业	7005	804	2488
食品制造业	3674	669	3128
酒、饮料和精制茶制造业	686	176	526
烟草制品业			
纺织业	3708	20891	24149
纺织服装、服饰业	1334	1312	12322
皮革、毛皮、羽毛及其制品和制鞋业	503	95	3633
木材加工和木、竹、藤、棕、草制品业	890	353	463
家具制造业	307	3783	14264
造纸和纸制品业	813	1502	12675
印刷和记录媒介复制业	850	3595	15564
文教、工美、体育和娱乐用品制造业	1752	2006	5756
石油加工、炼焦和核燃料加工业	626	1133	2833
化学原料和化学制品制造业	12854	11575	59638
医药制造业	24623	46171	121200
化学纤维制造业	1475	6409	9607
橡胶和塑料制品业	3583	12365	48193
非金属矿物制品业	3320	8846	22829
黑色金属冶炼和压延加工业	2536	6520	17466
有色金属冶炼和压延加工业	7210	7682	5430
金属制品业	2787	5742	15689
通用设备制造业	14231	14543	36214
专用设备制造业	16798	26409	49231
汽车制造业	10189	19081	30489
铁路、船舶、航空航天和其他运输设备制造业	1357	2161	16610
电气机械和器材制造业	19532	39794	95849
计算机、通信和其他电子设备制造业	79452	40867	211933
仪器仪表制造业	7566	4888	20296
其他制造业	166	129	399
废弃资源综合利用业	225	30	68
金属制品、机械和设备修理业	110	676	
电力、热力、燃气及水生产和供应业	**80**	**709**	**1488**
电力、热力生产和供应业	30	29	
燃气生产和供应业	40	134	41
水的生产和供应业	10	546	1447

9-10 分行业外商投资企业政府相关政策落实情况

单位：万元

行　业	使用来自政府部门的科技活动资金	研究开发费用加计扣除减免税	高新技术企业减免税
合　计	**257177**	**457381**	**1087072**
采矿业	**1147**	**452**	**227**
煤炭开采和洗选业			
石油和天然气开采业			227
黑色金属矿采选业	950		
有色金属矿采选业			
非金属矿采选业	165	452	
开采辅助活动	32		
制造业	**253567**	**455656**	**1074204**
农副食品加工业	6086	723	1422
食品制造业	3322	3489	16544
酒、饮料和精制茶制造业	4862	623	6609
烟草制品业			
纺织业	4181	2895	5801
纺织服装、服饰业	1558	922	3822
皮革、毛皮、羽毛及其制品和制鞋业	1095	371	2714
木材加工和木、竹、藤、棕、草制品业	563	75	471
家具制造业	23	18345	88
造纸和纸制品业	2765	11355	16617
印刷和记录媒介复制业	42	431	2341
文教、工美、体育和娱乐用品制造业	1446	3362	3751
石油加工、炼焦和核燃料加工业	413	143	264
化学原料和化学制品制造业	9632	14818	38183
医药制造业	26838	17095	106179
化学纤维制造业	1048	445	21910
橡胶和塑料制品业	2571	18761	20866
非金属矿物制品业	6665	4911	10270
黑色金属冶炼和压延加工业	1437	1356	6706
有色金属冶炼和压延加工业	4388	1682	6323
金属制品业	1820	6272	31132
通用设备制造业	28684	38321	201101
专用设备制造业	20629	21451	62314
汽车制造业	29829	114320	151133
铁路、船舶、航空航天和其他运输设备制造业	895	6577	48752
电气机械和器材制造业	21028	31752	97227
计算机、通信和其他电子设备制造业	63579	92880	173222
仪器仪表制造业	8094	40936	37486
其他制造业		1154	636
废弃资源综合利用业	32		
金属制品、机械和设备修理业	42	191	321
电力、热力、燃气及水生产和供应业	**2463**	**1274**	**12641**
电力、热力生产和供应业	2017		
燃气生产和供应业	329	847	12504
水的生产和供应业	118	426	137

9-11 各地区企业政府相关政策落实情况

单位：万元

地 区	使用来自政府部门的科技活动资金	研究开发费用加计扣除减免税	高新技术企业减免税
全 国	**4589829**	**3336954**	**5855110**
东部地区	2192979	2060027	4399932
中部地区	913813	579653	1041783
西部地区	937768	382463	219367
东北地区	545270	314811	194027
北 京	330577	89199	367185
天 津	92910	69599	121450
河 北	87693	82504	228365
山 西	58407	55050	59146
内蒙古	40800	21932	11662
辽 宁	305329	105542	93184
吉 林	46675	188041	50503
黑龙江	193266	21229	50341
上 海	251133	298805	406948
江 苏	321387	416901	952164
浙 江	170650	421148	656617
安 徽	242707	92260	211580
福 建	90783	77799	191006
江 西	54098	37292	72432
山 东	370660	155040	414512
河 南	116548	93774	196088
湖 北	209688	152853	117214
湖 南	232366	148426	385324
广 东	469870	443497	1052581
广 西	56895	32167	28968
海 南	7316	5536	9106
重 庆	66980	38214	28586
四 川	185981	96055	75049
贵 州	69069	8124	23536
云 南	60839	13750	13324
西 藏	857	100	
陕 西	368658	127783	28861
甘 肃	31733	15366	3367
青 海	10279	1203	186
宁 夏	18901	6395	3602
新 疆	26777	21376	2227

9-12 各地区大型企业政府相关政策落实情况

单位：万元

地 区	使用来自政府部门的科技活动资金	研究开发费用加计扣除减免税	高新技术企业减免税
全 国	**2617256**	**2102509**	**3315006**
东部地区	964239	1133114	2440618
中部地区	582658	382830	631562
西部地区	627625	296503	121676
东北地区	442734	290062	121150
北 京	48188	35251	163897
天 津	23663	54087	54222
河 北	54840	55340	149839
山 西	37249	47531	50001
内蒙古	22998	19843	5333
辽 宁	229762	93271	67801
吉 林	30457	180341	29881
黑龙江	182516	16450	23468
上 海	146304	209247	229094
江 苏	143632	180983	448107
浙 江	49459	146279	344699
安 徽	159654	48646	112472
福 建	26053	38525	105381
江 西	29551	28882	43246
山 东	218154	101378	300109
河 南	70459	74543	159339
湖 北	124947	117219	72531
湖 南	160799	66008	193972
广 东	250913	308068	640712
广 西	27642	22206	16550
海 南	3032	3957	4559
重 庆	35145	27282	15353
四 川	123197	66765	42799
贵 州	32461	2842	16449
云 南	26763	5816	4871
西 藏			
陕 西	317086	115504	15325
甘 肃	20301	13701	2426
青 海	3328	1203	158
宁 夏	7769	4386	2235
新 疆	10935	16956	177

9-13 各地区中型企业政府相关政策落实情况

单位：万元

地区	使用来自政府部门的科技活动资金	研究开发费用加计扣除减免税	高新技术企业减免税
全国	**1077107**	**728276**	**1624770**
东部地区	713481	565364	1312435
中部地区	149065	99883	206748
西部地区	160628	53289	56739
东北地区	53934	9739	48848
北京	226576	32175	130508
天津	25278	7462	33618
河北	14303	19798	64312
山西	9522	5889	7633
内蒙古	5351	1135	4142
辽宁	38933	4321	14213
吉林	9458	3935	13290
黑龙江	5543	1484	21346
上海	64846	49811	103459
江苏	88250	133363	354630
浙江	51885	161766	210694
安徽	32309	19497	58983
福建	33769	26507	62489
江西	8514	3367	13313
山东	82343	36101	83631
河南	29663	13855	27864
湖北	42283	22978	28606
湖南	26774	34298	70349
广东	123628	97223	265589
广西	16592	5633	8529
海南	2604	1158	3506
重庆	19652	7532	4124
四川	34767	18725	21118
贵州	19226	2239	2749
云南	16550	4816	5535
西藏	267		
陕西	28031	7423	8589
甘肃	4568	1057	599
青海	3360		
宁夏	6303	1127	749
新疆	5963	3603	606

9-14 各地区国有及国有控股企业政府相关政策落实情况

单位：万元

地 区	使用来自政府部门的科技活动资金	研究开发费用加计扣除减免税	高新技术企业减免税
全 国	**2522201**	**1328855**	**1523928**
东部地区	840610	519963	927847
中部地区	540592	308330	385238
西部地区	701427	269437	109333
东北地区	439572	231124	101510
北 京	271199	44415	150029
天 津	41205	51031	47412
河 北	21465	32096	38123
山 西	35005	48505	49380
内蒙古	31887	3573	1701
辽 宁	227151	33301	56860
吉 林	25921	179454	21172
黑龙江	186500	18369	23478
上 海	145911	177912	181540
江 苏	83796	82697	147325
浙 江	20581	33929	46748
安 徽	150292	42547	74097
福 建	13358	10598	14467
江 西	27598	20578	32716
山 东	124962	49185	111948
河 南	56593	44351	84162
湖 北	126867	108017	40852
湖 南	144237	44332	104031
广 东	117329	38064	189166
广 西	23148	13875	12333
海 南	804	38	1089
重 庆	40546	24088	14515
四 川	118198	60137	31411
贵 州	59947	5865	17896
云 南	32537	5186	7607
西 藏	267		
陕 西	343090	122653	20381
甘 肃	21493	13515	1274
青 海	6485	1203	158
宁 夏	7427	1661	1913
新 疆	16401	17680	143

9-15 各地区内资企业政府相关政策落实情况

单位：万元

地 区	使用来自政府部门的科技活动资金	研究开发费用加计扣除减免税	高新技术企业减免税
全 国	**4098793**	**2577838**	**3907442**
东部地区	1797305	1404564	2618042
中部地区	873958	530218	927554
西部地区	900513	352273	197866
东北地区	527016	290784	163981
北 京	307806	71769	260389
天 津	83094	62826	89263
河 北	77295	66963	149261
山 西	56208	54806	57157
内蒙古	38603	21584	11662
辽 宁	291533	85524	76446
吉 林	43271	186885	45778
黑龙江	192212	18375	41757
上 海	173168	150617	159923
江 苏	269312	315117	547277
浙 江	131390	298208	399059
安 徽	236568	84761	185984
福 建	57252	36508	73091
江 西	49096	28593	68998
山 东	337375	133562	317988
河 南	110642	85374	176845
湖 北	200768	134704	92147
湖 南	220677	141980	346423
广 东	353589	266953	614551
广 西	47034	15465	26589
海 南	7024	2041	7240
重 庆	61345	34522	18248
四 川	176208	92484	71935
贵 州	68350	7967	20623
云 南	57173	9703	12644
西 藏	857	100	
陕 西	366068	126788	27108
甘 肃	31639	15366	3367
青 海	9899	1203	186
宁 夏	16661	5716	3277
新 疆	26677	21376	2227

9-16 各地区港澳台商投资企业政府相关政策落实情况

单位：万元

地区	使用来自政府部门的科技活动资金	研究开发费用加计扣除减免税	高新技术企业减免税
全国	**233860**	**301735**	**860596**
东部地区	193228	256298	784719
中部地区	14971	22389	60158
西部地区	14512	5861	5023
东北地区	11149	17188	10696
北京	10140	9499	20824
天津	2530	4389	18053
河北	8055	12243	23482
山西	1813	28	347
内蒙古	251		
辽宁	7674	16287	6523
吉林	3290	706	1173
黑龙江	185	196	3000
上海	26511	17148	51674
江苏	22411	31525	113433
浙江	20037	67047	184031
安徽	2220	4834	15685
福建	13947	21667	56417
江西	3572	8281	1998
山东	8641	3054	26128
河南	1695	2380	6935
湖北	3166	2762	10891
湖南	2506	4104	24302
广东	80930	89457	289727
广西	2792	307	794
海南	25	269	950
重庆	1696	579	442
四川	6680	382	2862
贵州	231	34	675
云南	1082	3900	250
西藏			
陕西	370	324	
甘肃			
青海			
宁夏	1330	335	
新疆	80		

9-17 各地区外商投资企业政府相关政策落实情况

单位：万元

地 区	使用来自政府部门的科技活动资金	研究开发费用加计扣除减免税	高新技术企业减免税
全 国	**257177**	**457381**	**1087072**
东部地区	202446	399165	997172
中部地区	24884	27047	54071
西部地区	22743	24330	16478
东北地区	7105	6839	19351
北 京	12631	7931	85972
天 津	7286	2384	14133
河 北	2343	3298	55621
山 西	385	215	1643
内蒙古	1946	347	
辽 宁	6122	3731	10215
吉 林	114	450	3552
黑龙江	869	2659	5584
上 海	51454	131041	195351
江 苏	29663	70260	291454
浙 江	19223	55892	73527
安 徽	3919	2665	9910
福 建	19584	19624	61498
江 西	1430	418	1435
山 东	24644	18424	70396
河 南	4211	6020	12308
湖 北	5755	15387	14177
湖 南	9184	2342	14599
广 东	35351	87087	148304
广 西	7069	16395	1586
海 南	268	3226	916
重 庆	3939	3113	9896
四 川	3093	3189	252
贵 州	488	123	2238
云 南	2584	148	429
西 藏			
陕 西	2220	671	1753
甘 肃	94		
青 海	380		
宁 夏	911	345	325
新 疆	20		

十、工业企业技术获取和技术改造情况

（2013）

10-1 分登记注册类型企业技术获取和技术改造情况

单位：万元

登记注册类型	引进技术经费支出	消化吸收经费支出	购买国内技术经费支出	技术改造经费支出
合　计	**3939455**	**1505777**	**2143810**	**40721168**
国有及国有控股	**1981298**	**817230**	**1034818**	**22907474**
内资企业	**1651068**	**1012135**	**1774241**	**35267164**
国有企业	59438	33362	85381	2723227
集体企业	8137	1752	2400	129719
股份合作企业	354	935	2252	37489
联营企业	2135	3367	7050	36686
国有联营企业	2135	3348	7048	26893
集体联营企业		19	2	53
国有与集体联营企业				
其他联营企业				9740
有限责任公司	838749	415222	789427	15287428
国有独资公司	179750	48413	209122	5146519
其他有限责任公司	658999	366809	580305	10140909
股份有限公司	517470	399307	612374	10090770
私营企业	223108	157658	273988	6913607
私营独资企业	351	1098	5581	253728
私营合伙企业	50	47	1270	107862
私营有限责任公司	178328	135434	252038	5757683
私营股份有限公司	44379	21079	15098	794334
其他企业	1677	533	1369	48239
港、澳、台商投资企业	**391464**	**63219**	**203305**	**2005972**
合资经营企业	79216	28498	79324	1085979
合作经营企业	1739	321		13355
港、澳、台商独资经营企业	286907	27979	114222	827697
港、澳、台商投资股份有限公司	23531	6421	9760	78139
其他港澳台投资企业	70			804
外商投资企业	**1896923**	**430423**	**166264**	**3448032**
中外合资经营企业	1434868	335421	112808	2594610
中外合作经营企业	4465	5	127	77452
外资企业	443950	85664	33199	603064
外商投资股份有限公司	12320	9333	20130	155099
其他外商投资企业	1320			17807

10-2 分登记注册类型大型企业技术获取和技术改造情况

单位：万元

登记注册类型	引进技术经费支出	消化吸收经费支出	购买国内技术经费支出	技术改造经费支出
合　计	**3214770**	**1224181**	**1487905**	**28001511**
国有及国有控股	**1865587**	**777492**	**929206**	**20547487**
内资企业	**1293247**	**787741**	**1271572**	**24417538**
国有企业	54182	31184	67746	2329540
集体企业	6257	1538	2072	42099
股份合作企业				
联营企业	2135	3348	7048	26893
国有联营企业	2135	3348	7048	26893
集体联营企业				
国有与集体联营企业				
其他联营企业				
有限责任公司	673065	328861	604811	11412889
国有独资公司	166373	45424	174976	4633188
其他有限责任公司	506692	283437	429835	6779701
股份有限公司	464572	369840	527615	8937583
私营企业	93037	52621	62280	1660600
私营独资企业				4403
私营合伙企业				453
私营有限责任公司	58172	39018	58189	1303364
私营股份有限公司	34865	13604	4091	352380
其他企业		350		7934
港、澳、台商投资企业	**311246**	**43203**	**110342**	**913136**
合资经营企业	58793	19748	31184	422948
合作经营企业	321			6350
港、澳、台商独资经营企业	250063	19874	74316	430086
港、澳、台商投资股份有限公司	2069	3581	4842	52948
其他港澳台投资企业				804
外商投资企业	**1610277**	**393237**	**105991**	**2670837**
中外合资经营企业	1268702	312873	77824	2175063
中外合作经营企业	351		114	39735
外资企业	333616	73400	17313	315840
外商投资股份有限公司	7609	6965	10740	123647
其他外商投资企业				16552

10-3 分登记注册类型中型企业技术获取和技术改造情况

单位：万元

登记注册类型	引进技术经费支出	消化吸收经费支出	购买国内技术经费支出	技术改造经费支出
合　计	**521574**	**156980**	**407154**	**6948082**
国有及国有控股	**58603**	**31367**	**65953**	**1776913**
内资企业	**215541**	**117244**	**286461**	**5675888**
国有企业	5111	1557	17201	266189
集体企业	20	15	77	13484
股份合作企业	300	531	1905	23324
联营企业				272
国有联营企业				
集体联营企业				
国有与集体联营企业				
其他联营企业				272
有限责任公司	93633	44480	99594	2416888
国有独资公司	2999	2978	3219	406386
其他有限责任公司	90633	41502	96375	2010501
股份有限公司	36001	24287	70515	936302
私营企业	80463	46358	96923	2006746
私营独资企业		326	4341	47224
私营合伙企业	50	15	160	8942
私营有限责任公司	74311	40956	84945	1741254
私营股份有限公司	6101	5060	7477	209326
其他企业	14	17	247	12684
港、澳、台商投资企业	**68517**	**14153**	**72820**	**758403**
合资经营企业	17672	6780	39199	421633
合作经营企业	1374			4214
港、澳、台商独资经营企业	28822	4668	29528	313860
港、澳、台商投资股份有限公司	20580	2705	4093	18696
其他港澳台投资企业	70			
外商投资企业	**237515**	**25583**	**47873**	**513791**
中外合资经营企业	145715	14686	26378	276296
中外合作经营企业	4114	1	1	11897
外资企业	81931	8530	12120	194624
外商投资股份有限公司	4436	2367	9375	30219
其他外商投资企业	1320			756

10-4 分行业企业技术获取和技术改造情况

单位：万元

行 业	引进技术经费支出	消化吸收经费支出	购买国内技术经费支出	技术改造经费支出
合 计	**3939455**	**1505777**	**2143810**	**40721168**
采矿业	**76059**	**38281**	**59244**	**1967177**
煤炭开采和洗选业	75844	34409	49532	1414399
石油和天然气开采业			172	77054
黑色金属矿采选业		892	267	119173
有色金属矿采选业		474	673	309119
非金属矿采选业	214	1557	8390	46785
开采辅助活动		950	210	648
制造业	**3861547**	**1400355**	**2053070**	**35908966**
农副食品加工业	9203	30213	41381	863295
食品制造业	35871	24350	14674	458947
酒、饮料和精制茶制造业	7620	8275	18233	1013111
烟草制品业	35539	1218	51426	1165940
纺织业	32689	24435	26345	641345
纺织服装、服饰业	22784	8861	6351	134790
皮革、毛皮、羽毛及其制品和制鞋业	1145	2635	3506	96446
木材加工和木、竹、藤、棕、草制品业	9582	2626	15987	169867
家具制造业	1831	881	974	29382
造纸和纸制品业	44843	17138	9147	571723
印刷和记录媒介复制业	2187	1372	8375	157826
文教、工美、体育和娱乐用品制造业	4444	3180	5126	96013
石油加工、炼焦和核燃料加工业	47417	81951	83238	1941612
化学原料和化学制品制造业	329861	74200	209437	4283922
医药制造业	58131	63096	210435	1279734
化学纤维制造业	31837	6097	40098	399316
橡胶和塑料制品业	27448	60326	21520	964375
非金属矿物制品业	39017	28666	35896	1042016
黑色金属冶炼和压延加工业	347126	169462	499501	5566461
有色金属冶炼和压延加工业	101227	116518	99904	2199164
金属制品业	53786	16479	38068	594191
通用设备制造业	255016	142839	81066	1726285
专用设备制造业	148634	28796	50757	1608786
汽车制造业	1445774	276122	164382	2857836
铁路、船舶、航空航天和其他运输设备制造业	93400	31290	95806	1131632
电气机械和器材制造业	247883	111008	92077	2609753
计算机、通信和其他电子设备制造业	372054	55871	112302	1793072
仪器仪表制造业	43208	10135	14616	367257
其他制造业	2472	826	1368	73142
废弃资源综合利用业		38	428	55982
金属制品、机械和设备修理业	9516	1451	648	15749
电力、热力、燃气及水生产和供应业	**1850**	**67141**	**31496**	**2845025**
电力、热力生产和供应业	542	19338	21848	2638395
燃气生产和供应业	499	47735	9377	52586
水的生产和供应业	810	69	271	154045

10-5 分行业大型企业技术获取和技术改造情况

单位：万元

行业	引进技术经费支出	消化吸收经费支出	购买国内技术经费支出	技术改造经费支出
合计	**3214770**	**1224181**	**1487905**	**28001511**
采矿业	**75737**	**36074**	**53310**	**1546718**
煤炭开采和洗选业	75737	34374	48683	1143548
石油和天然气开采业			172	74691
黑色金属矿采选业		890	7	39979
有色金属矿采选业		393	456	265905
非金属矿采选业		268	3783	22112
开采辅助活动		150	210	484
制造业	**3138525**	**1121096**	**1406864**	**24707442**
农副食品加工业	2402	10525	14011	135524
食品制造业	26689	12272	5273	232341
酒、饮料和精制茶制造业	6144	6990	11560	747395
烟草制品业	28185	1208	20912	1051020
纺织业	19269	21329	8546	294755
纺织服装、服饰业	19682	7185	2759	80793
皮革、毛皮、羽毛及其制品和制鞋业	1122	2009	2434	31286
木材加工和木、竹、藤、棕、草制品业	5835		260	15233
家具制造业	1710	849	244	9856
造纸和纸制品业	41018	15025	4188	298615
印刷和记录媒介复制业	232	1115	5179	64677
文教、工美、体育和娱乐用品制造业	658	993	2448	22497
石油加工、炼焦和核燃料加工业	47137	74044	75428	1814915
化学原料和化学制品制造业	268544	45341	158903	2836424
医药制造业	31746	40142	86760	527995
化学纤维制造业	29046	5208	36149	301985
橡胶和塑料制品业	19747	55547	13278	666415
非金属矿物制品业	21836	22677	15857	262897
黑色金属冶炼和压延加工业	342055	156772	485840	5201029
有色金属冶炼和压延加工业	82625	108099	79002	1639174
金属制品业	12720	4428	25714	295891
通用设备制造业	170928	107948	47360	767117
专用设备制造业	61773	16739	21863	973654
汽车制造业	1337787	259107	98399	2250858
铁路、船舶、航空航天和其他运输设备制造业	81200	27650	75586	956331
电气机械和器材制造业	166628	74727	51758	1674044
计算机、通信和其他电子设备制造业	294900	39032	56291	1309883
仪器仪表制造业	7393	2685	118	187028
其他制造业				35610
废弃资源综合利用业			100	10994
金属制品、机械和设备修理业	9516	1451	648	11207
电力、热力、燃气及水生产和供应业	**509**	**67010**	**27730**	**1747350**
电力、热力生产和供应业	509	19276	18384	1581789
燃气生产和供应业		47735	9302	41457
水的生产和供应业			44	124104

10-6 分行业中型企业技术获取和技术改造情况

单位：万元

行 业	引进技术经费支出	消化吸收经费支出	购买国内技术经费支出	技术改造经费支出
合 计	**521574**	**156980**	**407154**	**6948082**
采矿业	**184**	**1151**	**1458**	**132562**
煤炭开采和洗选业	104		400	93383
石油和天然气开采业				
黑色金属矿采选业			186	3354
有色金属矿采选业		81	215	23567
非金属矿采选业	80	270	656	12258
开采辅助活动		800		
制造业	**520630**	**155779**	**404459**	**6066067**
农副食品加工业	4229	14060	16705	336618
食品制造业	7230	2413	2442	103676
酒、饮料和精制茶制造业	1006	676	5253	96711
烟草制品业		10	359	56589
纺织业	7249	2071	9968	210678
纺织服装、服饰业	2892	1450	3204	36403
皮革、毛皮、羽毛及其制品和制鞋业	10	63	872	38861
木材加工和木、竹、藤、棕、草制品业	3177	2554	9494	68025
家具制造业	93	30	194	5810
造纸和纸制品业	3197	1833	3460	141926
印刷和记录媒介复制业	423	118	2004	33097
文教、工美、体育和娱乐用品制造业	3213	1407	1475	37024
石油加工、炼焦和核燃料加工业		2303	4741	105861
化学原料和化学制品制造业	33142	16951	21021	822563
医药制造业	19091	18699	98069	479421
化学纤维制造业	2791	874	3770	65305
橡胶和塑料制品业	4936	1368	2226	124591
非金属矿物制品业	9137	1634	12947	497266
黑色金属冶炼和压延加工业	4372	1699	4041	164067
有色金属冶炼和压延加工业	6646	2879	14766	250386
金属制品业	31549	9950	6899	132036
通用设备制造业	62216	19774	14959	475176
专用设备制造业	71438	5890	13971	349775
汽车制造业	92666	8717	57157	382264
铁路、船舶、航空航天和其他运输设备制造业	10209	2144	17042	95573
电气机械和器材制造业	62949	20656	18828	498443
计算机、通信和其他电子设备制造业	48543	9921	47774	325353
仪器仪表制造业	28194	5205	9641	120246
其他制造业	32	406	1176	9355
废弃资源综合利用业		26		2959
金属制品、机械和设备修理业				11
电力、热力、燃气及水生产和供应业	**760**	**50**	**1238**	**749454**
电力、热力生产和供应业		50	1238	735276
燃气生产和供应业				5124
水的生产和供应业	760			9054

10-7 分行业国有及国有控股企业技术获取和技术改造情况

单位：万元

行业	引进技术经费支出	消化吸收经费支出	购买国内技术经费支出	技术改造经费支出
合计	**1981298**	**817230**	**1034818**	**22907474**
采矿业	**75737**	**36308**	**53816**	**1524522**
煤炭开采和洗选业	75737	34374	48635	1189434
石油和天然气开采业			172	8033
黑色金属矿采选业		890	193	40988
有色金属矿采选业		474	671	259462
非金属矿采选业		421	3935	26120
开采辅助活动		150	210	484
制造业	**1904260**	**761565**	**958433**	**18692383**
农副食品加工业	22	2498	4619	42538
食品制造业	26400	8591	2811	41759
酒、饮料和精制茶制造业	5339	5038	6486	646206
烟草制品业	35539	1208	51426	1163623
纺织业	6677	17254	1888	150259
纺织服装、服饰业	11169	3936	105	7195
皮革、毛皮、羽毛及其制品和制鞋业			15	700
木材加工和木、竹、藤、棕、草制品业	10	10	50	6142
家具制造业	68	11	34	575
造纸和纸制品业	2279	2270	791	201891
印刷和记录媒介复制业	228	588	5349	66100
文教、工美、体育和娱乐用品制造业				1395
石油加工、炼焦和核燃料加工业	36567	70079	57351	1782434
化学原料和化学制品制造业	63312	31196	120322	2396390
医药制造业	14181	12668	24161	229679
化学纤维制造业	1591	380	440	81221
橡胶和塑料制品业	1501	2598	767	523666
非金属矿物制品业	7098	11693	9065	184962
黑色金属冶炼和压延加工业	265303	86725	342141	4167562
有色金属冶炼和压延加工业	71119	111153	58516	1346548
金属制品业	12316	7521	20704	147651
通用设备制造业	78733	82090	22428	465382
专用设备制造业	45792	10780	18344	823588
汽车制造业	1083557	234625	93785	1979295
铁路、船舶、航空航天和其他运输设备制造业	61690	20289	66143	822221
电气机械和器材制造业	16146	13422	24949	462070
计算机、通信和其他电子设备制造业	47664	21547	19699	863225
仪器仪表制造业	174	1577	5272	31986
其他制造业	2440	370	25	34536
废弃资源综合利用业			100	10352
金属制品、机械和设备修理业	7344	1451	648	11231
电力、热力、燃气及水生产和供应业	**1302**	**19357**	**22569**	**2690570**
电力、热力生产和供应业	542	19338	21848	2520279
燃气生产和供应业			450	17757
水的生产和供应业	760	19	271	152534

10-8 分行业内资企业技术获取和技术改造情况

单位：万元

行　业	引进技术经费支出	消化吸收经费支出	购买国内技术经费支出	技术改造经费支出
合　计	**1651068**	**1012135**	**1774241**	**35267164**
采矿业	**76059**	**38281**	**59244**	**1891391**
煤炭开采和洗选业	75844	34409	49532	1414396
石油和天然气开采业			172	8033
黑色金属矿采选业		892	267	112411
有色金属矿采选业		474	673	309119
非金属矿采选业	214	1557	8390	46785
开采辅助活动		950	210	648
制造业	**1573935**	**954448**	**1692833**	**30784691**
农副食品加工业	4764	26732	37035	741734
食品制造业	29766	22276	12188	361422
酒、饮料和精制茶制造业	7607	8157	14187	979414
烟草制品业	35539	1218	51426	1164062
纺织业	29277	23555	20521	575440
纺织服装、服饰业	19714	6626	4484	115808
皮革、毛皮、羽毛及其制品和制鞋业	379	1942	2500	68762
木材加工和木、竹、藤、棕、草制品业	6595	870	6441	157200
家具制造业	297	651	444	24737
造纸和纸制品业	44594	17062	9146	459564
印刷和记录媒介复制业	2111	811	6549	142429
文教、工美、体育和娱乐用品制造业	2856	1872	4363	65897
石油加工、炼焦和核燃料加工业	37947	81951	73491	1897097
化学原料和化学制品制造业	159091	66983	168484	3927366
医药制造业	42353	48556	150897	1118954
化学纤维制造业	23072	3373	31304	362140
橡胶和塑料制品业	9520	12376	14409	376952
非金属矿物制品业	25163	21935	27830	962715
黑色金属冶炼和压延加工业	333241	151172	482092	5317889
有色金属冶炼和压延加工业	96409	114879	96494	2123416
金属制品业	26457	14500	29221	504301
通用设备制造业	102413	104068	64037	1422060
专用设备制造业	46921	25763	42688	1492743
汽车制造业	187884	59417	123682	1457319
铁路、船舶、航空航天和其他运输设备制造业	68364	25523	79976	1049400
电气机械和器材制造业	127235	69573	71908	2312458
计算机、通信和其他电子设备制造业	82875	35584	52174	1192226
仪器仪表制造业	11708	4730	13078	272301
其他制造业	2440	806	709	71456
废弃资源综合利用业		38	428	55305
金属制品、机械和设备修理业	7344	1451	648	12124
电力、热力、燃气及水生产和供应业	**1075**	**19407**	**22164**	**2591082**
电力、热力生产和供应业	527	19338	21818	2426798
燃气生产和供应业	499		75	13381
水的生产和供应业	50	69	271	150904

10-9 分行业港澳台商投资企业技术获取和技术改造情况

单位：万元

行　业	引进技术经费支出	消化吸收经费支出	购买国内技术经费支出	技术改造经费支出
合　计	**391464**	**63219**	**203305**	**2005972**
采矿业				**74436**
煤炭开采和洗选业				3
石油和天然气开采业				69021
黑色金属矿采选业				5412
有色金属矿采选业				
非金属矿采选业				
开采辅助活动				
制造业	**390689**	**63219**	**203275**	**1830846**
农副食品加工业	779	112	630	67579
食品制造业	5282	1185	1716	60108
酒、饮料和精制茶制造业	13	68	496	10297
烟草制品业				1878
纺织业	1172	498	4250	53911
纺织服装、服饰业	1671	580	1533	9870
皮革、毛皮、羽毛及其制品和制鞋业	767	402	621	12585
木材加工和木、竹、藤、棕、草制品业			2101	5385
家具制造业	236	230	85	1835
造纸和纸制品业	32		1	69171
印刷和记录媒介复制业	45	552	65	11684
文教、工美、体育和娱乐用品制造业	5	837	123	16704
石油加工、炼焦和核燃料加工业			330	11140
化学原料和化学制品制造业	150720	4694	35421	211930
医药制造业	4880	7661	37114	75865
化学纤维制造业	4880	2219	8096	26500
橡胶和塑料制品业	8004	2306	4839	45870
非金属矿物制品业	2734	1521	6929	30647
黑色金属冶炼和压延加工业	7269	13302	16346	139533
有色金属冶炼和压延加工业	2911	179	2884	47600
金属制品业	21769	1438	4394	26298
通用设备制造业	11243	3028	5393	161606
专用设备制造业	2724	568	2649	62886
汽车制造业	8311	1431	2805	48794
铁路、船舶、航空航天和其他运输设备制造业	10101	541	6161	37093
电气机械和器材制造业	40016	8103	6195	132629
计算机、通信和其他电子设备制造业	96279	9756	50140	417174
仪器仪表制造业	6742	1990	1299	32511
其他制造业	32	20	660	1166
废弃资源综合利用业				596
金属制品、机械和设备修理业	2072			
电力、热力、燃气及水生产和供应业	**775**		**30**	**100690**
电力、热力生产和供应业	15		30	93927
燃气生产和供应业				5295
水的生产和供应业	760			1468

10-10 分行业外商投资企业技术获取和技术改造情况

单位：万元

行业	引进技术经费支出	消化吸收经费支出	购买国内技术经费支出	技术改造经费支出
合 计	**1896923**	**430423**	**166264**	**3448032**
采矿业				**1350**
煤炭开采和洗选业				
石油和天然气开采业				
黑色金属矿采选业				1350
有色金属矿采选业				
非金属矿采选业				
开采辅助活动				
制造业	**1896923**	**382689**	**156962**	**3293429**
农副食品加工业	3660	3369	3715	53981
食品制造业	823	890	770	37417
酒、饮料和精制茶制造业		50	3550	23399
烟草制品业				
纺织业	2240	383	1574	11993
纺织服装、服饰业	1400	1656	334	9113
皮革、毛皮、羽毛及其制品和制鞋业		292	385	15099
木材加工和木、竹、藤、棕、草制品业	2987	1756	7445	7282
家具制造业	1297		445	2809
造纸和纸制品业	218	76	1	42988
印刷和记录媒介复制业	31	9	1761	3712
文教、工美、体育和娱乐用品制造业	1583	471	639	13412
石油加工、炼焦和核燃料加工业	9469		9417	33375
化学原料和化学制品制造业	20050	2524	5533	144625
医药制造业	10898	6879	22424	84916
化学纤维制造业	3885	505	698	10676
橡胶和塑料制品业	9925	45644	2273	541554
非金属矿物制品业	11120	5210	1138	48653
黑色金属冶炼和压延加工业	6616	4989	1063	109039
有色金属冶炼和压延加工业	1907	1460	525	28148
金属制品业	5560	541	4453	63592
通用设备制造业	141360	35743	11636	142619
专用设备制造业	98989	2465	5420	53157
汽车制造业	1249580	215274	37896	1351723
铁路、船舶、航空航天和其他运输设备制造业	14936	5225	9669	45138
电气机械和器材制造业	80632	33333	13974	164666
计算机、通信和其他电子设备制造业	192901	10531	9988	183672
仪器仪表制造业	24757	3415	239	62444
其他制造业				520
废弃资源综合利用业				82
金属制品、机械和设备修理业	100			3625
电力、热力、燃气及水生产和供应业		**47735**	**9302**	**153253**
电力、热力生产和供应业				117670
燃气生产和供应业		47735	9302	33911
水的生产和供应业				1673

10-11 各地区企业技术获取和技术改造情况

单位：万元

地区	引进技术经费支出	消化吸收经费支出	购买国内技术经费支出	技术改造经费支出
全国	**3939455**	**1505777**	**2143810**	**40721168**
东部地区	2872625	940922	1513665	20371955
中部地区	404725	261961	322886	10138792
西部地区	577303	228629	219591	7622111
东北地区	84803	74265	87669	2588309
北京	378534	56993	31005	563558
天津	90122	54967	19139	699838
河北	37942	23244	27413	1506605
山西	52934	26172	33536	1373318
内蒙古	175464	60796	50884	569529
辽宁	56958	59725	68067	1572619
吉林	8154	9141	6058	491323
黑龙江	19691	5400	13545	524368
上海	715265	221155	375849	1225008
江苏	524639	204395	413175	6421401
浙江	110385	52623	170628	2575455
安徽	94508	62378	59579	1567789
福建	228367	35244	188096	1279726
江西	21542	28800	33158	801555
山东	237143	215035	199070	3383764
河南	73915	37338	56089	1484443
湖北	132124	47855	76637	955260
湖南	29703	59418	63888	3956427
广东	548865	76239	64585	2557263
广西	3599	3605	12881	1223981
海南	1362	1026	24705	159339
重庆	257159	35997	32485	1011701
四川	33892	23292	40736	1668756
贵州	1857	4729	7545	972508
云南	14043	9933	9608	406320
西藏				
陕西	22045	18969	9245	575814
甘肃	39569	60150	29258	854909
青海	437	35	327	14953
宁夏	3160	2199	10432	233120
新疆	26080	8924	16189	90522

10-12 各地区大型企业技术获取和技术改造情况

单位：万元

地区	引进技术经费支出	消化吸收经费支出	购买国内技术经费支出	技术改造经费支出
全国	**3214770**	**1224181**	**1487905**	**28001511**
东部地区	2271791	767980	1026650	13452110
中部地区	354475	205583	250139	6680161
西部地区	512320	194774	153906	5581781
东北地区	76184	55844	57211	2287458
北京	247450	55343	13526	498594
天津	77656	50464	5044	466837
河北	35688	19924	20979	1317889
山西	51326	20289	30713	1252752
内蒙古	151968	59852	27192	396681
辽宁	51617	44668	48216	1396517
吉林	6810	7472	2647	418584
黑龙江	17758	3704	6348	472358
上海	649973	209454	357750	981393
江苏	373938	139699	280694	3624725
浙江	48166	31990	70377	1571564
安徽	74828	48422	43606	1193083
福建	155862	16196	102401	460463
江西	18622	20750	31575	727968
山东	186031	183955	135134	2425536
河南	66167	33633	48232	1286358
湖北	122591	35991	64875	701436
湖南	20940	46498	31138	1518564
广东	497027	60955	40746	2098098
广西	1860	2189	9916	720652
海南				7011
重庆	252947	31178	24118	859032
四川	26142	19774	27080	1022939
贵州	1857	1219	7496	790651
云南	12177	3601	5230	326851
西藏				
陕西	19064	11343	3676	415323
甘肃	39499	58178	26863	834012
青海	437		82	2882
宁夏	2757	770	9745	161521
新疆	3612	6670	12510	51238

10-13 各地区中型企业技术获取和技术改造情况

单位：万元

地区	引进技术经费支出	消化吸收经费支出	购买国内技术经费支出	技术改造经费支出
全国	**521574**	**156980**	**407154**	**6948082**
东部地区	451525	102784	300734	4140893
中部地区	25379	33088	45004	1473339
西部地区	38728	16722	47156	1085358
东北地区	5941	4386	14261	248493
北京	122860	1030	13507	51986
天津	5438	2462	10826	64779
河北	1725	2287	4826	152900
山西	687	5557	992	104105
内蒙古	23258	494	22333	160595
辽宁	3766	2176	13718	147646
吉林	331	567	336	56517
黑龙江	1844	1644	207	44330
上海	50073	11137	16880	173761
江苏	102488	33604	71543	1372868
浙江	35123	10804	39400	552410
安徽	9555	5457	8101	205066
福建	52189	11204	53969	529029
江西	879	3774	654	50381
山东	45016	17318	48262	732358
河南	5727	2770	6386	132890
湖北	6689	6273	7719	192141
湖南	1843	9256	21152	788756
广东	35314	12011	17766	362055
广西	1673	1227	1670	286893
海南	1300	926	23757	148747
重庆	2053	1386	7142	83943
四川	3515	1931	4951	227933
贵州		1989		64102
云南	1793	6142	3109	47637
西藏				
陕西	963	667	2183	116626
甘肃		213	2004	8354
青海			235	3100
宁夏	258	1061	385	60218
新疆	5216	1611	3145	25957

10-14 各地区国有及国有控股企业技术获取和技术改造情况

单位：万元

地　区	引进技术经费支出	消化吸收经费支出	购买国内技术经费支出	技术改造经费支出
全　国	**1981298**	**817230**	**1034818**	**22907474**
东部地区	1103246	404135	644510	9179334
中部地区	287372	168866	188361	5857553
西部地区	523192	190607	141452	5599289
东北地区	67488	53621	60494	2271297
北　京	120817	2672	16560	505916
天　津	13803	8069	1883	407168
河　北	27983	10880	7348	1293018
山　西	49810	18914	29042	1334595
内蒙古	153631	59016	24692	488938
辽　宁	41256	44103	52423	1371771
吉　林	6810	4356	1542	411124
黑龙江	19422	5162	6529	488403
上　海	612470	185223	361164	1054830
江　苏	111346	51726	94186	1549008
浙　江	25286	10392	49242	1005457
安　徽	58560	40462	37374	973035
福　建	49230	4957	44678	458174
江　西	18162	23871	32041	687509
山　东	60091	111337	51567	1387423
河　南	39196	26665	20673	883957
湖　北	107144	12734	39851	631906
湖　南	14500	46221	29381	1346552
广　东	82221	18880	17882	1508730
广　西	1236	1761	5166	649017
海　南				9611
重　庆	252026	31020	20011	809546
四　川	23002	8464	21984	883957
贵　州	1857	4722	7496	876297
云　南	13624	7652	5029	334906
西　藏				
陕　西	13349	11509	5165	497706
甘　肃	39499	58401	26777	835670
青　海	437		50	7902
宁　夏	2862	250	9750	146010
新　疆	21669	7813	15332	69341

10-15 各地区内资企业技术获取和技术改造情况

单位：万元

地区	引进技术经费支出	消化吸收经费支出	购买国内技术经费支出	技术改造经费支出
全国	**1651068**	**1012135**	**1774241**	**35267164**
东部地区	950238	501595	1191011	16522577
中部地区	291626	233294	292207	9651833
西部地区	332235	205076	211096	6691556
东北地区	76969	72170	79928	2401199
北京	32508	2843	19849	494068
天津	17924	14485	9270	521572
河北	31556	13824	19552	1371721
山西	52934	26172	33536	1332880
内蒙古	175464	60534	50815	557988
辽宁	50286	58763	60723	1430124
吉林	7023	8016	6046	483886
黑龙江	19660	5391	13159	487188
上海	170655	13080	344097	710674
江苏	262967	157787	342638	5231654
浙江	78939	37103	152997	1876768
安徽	80502	60793	54530	1489872
福建	49390	19255	83700	862914
江西	21132	28588	33104	782819
山东	214028	202695	154763	3188171
河南	71559	30244	55932	1454461
湖北	41722	31062	55167	768897
湖南	23778	56435	59938	3822904
广东	90910	40423	42573	2108403
广西	2501	2855	10659	997835
海南	1362	100	21573	156631
重庆	22971	14866	29905	385894
四川	32797	22757	39770	1618419
贵州	1857	4729	7545	971984
云南	13987	9906	7563	398926
西藏				
陕西	13539	18120	8633	569329
甘肃	39569	60150	29258	854909
青海	437	35	327	14953
宁夏	3035	2199	10432	231297
新疆	26080	8924	16189	90022

10-16　各地区港澳台商投资企业技术获取和技术改造情况

单位：万元

地　区	引进技术经费支出	消化吸收经费支出	购买国内技术经费支出	技术改造经费支出
全　国	**391464**	**63219**	**203305**	**2005972**
东部地区	381733	47683	176609	1538810
中部地区	8670	14786	18323	217575
西部地区	706	283	4493	124049
东北地区	355	466	3881	125538
北　京	4594		1053	21624
天　津	18971	350	380	114446
河　北	1027	4742	5224	31524
山　西				4535
内蒙古				
辽　宁	355	466	3846	124482
吉　林				
黑龙江			35	1057
上　海	22340	9275	613	40010
江　苏	65281	7973	40349	625588
浙　江	9841	3331	12633	155828
安　徽	1050	1057	3402	49146
福　建	84848	9806	73461	200323
江　西	210	212	54	7019
山　东	2330	2336	29721	88705
河　南	70	443	102	11086
湖　北	7269	13017	13199	74871
湖　南	71	57	1566	70919
广　东	172500	9871	12775	258499
广　西	313	72	241	55571
海　南			400	2264
重　庆	4	212	2412	20393
四　川	389		966	38647
贵　州				23
云　南			724	4558
西　藏				
陕　西			151	3809
甘　肃				
青　海				
宁　夏				548
新　疆				500

10-17 各地区外商投资企业技术获取和技术改造情况

单位：万元

地　区	引进技术经费支出	消化吸收经费支出	购买国内技术经费支出	技术改造经费支出
全　国	**1896923**	**430423**	**166264**	**3448032**
东部地区	1540654	391644	146045	2310569
中部地区	104429	13881	12356	269384
西部地区	244361	23269	4002	806506
东北地区	7479	1629	3861	61573
北　京	341433	54150	10104	47866
天　津	53227	40132	9489	63820
河　北	5359	4678	2638	103360
山　西				35902
内蒙古		262	69	11542
辽　宁	6317	495	3498	18013
吉　林	1131	1125	12	7437
黑龙江	31	9	351	36123
上　海	522269	198801	31139	474324
江　苏	196391	38635	30188	564159
浙　江	21605	12190	4998	542858
安　徽	12956	528	1647	28771
福　建	94130	6182	30935	216490
江　西	200			11717
山　东	20785	10005	14586	106889
河　南	2286	6651	55	18897
湖　北	83133	3776	8270	111492
湖　南	5855	2926	2384	62604
广　东	285455	25945	9237	190361
广　西	785	678	1982	170574
海　南		926	2732	444
重　庆	234184	20920	168	605414
四　川	706	535		11690
贵　州				500
云　南	55	26	1321	2836
西　藏				
陕　西	8505	849	461	2676
甘　肃				
青　海				
宁　夏	125			1275
新　疆				

附录　主要指标解释

主要指标解释

主营业务收入 指企业在销售商品、提供劳务等日常活动中所产生的收入总额。

利润总额 指企业生产经营活动的最终成果，是企业在一定时期内实现的盈亏相抵后的利润总额(亏损以“–”号表示)，它等于营业利润加上补贴收入加上投资收益加上营业外净收入再加上以前年度损益调整。

资产总计 指企业拥有或控制的能以货币计量的经济资源，包括各种财产、债权和其他权利。

研究与试验发展（R&D） 指在科学技术领域，为增加知识总量、以及运用这些知识去创造新的应用而进行的系统的、创造性的活动，包括基础研究、应用研究、试验发展三类活动。

R&D 人员 指报告期企业内部从事 R&D 活动的人员。包括直接参加 R&D 项目活动的人员，R&D 项目管理人员，以及为 R&D 活动提供资料文献、材料供应、设备维护等直接服务的人员。

研究人员 指 R&D 人员中具备中级以上职称或博士学历（学位）的人员。

全时人员 指在报告期企业 R&D 人员中实际从事 R&D 活动的时间占制度工作时间 90%及以上的人员。

R&D 人员折合全时当量 指报告期企业 R&D 全时人员（全年从事 R&D 活动累积工作时间占全部工作时间的 90%及以上人员）工作量与非全时人员按实际工作时间折算的工作量之和。例如: 有 2 个 R&D 全时人员(工作时间分别为 0.9 年和 1 年)和 3 个 R&D 非全时人员(工作时间分别为 0.2 年、0.3 年和 0.7 年)，则 R&D 人员折合全时当量＝1+1+0.2+0.3+0.7=3.2(人年)。

R&D 经费内部支出 指企业在报告年度用于内部开展 R&D 活动的实际支出。包括用于 R&D 项目（课题）活动的直接支出，以及间接用于 R&D 活动的管理费、服务费、与 R&D 有关的基本建设支出以及外协加工费等。不包括生产性活动支出、归还贷款支出以及与外单位合作或委托外单位进行 R&D 活动而转拨给对方的经费支出。

日常性支出 指企业在报告年度为开展 R&D 活动而发生的人员劳务费，及其各项管理费用和购买非资产性的材料、物资费用等他日常支出。

资产性支出 指企业在报告年度为开展 R&D 活动而进行建造、购置、安装、改建、扩建固定资产，以及进行设备技术改造和大修理等实际支出的费用。

政府资金 指企业 R&D 经费内部支出中来自各级政府部门的各类资金。

企业资金 指企业 R&D 经费内部支出中来自本企业的自有资金和接受其他企业委托而获得的经费。

R&D 经费外部支出 指报告期企业委托外单位或与外单位合作进行 R&D 活动而拨给对方的经费。

R&D 项目 指报告期企业在当年立项并开展研究工作、以前年份立项仍继续进行研究的研究开发项目或课题，包括当年完成和年内研究工作已告失败的研发项目或课题。

企业办研发机构数 指企业自办或与外单位合办，在管理上同生产系统相对独立（或者单独核算）的专门研究开发机构。

研发机构人员 指报告期末企业办研发活动机构中从业人员合计。

机构经费支出 指报告期企业办研发机构用于内部开展研发活动实际支出的总费用，包括机构人员劳务费（含工资）支出、机构业务费支出、管理费支出、固定资产购建支出以及其他维持机构正常工作的日常费用等的支出总和。

新产品 指采用新技术原理、新设计构思研制、生产的全新产品，或在结构、材质、工艺等某一方面比原有产品有明显改进，从而显著提高了产品性能或扩大了使用功能的产品。

专利申请数 指企业在报告期内向国内外知识产权行政部门提出专利申请并被受理的件数。

发明专利申请数 指企业在报告期内向国内外知识产权行政部门提出发明专利申请并被受理的件数。

有效发明专利数 指报告期末企业作为专利权人在报告期拥有的、经国内外知识产权行政部门授权且在有效期内的发明专利件数。

有效发明专利数中境外授权 指报告期末企业作为专利权人拥有的、经国外及港澳台知识产权行政部门授予且有效期内的发明专利件数。

拥有注册商标 指企业在报告期末拥有的注册商标件数。包括在境内和境外注册的商标件数，一件商标在境内外同时注册时只统计一件。

拥有注册商标中境外注册 指企业在报告期末拥有的在国外或港澳台注册的商标件数。

形成国家或行业标准 指报告期企业在自主研发或自主知识产权基础上形成的经有关部门批准的国家或行业标准项数。

研究开发费用加计扣除减免税 指企业在报告期按有关政策和税法规定税前加计扣除的研究开发活动费用所得税。

高新技术企业减免税 指新技术企业在报告期高按照国家有关政策依法享受的企业所得税减免额。

引进技术经费支出 指企业在报告期用于购买境外技术的费用支出，包括产品设计、工艺流程、图纸、配方、专利等技术资料的费用支出，以及购买关键设备、仪器、样机和样件等的费用支出。

消化吸收经费支出 引进技术的消化吸收指对引进技术的掌握、应用、复制而开展的工作，以及在此基础上的创新。引进技术的消化吸收经费支出包括：人员培训费、测绘费、参加消化吸收人员的工资、工装、工艺开发费、必备的配套设备费、翻版费等。

购买国内技术经费支出 指企业在报告期购买境内其他单位科技成果的经费支出。包括购买产品设计、工艺流程、图纸、配方、专利、技术诀窍及关键设备的费用支出。

技术改造经费支出 指企业在报告期进行技术改造而发生的费用支出。技术改造指企业在坚持科技进步的前提下，将科技成果应用于生产的各个领域（产品、设备、工艺等），用先进工艺、设备代替落后工艺、设备，实现以内涵为主的扩大再生产，从而提高产品质量、促进产品更新换代、节约能源、降低消耗，全面提高综合经济效益。